Guérir
grâce
à nos
images
intérieures

www.quebecloisirs.com

UNE ÉDITION DU CLUB QUÉBEC LOISIRS INC.
Avec l'autorisation des Éditions de l'Homme
© 2006, Les Éditions de l'Homme , une division du groupe Sogides
Dépôt légal — Bibliothèque nationale du Québec, 2006
ISBN 2-89430-759-4
(publié précédemment sous ISBN 2-7619-2168-2)

Imprimé au Canada

Marie Lise Labonté
Nicolas Bornemisza

Guérir
grâce
à nos
images
intérieures

Remerciements

Les auteurs remercient bien chaleureusement, pour leur précieuse collaboration, Maryse Barbance, Jean Gagliardi, Sylvie Mainville, Giselle Nyiri et Clarence A. Turcotte.

La majorité des gens croient
que nous recherchons un sens à notre vie.
Je ne pense pas que tel soit le cas.
Je crois que ce que nous cherchons,
c'est faire l'expérience de nous sentir vivants,
ce qui suppose que nos expériences de vie
sur le plan purement physique
soient en résonance avec notre réalité
la plus profonde et intime;
alors nous pouvons ressentir
l'extase d'être vivants.

JOSEPH CAMPBELL[1]

Avant-propos

Depuis des années, j'ai le désir d'écrire un livre sur le pouvoir de guérison des images que chacun de nous porte en soi, les images intérieures. Pour avoir moi-même connu les affres de la maladie et éprouvé la joie d'une guérison, j'ai eu à faire l'expérience de la transformation d'images destructrices, c'est-à-dire d'impressions intérieures négatives, en images de guérison. Ces images destructrices étaient à la fois l'expression d'une douleur intérieure que je portais depuis ma petite enfance et dont j'ignorais la source, et l'expression de la détresse physique et psychique occasionnée par la maladie incurable dont j'étais atteinte : l'arthrite rhumatoïde. Elles s'exprimaient sous formes visuelle, auditive et kinesthésique. J'ignorais à l'époque que j'avais un pouvoir sur ces impressions physiques et psychiques difficiles. J'ignorais à l'époque que je pouvais les écouter au lieu de les combattre, les accueillir au lieu de les refuser. J'ignorais surtout que je pouvais les transformer. Ces images intérieures destructrices se sont transformées lorsque enfin je me suis ouverte à mon potentiel de guérison et que, grâce à ce potentiel, j'ai osé aller à la rencontre de ma maladie et du monde intérieur qui l'entourait.

Le désir d'écrire ce livre est devenu encore plus ardent lorsque j'ai pris connaissance de certains ouvrages disponibles sur le marché. Quelques livres bien connus du public m'ont servi de manuels d'instruction quant à l'usage de la visualisation créatrice, aussi nommée *imagerie de programmation positive*. Ces livres visent à éveiller notre conscience à la capacité que nous avons tous d'explorer notre imagination pour faire évoluer notre vie. Leur intention ne fait aucun doute : contribuer au « mieux-être » de l'humanité. Certains de ces ouvrages sont cependant réducteurs en ce qu'ils limitent la visualisation à de simples recettes, des recettes qui semblent parfois magiques.

Par ailleurs, mon expérience m'a amenée à constater que ce type de visualisation peut créer plus de stress que de bien-être, et susciter, de la part des parties inconscientes de soi, une réaction de défense forte, car le thème choisi par l'individu pour diriger sa visualisation s'inscrit dans la partie volontaire de sa personne qui n'a généralement pas de connaissance profonde de la psyché. Les effets peuvent être dévastateurs et susciter des réactions contraires à celles souhaitées sur les plans physique et émotionnel. À force de rencontrer des personnes qui avaient été profondément déstabilisées, sur le plan psychologique, en pratiquant de telles visualisations, je me suis promis qu'un jour j'écrirais un livre pour faire connaître la profondeur des images intérieures et le sérieux encadrement qu'aller à leur rencontre nécessite.

Il n'existe pas de recettes miracles pour guérir, pas plus que pour modifier des comportements destructeurs ou compulsifs. Lorsque nous utilisons le monde des images et des symboles pour dialoguer avec nous-mêmes, nous touchons à des dimensions profondes de notre psyché. Ce travail ne peut pas se faire superficiellement ; il suppose que nous allions à la découverte de nous-mêmes et des parties de notre personnalité qui sont susceptibles de résister fortement à l'abondance, à l'amour, à une meilleure santé et au succès. J'ai rencontré dans ma pratique des personnes qui refusaient de faire une visualisation parce qu'elles étaient désabusées et ne croyaient plus aux bienfaits qu'il y a à écouter les expressions de son monde intérieur. Ces personnes se limitaient au sens de la vue, ignorant qu'elles pouvaient recourir à tous leurs sens pour dialoguer avec leur inconscient. Pourtant, depuis notre vie intra-utérine jusqu'à notre mort, nous sommes constamment en relation avec nous-mêmes et avec les autres par l'intermédiaire de nos sens. Nous vivons dans une société qui nous bombarde continuellement d'images visuelles (publicité, magazines), auditives (musique, sons), kinesthésiques (sensations fortes, stimulations corporelles), olfactives (odeurs, parfums) et gustatives (saveurs, dégustations). Tout se doit d'être rapide. L'efficacité, le succès et le sensationnel à tout prix ! La société de consommation, qui stimule nos sens à outrance, nous promet le bien-être, le bonheur et le succès à bon marché ; mais ce qu'elle nous propose est superficiel et se fait au détriment d'une intimité avec notre monde intérieur. Le bombardement d'images dont nous sommes l'objet entre en fait en compétition avec les images intérieures qui tentent d'émerger en nous pour nous orienter dans notre quête du bien-être.

Maintenant que ce livre est devenu une réalité, je suis heureuse de vous le présenter. Il est un guide pour découvrir la richesse des images et des symboles qui font partie intégrante de vous. Il est aussi un outil d'apprentissage de l'écoute et du dialogue qui sont possibles entre vous et votre inconscient. Il est une voie d'apprivoisement et de compréhension des images qui nourrissent votre monde intérieur. Vous y trouverez des pistes pour écouter, dialoguer et, s'il y a lieu, transformer vos impressions refoulées. Il a pour but de vous permettre de récupérer le pouvoir de guérison qui sommeille dans votre monde intérieur.

J'ai choisi mon ami Nicolas Bornemisza comme coauteur de cet ouvrage. Ce dernier, en tant que spécialiste de l'école de Carl Gustav Jung, apportera des précisions quant aux concepts de base qu'implique notre approche et donnera sa propre vision de l'importance des images intérieures qu'il a tirée de sa pratique thérapeutique. Cette collaboration nous a conduits à créer une méthode unique d'intervention qui s'intitule *Images de transformation©*. Celle-ci est une voie naturelle de guérison qui permet à la personne de retrouver sa force de vie, sa puissance d'amour et son potentiel de créativité grâce au dialogue avec son monde intérieur.

Je suis profondément heureuse de vous offrir cet ouvrage et je vous souhaite, cher lecteur, de faire une rencontre profonde avec vos propres images.

MARIE LISE LABONTÉ

Introduction

La première des quatre nobles vérités du Bouddha est : *Toute vie humaine est souffrance.* La condition humaine a peu évolué depuis vingt-cinq siècles. Malgré toutes les découvertes révolutionnaires de la science, les maladies – anciennes et nouvelles –, les problèmes psychologiques et les assuétudes continuent à faire des ravages. Face à cet état de fait, la pratique de la relation d'aide et le contact quotidien avec le malheur humain conduisent inévitablement à questionner le sens et la portée de cette souffrance. Aussi, quand au cours de longues années de pratique on finit par trouver quelques réponses et on fait quelques découvertes, le désir de les partager s'impose dans l'espoir qu'elles puissent contribuer au mieux-être général. C'est ce que propose le présent ouvrage à la personne souffrant dans son corps ou dans son âme : une méthode d'autoguérison ou d'autotransformation. Il ne contient pas de recette occulte, il ne se veut pas une panacée. Il vise plutôt à rappeler le pouvoir décisif d'une méthode ancestrale qui fait ses preuves depuis des millénaires et que l'on redécouvre aujourd'hui dans un cadre scientifique clair et rigoureux. Depuis l'aube des temps, les humains utilisent les images évocatrices pour se guérir, se transformer et évoluer ; aujourd'hui encore, le recours à la puissance de l'image symbolique a la capacité d'opérer une transformation positive chez la personne faisant face à une crise existentielle.

La démarche présentée ici est née de deux méthodes personnelles inspirées toutes deux par notre héritage ancestral autant que par ses applications modernes reconnues. Il s'agit de la méthode de Marie Lise Labonté, *Libération des images intérieures,* et de la mienne, *Le yoga psychologique.* Ces deux méthodes ont été créées par chacun de nous il y a un quart de siècle. Elles ont été pleinement explorées, largement appréciées, et elles ont démontré une efficacité indéniable.

La spécificité de notre démarche conjointe, basée sur nos deux méthodes d'origine, vient de ce qu'elle fait appel au monde intérieur encore très peu connu : l'Inconscient. L'objectif premier consiste à établir une communication et une alliance avec ce monde et à mettre à contribution, en cas de crise existentielle, la sagesse ancestrale qu'il contient. Comme l'Inconscient s'exprime principalement par le biais d'images symboliques, et comme ses messages peuvent faciliter le passage d'une vie « en crise » à une vie « réussie », nous avons baptisé cette méthode : *Images de transformation*. Dans les chapitres qui suivent, nous tenterons de préciser ses origines, ses différents constituants et ses nombreux usages.

Mais avant de passer à la partie maîtresse de cet ouvrage, trois mises en garde s'imposent. Premièrement, je préciserai que cette méthode, même si elle vise à aider la personne souffrante, ne s'apparente aucunement à la pratique de la médecine officielle. Ni de près, ni de loin ! La méthode *Images de transformation* n'émet pas de diagnostic, ne prescrit pas de médicament, ne suggère pas de traitement… La démarche ne fait qu'offrir une information pertinente susceptible de permettre à la personne intéressée de comprendre les messages de son monde intérieur et de découvrir en elle des pouvoirs naturels d'intervention qu'elle méconnaissait. Pour certaines personnes, une telle démarche peut représenter une question de survie ; pour d'autres, elle sera plutôt l'occasion d'atteindre une qualité de vie supérieure. L'objectif est de mettre en valeur notre potentialité transformatrice, valable tant sur le plan individuel que sur le plan collectif. Par ailleurs, ne vivons-nous pas à une époque où l'Organisation mondiale de la santé déclare que la médecine officielle ne peut guérir la population de la terre ? L'OMS ne fait-elle pas elle-même appel aux méthodes traditionnelles naturelles, accordant des budgets pour leur redécouverte, leur mise en pratique et leur accessibilité[2] ? Cette ouverture d'esprit, relativement récente, n'a rien d'étonnant. Des statistiques officielles fort inquiétantes sont présentées régulièrement par les médias. Au mois de mai 2005, on pouvait par exemple apprendre qu'en France, au cours des vingt dernières années, le nombre de cas de cancers du sein a doublé et le nombre de cas de cancers de la prostate a quadruplé. Ailleurs dans le monde, la situation n'est guère meilleure. La méthode *Images de transformation* s'inscrit dans le cadre de ce renouveau proposé par l'OMS.

La deuxième mise en garde a trait à l'utilisation, dans notre livre, des concepts appartenant à la psychologie de C. G. Jung. Là encore, il est à préciser que notre démarche ne vise aucunement à pratiquer la psychanalyse. Par contre, la réalité de l'Inconscient tel qu'il est défini par Jung fait partie intégrante de notre conception révolutionnée de l'imagerie mentale. Pour cette raison, la troisième partie du présent ouvrage traite presque exclusivement de l'Inconscient jungien. La présentation des diverses facettes de l'Inconscient est cependant limitée à ce qu'il faut connaître pour pratiquer avec clarté notre méthode d'imagerie. De notre connaissance de l'Inconscient, nous faisons un usage global qui ne relève pas de l'analyse ou de la psychothérapie jungienne, comme l'illustrent les chapitres un à neuf rédigés par Marie Lise Labonté. Il est vrai, par ailleurs, que les découvertes et les propositions prodigieuses de Jung permettent une compréhension de la psyché qui n'a jamais existé auparavant. Ne pas en tenir compte dans notre méthode serait infantile et irresponsable. La compréhension à un haut niveau scientifique des images intérieures renforce leur utilité dans le processus de guérison. C'est ce que nous empruntons à Jung. Lui, mieux que quiconque, a su révéler la valeur de ces images sur l'efficacité desquelles s'appuie notre méthode. Voici ce qu'il dit lui-même de ces « schématisations » ou « visualisations » :

> [...] ma conscience scientifique me contraint à reconnaître que ces données constituent des facteurs psychiques d'une indiscutable efficacité. Ils [les facteurs] ne sont point des trouvailles chimériques et hypothétiques que j'aurais effectuées d'aventure, mais des éléments psychologiques précis qui obéissent à des lois psychologiques immuables, qui témoignent de causes et d'effets qui s'enchaînent, et c'est pourquoi nous

pouvons les retrouver chez les races et les peuples les plus divers, aujourd'hui comme il y a des millénaires[3].

La troisième mise en garde concerne la dimension « spirituelle » de notre démarche. Ce terme est aujourd'hui chargé de connotations diverses, parfois péjoratives. Nous ne pouvons cependant pas l'éviter, car nous faisons appel à la réalité de l'Inconscient qui représente justement la dimension transcendantale de l'âme humaine, que l'on appelle communément Dieu. Le consultant qui s'initie aux *Images de transformation* s'inscrit donc dans une démarche spirituelle individuelle sans pour autant être aucunement lié à une organisation ou à une secte quelconque. Voici un extrait de la réponse que Jung donna lui-même aux gens qui l'accusaient de vouloir fonder une nouvelle religion :

> Cela semble être de la religion, mais ce ne l'est pas. Je parle en tant que philosophe. Les gens m'appellent parfois un chef religieux. Je ne le suis pas. Je n'ai pas de message, pas de mission ; j'essaie seulement de comprendre. Si nous sommes des philosophes dans le sens ancien du mot, nous sommes des amoureux de la sagesse. Cela évite la compagnie parfois contestable de ceux qui offrent une religion... Donc soyez humain, cherchez la compréhension, cherchez le discernement, et créez votre hypothèse, votre philosophie de la vie[4].

Comme l'énonce le docteur Jung, l'âme – l'Inconscient reconnu – nous fournit un nouveau paradigme au moyen duquel la première noble vérité du Bouddha voulant que *toute vie humaine est souffrance* permet d'accéder à la deuxième vérité selon laquelle *il est possible de se libérer de la souffrance*. Cette possibilité devient accessible aux êtres humains d'aujourd'hui pour peu qu'ils soient capables de s'ouvrir à la réalité de leur monde intérieur.

> Aider les êtres à se retrouver dans leur âme n'est pas seulement une révolution humaine et médicale. C'est l'aventure qu'à travers toutes les autres l'être cherche depuis toujours.

Ces propos du docteur Roland Cahen, dans la préface à l'édition française de *Dialectique du moi et de l'inconscient* de Jung[5], résument sans équivoque la motivation qui nous inspire, Marie Lise Labonté et moi-même : partager avec vous notre expérience des *Images de transformation*.

NICOLAS BORNEMISZA

PREMIÈRE PARTIE

Les images intérieures ne mentent pas

CHAPITRE I

Le miroir d'une guérison

Les images intérieures, compagnes et complices
de la maladie et de la guérison

Il existe en nous un monde intérieur d'une grande richesse. L'explorer fait partie des chemins les moins fréquentés par notre société, notre famille, voire nous-mêmes. Pourtant vivent encore sur terre des peuples primitifs qui, une fois leurs besoins fondamentaux satisfaits, consacrent leur vie quotidienne à écouter leur intériorité. Ces peuples explorent ainsi leurs rêves, leurs visions et leurs oracles, ils écoutent leurs anciens, mais ils sont en voie de disparition. Cela suscite des questions. Se peut-il que vivre au quotidien en demeurant en contact avec son monde intérieur soit un chemin de moins en moins fréquenté? J'ai bel et bien peur que oui.

Si vous êtes né en Amérique du Nord ou en Europe, vous avez probablement vécu ce que j'ai connu : répondre aux conditionnements familiaux, faire comme si tout allait bien, être heureux à tout prix, avoir une bonne santé, se montrer productif et *successful*. Je pourrais résumer les choses ainsi : correspondre aux critères collectifs et familiaux qui nous sont imposés, nous marier ou vivre en couple, avoir des enfants, soutenir leur succès, rester jeunes à tout prix – quoi encore?

Qu'arrive-t-il si, à vingt et un ans, vous êtes atteint d'une maladie diagnostiquée comme incurable? Qu'arrive-t-il si, à vingt et un ans, vous êtes classé parmi les « malades » et ne faites plus partie des « autres », soit ceux qui ont tout : santé, succès, jambes qui les soutiennent, beauté, souplesse, bonheur, mari ou épouse et même enfant, et qui ne souffrent pas ? Vous ne pouvez plus marcher comme eux, vous ne pouvez plus aller vite, vous ne pouvez plus danser, vous ne pouvez plus faire l'amour – quoi d'autre ? Vous aurez besoin d'une chaise roulante – c'est tout ? Que vous reste-t-il lorsque vous ne pouvez plus utiliser le chemin le plus fréquenté ? Le suicide ? Les drogues ? La mort ? La religion ? À moins que vous ne choisissiez la rencontre avec vous-même… Pour avoir été à cette croisée des chemins, ce qui a représenté quatre années de souffrance dans ma vie, j'ai choisi d'aller à la rencontre de moi-même. C'est ainsi que j'ai découvert mon monde intérieur et que ses images se sont manifestées à moi.

Les images de destruction

Une maladie dite physique ne vient jamais seule ; elle s'accompagne souvent d'un univers psychique qui s'est voué à une auto-destruction qui, petit à petit, est somatisée par le corps. En 1976, souffrant depuis quatre ans d'une maladie incurable, j'ai choisi d'aller à la rencontre de moi-même. C'est mon corps qui m'a offert la voie de ma libération, une voie très peu fréquentée dont je relate le parcours dans *Se guérir autrement, c'est possible*. Impressionnée et esclave de ma maladie, je me nourrissais de scénarios d'horreur qui ne faisaient qu'augmenter la puissance de mon mal et affaiblir mon système immunitaire. Je me souviens de mes réveils le matin, non seulement de la douleur paralysante logée dans mes articulations, mais aussi de mon état émotionnel, noué comme une boule d'angoisse dans mon plexus, qui m'enlevait le goût de vivre, le goût de tout. Si je restais étendue quelques minutes afin de contempler mon monde intérieur et de questionner ce qui se présentait à moi, j'étais rapidement envahie d'images visuelles dans lesquelles je me voyais encore plus malade que je ne l'étais en réalité.

Ces images représentaient des scénarios réels dont j'étais l'actrice principale, auxquels s'ajoutaient, au rythme du déroulement des scènes, des personnages de mon quotidien qui avaient envers moi une attitude dépréciative. À ces images visuelles se greffaient des images auditives telles que des voix intérieures insistantes : « Tu n'es bonne à rien », « Tu ne mérites pas de vivre », « Tu es nulle », « Tu n'es pas intelligente », « Tu es laide », etc. Ces messages visuels et auditifs qui s'imposaient à moi dès mon réveil m'invitaient à m'apitoyer sur mon sort. De là émergeait un sentiment d'impuissance face à ma vie, à ma souffrance et à ma maladie. Ayant pleuré toute la nuit durant, je tentais alors de me lever et de déplier mon corps paralysé par ses raideurs arthritiques. Ces messages se situaient en périphérie de mon univers conscient. Si je devais me lever rapidement, je ne ressentais que les douleurs physiques, l'état émotionnel restant collé à mon plexus, ce qui me donnait une envie folle de pleurer ma vie et suscitait en moi un sentiment d'impuissance dont j'ignorais la source. Les activités quotidiennes m'éloignaient ensuite de ce monde intérieur. Je vivais donc ma journée imprégnée de ce désespoir et de cette impuissance et en ignorant ce qui les nourrissait. Par contre, si je prolongeais le temps de mon réveil, je communiquais avec ce monde intérieur destructeur qui constituait mon univers dantesque.

À cette époque, j'ignorais que je nourrissais, dans cette sphère qui se trouve à la limite du conscient, dans cet espace nommé le préconscient, un mécanisme interne d'autodestruction qui alimentait ma maladie arthritique. Je l'ignorais parce que j'étais coupée de moi-même. Je fonctionnais superficiellement, comme en surface de mon être. Je vivais telle une étrangère dans sa propre maison. J'ai ultérieurement pris conscience que ces images de destruction faisaient partie intégrante de mon arthrite émotionnelle et mentale. Mais cela est venu bien plus tard.

Les scénarios exutoires

Dans la phase la plus active de mon mal, tandis que ma maladie s'aggravait, je me surprenais à nourrir des scénarios affreux d'amputation de la jambe ; c'est ce qui me faisait le plus souffrir. En proie à la douleur physique, étendue ou marchant avec ma canne, j'imaginais que l'on m'amputait de cette jambe, et qu'ainsi la souffrance disparaissait. Ces images visuelles et kinesthésiques, tels des flashs sensoriels, n'étaient pas de la même nature que celles qui m'attendaient le matin au réveil ; elles étaient moins chargées sur le plan émotionnel et servaient davantage de soupape à ma souffrance. De fait, même si elles suscitaient en moi des images d'horreur, elles m'apportaient un certain soulagement : pendant quelques secondes, j'avais le sentiment de contrôler mon mal. Elles étaient accompagnées d'images auditives, de voix intérieures qui me disaient : « Et si je m'arrachais la jambe pour ne plus jamais souffrir ? », « Et si je m'arrachais la jambe pour ne plus jamais souffrir ? », « Et si… ». Ces messages récurrents, porteurs d'une énergie destructrice, agissaient comme un exutoire. Le scénario de l'amputation, lui, se manifestait spontanément et systématiquement à ma conscience lorsque je tentais de reposer mes articulations endolories. Il se présentait comme la seule solution – créée de toutes pièces par mon imagination et ma personne – pour alléger ma souffrance. Ce scénario était riche d'informations ; il me révélait notamment les croyances que j'entretenais face à ma maladie : je pensais naïvement que ma maladie était logée là où j'avais mal, conviction qui me faisait « croire » que l'arthrite ne disparaîtrait que si l'on m'opérait du genou ou de la hanche. En réalité, je l'ai réalisé plus tard, la maladie s'étendait à l'ensemble de mon corps : à mon sang, à mon système immunitaire et à ma psyché. À l'époque, j'étais suivie en psychothérapie par un psychiatre, mais jamais il n'avait exploré le monde de mes images intérieures ni n'en avait reconnu l'importance ; pas plus que moi, du moins à ce moment-là. Ces images démontraient non seulement mon ignorance face à la maladie qui m'habitait, mais aussi le peu d'information que j'avais sur cette maladie incurable.

Les « programmations » malheureuses

Il peut paraître peu judicieux d'utiliser le terme de « programmation », qui évoque le champ de l'informatique, pour parler de l'être humain. Je pense cependant que les lignes qui suivent vous permettront de juger du bien-fondé de ce choix. J'ai en effet connu des images visuelles et auditives qui agissaient comme une sorte de programmation morbide. Sachant que je me dirigeais vers des interventions chirurgicales, je visualisais l'opération en imaginant des conséquences dramatiques : par exemple, je mourais sur la table d'opération. Ces images nourrissaient ma vision d'un futur fait de maladie et de mort. Elles étaient chargées de ressentiment. J'en voulais à la terre entière, mais surtout à mes parents. J'adoptais la position de la plus grande victime que la terre ait connue : malade, en fauteuil roulant, souffrante, voire mourante. Ces images visuelles et auditives alimentaient un comportement intérieur d'attachement à la maladie par lequel je tentais de faire souffrir ceux qui m'avaient, estimais-je, blessée. Elles remplissaient une fonction de vengeance douce vis-à-vis de la partie de moi qui se sentait victime de cette maladie et des autres. En ce sens, elles agissaient comme un baume, un baume toutefois venimeux, car il ne faisait qu'accentuer ma maladie, ma détresse et mon isolement.

Avec l'aide d'un thérapeute aguerri, j'aurais probablement pu être amenée à reconnaître ces images douloureuses et ce qu'elles cachaient comme besoin de vengeance, de reconnaissance, d'attention et surtout de désir de communication non violente avec mes parents. Une telle aide me faisant défaut, la communication que j'avais avec eux, avec les autres et avec mon corps augmentait en violence, violence que je dirigeais autant contre ces autres que contre moi-même.

Les visions de la maladie

Ce que j'avais imaginé de pire s'est bel et bien réalisé. Comme je l'escomptais, j'ai eu de graves complications et j'ai failli mourir sous l'effet d'une anesthésie. Les résultats étaient tout à fait fidèles à ce que j'avais imaginé pour me venger. J'ai vu mes parents souffrir à mon chevet. Je me suis retrouvée victime, atteinte et surtout limitée. Mon univers psychique se rétrécissait chaque jour un peu plus, mes forces diminuaient, je me retirais de plus en plus dans ma souffrance et dans mon ressentiment. Jusqu'au jour où j'eus une vision que j'ai nommée la vision de « la vieille femme » : j'ai quarante ans, mais j'ai l'allure d'une femme qui en a soixante-quinze. Je suis en chaise roulante. Je suis enflée par la cortisone et très faible. Je ne bouge pas. Puis, soudain, j'ai quarante-sept ans, je suis étendue dans un lit, incapable de me mouvoir, pétrifiée par l'arthrite, sur le point de mourir. Je souffre, je suis triste, desséchée par la maladie, le traitement et le ressentiment. Je suis amère. Ma vie est terminée, je le sais, et je n'ai pas accompli ce que j'aurais pu accomplir. Je suis restée prostrée sur moi-même et ma souffrance. C'est bientôt la fin. Je le sais. J'en veux à tout le monde et c'est ainsi que je vais finir ma vie.

Cette vision a agi comme un réel déclic. En l'analysant, j'ai compris, très profondément, que j'étais inconsciemment à la source de mon mal. Non seulement le mal me nourrissait, mais je le nourrissais également. Ce fut le déclencheur, le début de mon processus d'autoguérison.

Les images de guérison

Pour me guérir, je me suis rapprochée de mon corps souffrant. Trois fois par jour, j'allais à sa rencontre lors de séances que je vivais seule, étendue sur le sol. Je me guidais dans une exploration des différentes régions de mon corps : le bassin, les hanches, les épaules, le tronc, ensuite les genoux, les bras et les mains. Ces mouvements d'éveil corporel constituent une approche à la fois douce et profonde qui permet de rencontrer son être profond à la faveur de l'exploration de son corps conscient. Ils font maintenant partie intégrante de ma *Méthode de libération des cuirasses*[6]. En guidant mon corps vers le bien-être, j'ai observé que mes sens s'épuraient – tout naturellement. Un voile se levait sur ma vue affaiblie, mes oreilles entendaient mieux, mon corps vibrait à une énergie autre que la douleur. Il vibrait maintenant au rythme du bien-être. J'avais l'impression de m'éveiller d'un long sommeil, d'un coma profond. Je nourrissais mon corps de ces mouvements d'éveil corporel et, au fur et à mesure qu'il se déliait, les images d'enfermement disparaissaient, les voix intérieures d'autodestruction cédaient la place à des voix de reconstruction. Cette rencontre avec mon monde intérieur se faisait naturellement. Je devenais consciente de la force des impressions négatives dont j'avais été la proie et que j'avais entretenues. J'ai alors réalisé combien j'avais été impressionnable et impressionnée à mon insu.

Au fur et à mesure de cette rencontre avec mon corps se présentaient à moi des expressions de mon inconscient ; elles avaient la forme de souvenirs d'enfance qui se succédaient dans mon esprit comme les scènes d'un film en trois dimensions et en couleurs sur un écran de cinéma : j'entendais la voix de ma mère, j'éprouvais l'absence de mon père, je retrouvais la petite fille que j'avais été et ce qu'elle avait ressenti. Des pans entiers de mon histoire surgissaient des profondeurs de mon être, des souvenirs que j'avais totalement occultés, oubliés, remisés dans le grenier de mon inconscient. Je comprenais ma maladie. Je saisissais au plus profond de moi ce qui avait nourri l'appauvrissement de mon système immunitaire. Dans ma chair, je faisais l'expérience de ce que j'avais entendu dans le discours thérapeutique de mon psychiatre, mais sans que celui-ci m'ait indiqué le chemin à suivre, probablement parce qu'il l'ignorait lui-même. J'étais agréablement surprise. Car si ces souvenirs étaient quelquefois douloureux lorsqu'ils surgissaient, ils me procuraient un réel soulagement sur le plan corporel. Mes tensions physiques se dissipaient, ma souffrance émotionnelle s'allégeait également. Je respirais mieux. Mes réveils matinaux se faisaient joyeux. Je retrouvais l'envie de vivre. Je devenais plus légère, plus souple, tant dans ma tête que dans mon corps. Merveilleuse nouvelle pour l'arthritique que j'avais été ! Je retrouvais une force de vie plus grande. Je me sentais moins affaiblie. J'avais le sentiment profond de participer activement à la guérison qui œuvrait en moi.

Je découvrais un monde intérieur riche avec lequel je n'étais jamais entrée en contact en quatre ans de psychothérapie. Je compris plus tard que la libération était venue du fait que je faisais bouger la mémoire musculaire et cellulaire de mon corps, ce qui permettait à mon inconscient d'entamer un dialogue avec ma conscience. Enrichie de ces informations libératrices, ma personnalité changeait. Je découvris également que mon corps ne mentait pas, car je pris le temps de vérifier la justesse de mes souvenirs : j'ai souvent appelé ma mère pour lui raconter ce dont je me souvenais, et elle me confirmait le bien-fondé de mes découvertes.

Les images de transformation

Cette phase de guérison s'est accompagnée de rêves nocturnes dans lesquels figuraient les membres de ma famille et au cours desquels je recevais des informations essentielles de mon inconscient. Progressivement, je compris mieux ma position au sein de la famille, ce que j'avais subi, le rôle qu'elle m'avait attribué à ma naissance et que j'avais tenté de remplir au point de m'en rendre malade. Le matin, j'écrivais mes rêves et je comprenais leur sens, car tout était là, d'une clarté désarmante. Grâce à ces messages nocturnes, mon inconscient m'indiquait de quelle façon agir. Et j'agissais. Je changeais d'attitude à la lumière de cette nouvelle compréhension de la place que j'avais eue dans ma famille. D'autres rêves me renseignaient sur ce qui avait été blessant pour moi dans les relations avec ma mère, mon père et ma fratrie. Le symbole récurrent de ces rêves était la maison : je me voyais dans une maison (mon corps, ma psyché) dont la construction évoluait de mois en mois, qui s'éclairait, s'agrandissait ; je faisais le ménage d'anciens appartements où avait logé ma famille ; je retrouvai ainsi la maison de mon enfance. Puis apparurent des rêves de dents et de cheveux, symboles d'énergie vitale et de libération par rapport au passé : je changeais de dents, je coupais mes cheveux, ma chevelure repoussait, abondante et belle. Suivirent des rêves de vêtements (symboles de la persona[7]), et d'autres exprimant la libération et la guérison du féminin et du masculin en moi : je me mariais avec un homme doux et bon qui comprenait ma guérison ; nous faisions l'amour dans une nouvelle maison (j'épousais mon animus positif, mon couple intérieur se réunifiait). Par la suite se présentèrent des rêves avec des automobiles, symboles d'évolution : je conduisais de nouvelles voitures, le chemin devant moi n'était pas très fréquenté, mais il était ouvert et facile d'accès. Les véhicules que nous conduisons ou dont nous sommes les passagers en rêve symbolisent en effet souvent notre façon d'avancer dans la vie. Étape par étape, mes rêves traduisaient le processus de guérison intérieur et extérieur dont je faisais l'expérience. Ils s'apparentaient à de réels phares qui m'éclairaient sur le chemin de la guérison, m'instruisaient sur mon passé et ma libération par rapport à lui, et me guidaient vers ce qui allait s'accomplir.

Les signes de jour

Suivirent les signes de jour. Plus mon inconscient appuyait ma démarche de guérison par un échange intense au cours de la nuit, plus il me parlait également le jour. Ma route était ponctuée de signes que je rencontrais au fil de ma vie quotidienne. Tout était devenu fluide, même financer un voyage à Paris afin d'entreprendre une nouvelle thérapie, ce qui signifiait acheter un billet d'avion et trouver un appartement à quelques rues du centre de soins. Je me sentais littéralement *accompagnée* par un mouvement de vie qui coulait de source : quand se présentaient des obstacles, la difficulté s'effaçait de façon quasi magique ; lorsque j'avais des doutes, les confirmations et preuves de ma guérison les faisaient disparaître. J'accueillais ces signes et je remerciais la vie et l'univers. Tout me disait que j'étais sur la bonne voie, même si je n'avais l'approbation ni de mes parents, ni de ma fratrie, ni de mes amies, ni de la société québécoise. Si la voie alternative que j'empruntais était peu fréquentée, les signes qui la ponctuaient me montraient qu'elle était la bonne voie – à tout le moins bonne pour moi.

Les visions qui guérissent

J'ai ensuite été exposée à des visions de guérison. À l'opposé de la vision horrifiante de « la vieille femme », je recevais à présent des visions de moi guérie. Il y en eut plusieurs : « la déesse », « la femme sauvage », puis « la réalisation de soi »... Elles sont vite devenues « mes » visions, car elles prenaient toujours plus d'envergure et étaient riches d'informations apaisantes et précises. Elles se présentèrent d'abord sous forme visuelle, puis sous forme auditive, comme une voix profonde qui me rassurait sur mon processus de guérison. Ces visions me venaient spontanément. Je ne faisais rien pour les construire consciemment. Au contraire, elles surgissaient de mon énergie profonde, de mon énergie de guérison. Elles se présentaient au cours du travail corporel que je faisais, ces moments durant lesquels je me sentais particulièrement vivante, ou elles me venaient spontanément lorsque je marchais dans les rues de Paris. Soudainement, ces images remplissaient mon espace psychique, je me permettais alors de me reposer auprès d'elles et de les savourer. Je m'abstenais de les juger, de prononcer des mots tels qu' «impensable», «impossible», «échec assuré». Non. J'avais trop ouvertement accueilli des images pénibles par le passé pour refuser ces images de guérison. Elles étaient là, telle une vibration qui guidait mes pas vers un avenir prometteur et sans maladie. Elles étaient l'expression de la transformation des espaces d'emprisonnement contenus dans mon inconscient. Grâce à ces visions, mon corps se réorganisait; en chacune d'elles, je me voyais physiquement équilibrée, le corps bien érigé, rempli d'énergie vitale. J'étais très centrée, calme et posée, en harmonie avec les autres et avec l'univers entier. Dans ces visions, je me voyais légèrement plus âgée que je ne l'étais à l'époque; je compris que ma guérison allait s'échelonner dans le temps.

Les images intuitives de guidance

Ces images m'ont accompagnée tout au long du processus de guérison. Elles me parvenaient sous une forme auditive: des voix intérieures suivies de flashs visuels très courts. D'une manière systématique, ces images m'encadraient, me guidaient quant aux étapes à suivre pour guérir. Elles allaient jusqu'à me suggérer de rencontrer telle personne ou de me renseigner sur telle question… L'énergie qui les accompagnait provoquait en moi une sensation kinesthésique consistant en des frissons épidermiques, si bien que je pouvais dire de suite avec certitude: «Je sais.» Ce «Je sais» ne venait pas de mon intellect, mais plutôt d'un sentiment de certitude intérieure inébranlable. Ces images intuitives s'apparentaient à de réelles explosions de conscience. Ce «Je sais» se logeait physiquement dans mon sternum, tout près de mon cœur. Lorsque je disais «Je sais» à mes compagnons et compagnes de route, je faisais toujours, inconsciemment, le même geste qui consiste à pointer de la main droite la région du sternum. Encore aujourd'hui, ces informations intuitives, venues de la profondeur de mon être, font partie intégrante de ma vie. Dès que je ne suis plus à l'écoute de cette voix intérieure, ces informations disparaissent, signe manifeste que je me suis une nouvelle fois éloignée de mon être véritable.

C'est sous la forme d'images intuitives que j'ai pour la première fois entendu parler du Dr Simonton et de sa méthode de visualisation de guérison[8].

Le chemin le moins fréquenté : ma rencontre avec le Dr Simonton

De retour à Montréal pour enseigner ce que j'avais vécu et appris au cours de mon processus de transformation, je constatai que les visions de guérison étaient encore fort présentes et continuaient à ponctuer mon parcours. Lors d'un échange avec des amis sur ce thème, l'un d'eux me parla d'un médecin oncologue et de son épouse psychologue qui traitaient les maladies psychosomatiques, tels les cancers, par l'imagerie mentale. Après avoir été retrouver ce couple au cours d'une pratique à Los Angeles, je me suis présentée à une formation qu'ils offraient à des infirmières et psychothérapeutes en Californie et au Texas. J'ai alors découvert auprès d'eux que le processus de libération que j'avais mené vis-à-vis des images de destruction qui m'envahissaient était naturel et pouvait s'expliquer scientifiquement. Le Dr Simonton et son épouse avaient en effet guidé de nombreux patients au sujet desquels ils avaient par la suite fait des recherches statistiques. Ce faisant, ils avaient réussi à prouver le bien-fondé de la visualisation de guérison, démontrant scientifiquement ce que j'avais vécu empiriquement. Auprès d'eux, je fus heureuse de comprendre de manière scientifique ce dont j'étais une preuve vivante. Cela me conforta dans ma voie. Il y avait cependant des différences entre la démarche qu'ils prônaient et ce que j'avais vécu.

Au cours de la première étape, leur méthode utilisait la relaxation pour mettre le patient en état de réceptivité et le faire aller volontairement à la rencontre des images intérieures visuelles, auditives, kinesthésiques, etc., qui représentaient pour lui la maladie. Ces images trouvées, le patient était invité à les dessiner en couleur et à les analyser. Lors d'une troisième étape, on le guidait afin qu'il les transforme en images positives permettant d'assurer l'augmentation de la défense immunitaire et une réponse endocrinienne saine. Cette pratique de visualisation, ainsi structurée, avait lieu trois fois par jour, le but étant de stimuler le potentiel de guérison et les réponses naturelles du corps du patient. À la dernière étape se greffait un régime rigoureux visant à augmenter le potentiel vital du patient : exercice physique, suivi alimentaire, etc.

J'avais cependant découvert que le parcours Simonton consacrait très peu de temps à la rencontre entre la personne et ses images de la maladie ; dans la plupart des cas en effet, il y avait urgence. Pour une maladie telle que le cancer, par exemple, une seule séance était consacrée à la réception des images inconscientes. Par la suite, le patient, guidé par le thérapeute, était invité à construire une image de guérison dans laquelle son système immunitaire se renforçait et combattait le cancer. Il devait aussi imaginer la diminution des effets secondaires des traitements médicaux tels que la chimiothérapie et la radiothérapie, de même que l'élimination des toxines. D'autres considérations étaient également prises en compte afin de consolider son évolution vers la guérison. Le patient était invité à recourir à tous ses sens, visuel, auditif, kinesthésique, olfactif et gustatif, car le Dr Simonton avait prouvé que plus les sens mis en œuvre au cours de l'imagerie de guérison étaient nombreux, plus des résultats positifs étaient assurés. D'autres facteurs personnels étaient pris en ligne de compte, notamment le soutien de la famille, la transformation de l'environnement physique et affectif toxique, les croyances du patient à propos de la maladie et de la mort, son attachement à la souffrance et les bénéfices secondaires qu'il tirait de son mal.

La divergence de nos méthodes

Lors de ma formation avec le Dr Simonton, je vis l'importance qu'il accordait à la construction de l'imagerie de guérison au moyen de laquelle le patient était amené à combattre son cancer, à l'extraire de sa chair et à le tuer. Un élément me préoccupait pourtant beaucoup : le cancer était perçu comme une présence négative, mauvaise et sombre. Une phase complète de la formation insistait sur l'esprit combatif que le patient se devait de développer. Je le comprenais, car certains des patients du Dr Simonton souffraient d'inhibition de l'action (le non-désir de participer à leur guérison) ou d'impuissance et de désespoir ; dans leur cas, la visualisation d'un combat était donc importante, mais elle leur occasionnait aussi de grandes difficultés. Cet aspect volontaire et combatif de la méthode me posait problème, car, dans mon expérience, je n'avais jamais vu mon arthrite comme quelque chose de négatif dont je devais me débarrasser. Au contraire, j'avais découvert que ma maladie avait quelque chose à m'apprendre : elle m'instruisait, elle me donnait des informations majeures sur moi-même, et je savais qu'avant de l'extraire de ma chair j'avais eu besoin d'être à son écoute. Je n'avais jamais travaillé sur mon arthrite pour la combattre. Je ne l'avais jamais vue comme un ennemi qui détruisait mon corps physique. J'avais au contraire développé un état d'être ouvert à la douceur, à l'amour et à l'écoute face à mon corps et aux régions atteintes par l'arthrite. Je n'avais pas agi directement sur la maladie, mais plutôt sur mon énergie de guérison, la mise en œuvre et le déploiement de celle-ci. Par le biais du travail corporel, j'avais laissé les images de destruction s'exprimer naturellement. Elles avaient surgi lors des pratiques psychocorporelles que je faisais quotidiennement, se présentant à ma conscience comme sur un écran intérieur sur lequel aurait été projeté le film de mon autodestruction. Je les contemplais sans les juger et j'essayais d'en comprendre le sens. Elles ne me faisaient pas peur. Je les utilisais pour me comprendre et me connaître. Je suivais les voies qu'elles m'indiquaient, car ces voies me mettaient en relation avec un état émotionnel dont je prenais conscience et, ce faisant, me libérais. De fil en aiguille, ces émotions me guidaient vers d'autres images plus profondément enfouies dans mon inconscient. Mon corps, dans sa profonde sagesse, m'instruisait sur les pistes à suivre.

Pour guérir, j'ai donc parcouru un trajet allant du corps vers l'esprit et de l'esprit vers le corps. Du *corps vers l'esprit*, en dégageant, par la pratique psychocorporelle, la mémoire cellulaire et musculaire qui empoisonnait mon système endocrinien et immunitaire. Cette libération était d'ordre émotionnel et physique et se manifestait sous forme d'impressions et d'images. Puis de l'*esprit vers le corps*, en prenant conscience des images auditives d'autodestruction qui se présentaient à moi comme des croyances incontournables et agissaient de façon concrète et très négative ;

en changeant aussi les comportements et les habitudes qui m'incitaient à me contenter d'une petite vie dépourvue d'amour.

J'ai suivi ce trajet naturellement, ne pensant à aucun moment que mon arthrite était négative. Tout au contraire, grâce à cette maladie, je me suis prise en charge, j'ai ouvert les portes de mon monde intérieur, j'ai libéré mon potentiel de guérison, et mes images intérieures m'ont montré cette transformation.

La vision que j'avais de la maladie était donc différente de celle du Dr Simonton. Nous accordions toutefois la même importance au fait que la maladie ne vient pas de nulle part : elle est une espèce de cocréation intérieure ; des aspects en nous y participent, d'autres en souffrent. Le chemin que le Dr Simonton proposait était un chemin que je jugeais plus ardu que le mien parce qu'il se nourrissait du désir et la volonté de guérir. Se basant sur les lois naturelles de la guérison, le Dr Simonton engageait le conscient du patient. À mon sens, sa méthode passait pourtant à côté d'une donnée essentielle : le dialogue avec les aspects inconscients et occultés de la maladie – un dialogue qui me paraissait nécessaire pour faire évoluer la maladie vers la guérison. Dans mon parcours, cette collaboration avait été déterminante ; c'est elle qui m'avait permis de désamorcer les aspects sombres et morbides de ma maladie tels que les mécanismes d'attachement, de victimisation et d'impuissance, ainsi que mon ressentiment. J'avais accueilli ces aspects obscurs et, ce faisant, la voie du bien-être s'était offerte à moi. Je m'étais laissé guider par la partie de moi qui s'était ouverte aux forces de guérison inhérentes à l'être humain. J'avais permis à ma conscience de s'élargir et j'avais ainsi libéré tout un potentiel de vie qui n'attendait que cela. En ce sens, j'avais « agi » sur ma guérison.

La méthode Simonton est naturelle, car elle intègre la visualisation de la guérison ; mais elle reste superficielle, non pas dans son authenticité, mais dans l'omission qu'elle fait de l'une des couches profondes de la personne. Je suis cependant ressortie de cette formation enrichie de connaissances intellectuelles qui m'étaient nécessaires pour mieux comprendre et intégrer ce que je vivais.

Côtoyer la pratique Simonton m'avait aussi fait prendre conscience que ma propre pratique est d'abord et avant tout basée sur le dialogue avec la partie malade de soi, l'écoute du corps et des rêves, et le déclenchement naturel de l'énergie de guérison. C'est donc en partie grâce aux découvertes du Dr Simonton que j'ai pu mieux comprendre et développer ma propre méthode. Pour cette raison, et pour l'aide qu'il apporte à l'humanité, je le remercie.

L'histoire de Sylvie

Afin d'illustrer l'importance du dialogue avec l'inconscient, je vous invite à faire la connaissance de Sylvie. Un après-midi, lors d'une formation que je donnais en Méthode de libération des cuirasses, j'ai demandé à mes élèves, qui venaient de faire des mouvements d'éveil corporel au sol, de dessiner la perception qu'ils avaient de leur corps sur un papier grandeur nature. Dans un mouvement spontané, tous se sont mis à dessiner en choisissant les couleurs qui les inspiraient. Une fois leur dessin terminé, ils l'ont accroché sur le mur devant eux. Par la suite, tandis qu'ils étaient assis par terre au pied de leur dessin, je leur ai demandé de regarder ce que leur inconscient – à la manière d'un rêve – venait de leur révéler à propos de leur relation à leur corps. Sylvie, une de mes élèves, éprouvait alors une grande émotion face à son dessin. Je me suis approchée d'elle pour contempler son œuvre et tenter de comprendre son désarroi. Quelle ne fut pas ma surprise de voir un corps qui était envahi par un énorme cobra rouge. Je compris que Sylvie, atteinte de psoriasis, venait de dessiner quelque chose d'important pour elle. Elle était en effet atteinte de cette maladie depuis des années, et son corps, de ce fait, se voyait recouvert d'une peau qui pouvait ressembler aux écailles sèches d'un serpent.

Sylvie était psychologue et avait fait un long cheminement avec sa maladie. Elle avait eu recours à diverses méthodes et outils, le dernier en date étant la visualisation de guérison dont elle avait pris connaissance dans un ouvrage scientifique assez réputé. Le thérapeute y suggérait de recourir à la visualisation, d'abord pour trouver une image représentative de la maladie et ensuite pour éradiquer celle-ci. Or, la représentation spontanée s'était pour elle présentée sous la forme d'un cobra. Sylvie s'était donc efforcée, pendant plusieurs mois, de visualiser qu'elle tuait le cobra qui représentait sa maladie, soit le psoriasis.

Sylvie pleurait toujours au pied de son dessin. Je me suis assise à ses côtés et je lui ai demandé de dialoguer à haute voix à propos de ce dessin. Elle s'est mise à me raconter qu'elle était découragée de retrouver encore le cobra dans la représentation de son corps. Elle prit la peine de se lever pour me montrer du doigt le cobra, rouge et en colère, en train d'envahir son corps entier. L'image était en effet fort impressionnante, car Sylvie n'était pas très grande et le cobra la dépassait de plusieurs centimètres. J'ai alors pris le temps de dialoguer avec elle, d'écouter la souffrance qu'elle éprouvait face à son dessin et face à la réalité de sa maladie qui persistait malgré tout le travail qu'elle avait fait à partir des images de guérison. Sylvie était découragée de faire des efforts sans obtenir de résultat. C'est pourquoi elle avait choisi de suivre la formation que je proposais : elle souhaitait tenter à nouveau d'agir sur sa guérison. L'ayant écoutée, je lui ai posé cette question : « Te visualiser tuant le cobra t'a-t-il aidée ?

– Oui et non, me répondit-elle. Oui, car en tentant de le tuer, j'ai l'impression de le contrôler ou de m'en débarrasser ; il me fait tellement peur ! Et non, parce que depuis que j'essaie de le tuer, mes symptômes de psoriasis s'aggravent. Je n'arrive pas à tuer ce cobra, il se fâche, il émet des sons stridents. Il augmente de volume. Plus je veux le tuer, plus il réagit. J'ai de plus en plus mal physiquement. C'est pourquoi j'ai arrêté de visualiser. J'ai maintenant terriblement peur de ce cobra qui est là, partout en moi, jusqu'à la surface de ma peau. Je me sens hideuse de partout. Je ne veux plus voir ce cobra. Pourquoi m'avez-vous fait travailler ainsi ? Je ne veux plus voir cette image qui m'envahit. J'ai de plus en plus mal. Pendant que je dessinais, ma peau brûlait de partout avec une intensité encore plus forte que d'habitude. Depuis le début de cette formation, mon corps n'est que douleur et démangeaison. »

J'ai alors tenté de la rassurer et d'écouter sa peur ; en même temps, je prenais conscience qu'il était urgent que Sylvie agisse face à ce cobra, mais pas dans la direction qu'elle avait prise. Je me suis alors permis de lui suggérer une exploration : « Sylvie, peux-tu reconnaître que ton inconscient tente de collaborer avec toi ? » Mon élève me regarda avec de grands yeux, puis acquiesça : « Je veux bien, me répondit-elle, mais comment ? » J'ai poursuivi : « Il t'adresse une image représentative de ta maladie. Cette image est importante. Elle est un signe qu'une collaboration est possible entre la partie inconsciente de toi qui souffre et le reste de ta personne. Je te suggère de ne plus chercher à tuer cette partie de toi qui est représentée par le cobra ; d'ailleurs, ton corps te dit que tu ne peux pas le tuer. Lorsque tu essaies de te visualiser tuant le cobra, les symptômes de ta maladie augmentent. Tu as là un signe direct de ton inconscient qui s'exprime par le biais de ton corps. Je t'invite au contraire à aller à la rencontre du cobra et à remercier ton inconscient de sa collaboration. » Mon élève me dévisagea, éberluée. Elle me répondit tout en pleurant : « Ce que vous me dites est à l'opposé de ce que certains thérapeutes ont écrit.

– Sylvie, je ne suis pas là pour défaire ce que tel ou tel thérapeute a écrit, repris-je. Je suis là, devant toi, et j'essaie de te guider pour que tu établisses une communication avec la partie de ton corps qui est malade et qui se présente à toi par le biais d'une image symbolique fort importante. Je comprends ta peur et je t'invite à aller à la rencontre du cobra avec courage. Ose entrer en contact et dialoguer avec lui. Démystifie ta maladie. Apprivoise cette image. Écoute ce que le cobra a à te dire. Pour ce faire, je te suggère de te laisser guider par une de mes assistantes dans un processus d'imagination active. » L'imagination active étant cette méthode jungienne qui consiste en un dialogue imaginaire avec les images et personnages produits par l'inconscient et qui complète le travail d'interprétation des rêves[9]. Je prends le temps d'expliquer cela à Sylvie, et nous donnons rendez-vous au cobra pour la fin de la journée. Puis, je me retire, laissant la jeune femme regarder tranquillement son dessin et apaiser la peur qu'elle éprouve à l'idée de toucher le cobra et de lui parler. À dix-sept heures, je vois Sylvie partir dans une pièce de travail avec une assistante initiée à notre méthode. Le lendemain, je la rencontre avant de commencer la journée de formation. Ses yeux sont vivants. Elle me dit : « J'ai rencontré le cobra. J'avais très peur au début, mais maintenant cela va. Je me sens beaucoup mieux, les sensations de démangeaison se sont atténuées. J'ai

même la sensation d'une certaine élasticité de ma peau ce matin !
J'ai envie de vivre. Une petite joie pointe en moi...

– Le cobra a-t-il dialogué avec toi ?

– Oui ! Après un apprivoisement de part et d'autre, nous
avons convenu de communiquer ensemble tous les jours par
l'écriture ou lors d'un moment de relaxation suivi d'une visualisation. Il a des choses à me dire et à me raconter. Je me suis
engagée à l'écouter, et dès ce moment-là sa colère a disparu. Il
est devenu beaucoup plus doux. J'avais l'impression que je pouvais en faire un ami. Je n'avais plus peur de lui. Je vais poursuivre
ce dialogue. »

Nous étions alors en janvier. Plusieurs mois se sont écoulés
quand, au mois de mai, je rencontre Sylvie en entretien individuel afin de faire le point sur sa formation. Elle me raconte que
le dialogue avec le cobra s'est poursuivi et que, petit à petit, les
douleurs et les démangeaisons provoquées par le psoriasis ont
complètement disparu. Que le psoriasis bougeait beaucoup : à
certains endroits de son corps, des plaques avaient totalement
disparu ; dans d'autres parties, où la maladie était plus tenace,
sa peau apparaissait timidement entre les plaques. Sylvie avait
conscience d'être entrée dans un processus de mutation pour
faire « peau neuve » et de répondre ainsi à l'invitation que lui
avait faite le cobra lors d'une visualisation. Elle avait non seulement dialogué avec le cobra, représentation de la partie malade
d'elle-même, mais elle avait aussi modifié ses relations amoureuses, notamment son comportement au sein d'une relation
abusive qu'elle semblait constamment recréer dans sa vie. Elle
suivait la voie du bien-être, maintenant une pratique quotidienne
d'éveil corporel. Ce bien-être lui donnait confiance en elle, si
bien qu'elle s'affirmait de plus en plus dans sa relation amoureuse et quittait progressivement sa position de victime. Elle n'entretenait plus de colère ni de rage ou de frustration. Son système
immunitaire ne s'en portait que mieux. Psychologiquement, elle
avait retrouvé le goût de vivre, un sentiment de grande liberté et
l'amour d'elle-même. Elle avait intégré la force que représentait
en elle le cobra. Sa maladie lui avait servi en lui indiquant une
piste importante : la piste de la guérison, non seulement sur le

plan physique, mais également sur le plan psychologique. À l'issue de ce long processus de transformation, Sylvie se préparait à accueillir dans sa vie une relation amoureuse saine.

Cette histoire peut sembler incroyable, elle est pourtant bien réelle. Elle nous montre tout simplement combien il est important d'être à l'écoute du monde des impressions ou des images qui nous habitent. Ces images sont le moyen que notre inconscient emprunte pour dialoguer avec notre conscience. L'histoire de Sylvie nous montre l'importance qu'il y a à traiter avec amour nos images intérieures ; ces images, qui sont présentes à la frontière du conscient et de l'inconscient et que notre monde intérieur nous transmet. La partie inconsciente de Sylvie a utilisé des images visuelles (le cobra), auditives (les sons stridents) et kinesthésiques (la peau qui brûlait, les démangeaisons) pour communiquer avec elle. Ainsi, notre inconscient utilise-t-il nos sens pour dialoguer avec nous. Refuser d'écouter ces informations équivaut à nous couper d'une communication avec nous-mêmes susceptible de nous enrichir et de nous guider vers notre potentiel de guérison. Comme le dit si bien Laurent Lachance :

> L'augmentation du contenu conscient nous fera acquérir un plus-être et une compréhension accrue du rôle de l'inconscient. La conjugaison des deux dynamismes de notre être nous permettra d'en mieux exploiter la puissance. Au lieu de les opposer, nous les « composerons ». Notre nature consiste à créer du conscient. L'intégration de contenus inconscients dilate notre Moi. Sa connaissance et son dynamisme s'accroissent pour nous faire jouir d'une existence élargie. Et plus nous serons riches, plus nous nous enrichirons[10].

Accordons le dernier mot au maître lui-même, soit Carl G. Jung :

> Grâce à un effort persévérant de prises de conscience nombreuses, répétées et suivies des imaginations actives, qui sans cela demeurent inconscientes, et grâce à une participation active du conscient au déroulement fantasmatique, on parvient, comme je l'ai constaté dans un très grand nombre de cas :

1) à un élargissement de la conscience (d'innombrables contenus inconscients devenant conscients) ;
2) à un démantèlement de l'influence dominante et excessive de l'inconscient sur le conscient ;
3) qui résulte de 1 et de 2 – à une modification de la personnalité[11].

CHAPITRE 2

L'inconscient,
un partenaire privilégié

La conjonction du conscient et de l'inconscient

Notre inconscient est un énorme réservoir d'énergie, beaucoup plus vaste que notre moi conscient. Jung compare le moi conscient à un bouchon flottant au milieu de l'énorme océan de l'inconscient, ou à la pointe d'un iceberg qui dériverait à la surface de l'océan et dont 95 % de la matière serait cachée sous des eaux noires et froides. Pour Jung, notre inconscient ressemble à ce 95 % de l'iceberg qui est hors de vue et inconnu du moi conscient. Cet inconscient est d'autant plus important et puissant qu'il n'est pas pris en compte et respecté. Jung affirme que nombre de personnes coulent à la suite d'une collision avec leur inconscient, comparant leur situation à celles des passagers qui vécurent l'expérience du *Titanic*. Cela pour dire qu'il est essentiel de respecter son inconscient, tout au moins de dialoguer avec lui.

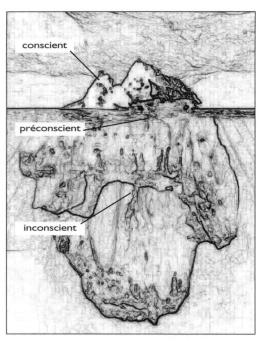

conscient

préconscient

inconscient

Un iceberg en guise d'illustration du conscient
et de l'inconscient[12]

La seule difficulté vient de ce que notre moi conscient ignore souvent qu'il existe, au-delà de sa vision de surface et de ses paramètres, un océan vaste, soit l'inconscient. Par contre, notre inconscient, lui, ne cesse de s'adresser à notre moi conscient. Le 95 % de l'iceberg sait qu'il y a un 5 % en surface. Il est par exemple impossible de visualiser un état désiré (être millionnaire, guérir, vendre sa maison, etc.) sans susciter une réaction de l'inconscient. Le corps est un des lieux privilégiés par l'inconscient pour communiquer ce qu'il a à dire. Corps et esprit sont intimement liés. Si je visualise une image de bien-être et qu'il ne se produit pas en moi d'interférences inconscientes par rapport à ce bien-être, mon corps répondra immédiatement par la détente. Une onde de plaisir le parcourra dans son entier. Par contre, si je m'impose par un acte de volonté une pensée positive telle que « la vie est belle », et que, dans mon inconscient, une partie de moi n'y croit pas, là, je risque d'avoir des difficultés. En effet, chaque fois que je m'efforcerai de croire que la vie est belle, je ferai remonter à la surface ce qui me fait croire qu'elle ne l'est pas. Si je le redis une fois, rien n'arrivera, mais si je le répète des centaines de fois, cela revient à mettre un bouchon sur un volcan.

Prenons l'exemple de Joseph, un de mes patients qui avait une vision très spécifique du bien-être. Joseph est venu me consulter pour des ulcères à l'estomac. Cette pathologie s'était développée depuis quelques mois et « empoisonnait » sa vie (c'est le mot qu'il a employé). Lorsque j'ai rencontré Joseph, il pratiquait matin et soir depuis plusieurs mois une visualisation créatrice qu'il avait choisie dans un livre : il se voyait ayant du succès dans son travail et en société, et très riche sur le plan matériel. Lorsque je lui ai demandé ce qui lui avait inspiré le choix de cette visualisation, il m'a répondu : « C'est le rêve de tout le monde, non ? » Je lui ai alors demandé si c'était le sien. Joseph me répondit par l'affirmative : il voulait connaître cette vie remplie de bonheur et de succès. Durant toute sa petite enfance, son père l'avait préparé à la réussite. Joseph voulait donc cette vie qu'il visualisait avec ardeur. Il ressortait cependant de ses efforts de visualisation avec un « mal-être », des tensions au plexus et des sentiments de peur et de colère. J'ai donc exploré avec lui ce que lui disaient son corps et son inconscient au cours du processus de visualisation. Ensemble, nous avons découvert que la visualisation que Joseph nourrissait avec tant d'ardeur pour sa vie était ce que son père voulait pour lui et non ce que lui-même souhaitait profondément. Se servant de sa volonté, Joseph donnait des instructions à sa psyché et à son corps par le biais de la visualisation, mais des parties de lui ne voulaient pas de ce succès et de cette réussite matérielle, des parties inconscientes qui résistaient à faire plaisir à son père et voulaient même punir ce dernier à cause du ressentiment que Joseph éprouvait envers lui. Un père qui avait tant insisté pour que Joseph soit à son image au point de lui « empoisonner » la vie, tout comme la pathologie de Joseph ! La personnalité consciente de Joseph ignorait évidemment cette partie inconsciente de lui-même qui s'était vouée au sabotage et au ressentiment, et insistait pour que Joseph s'oriente vers un modèle de vie réussie, le bonheur et le bien-être. La conséquence était claire : tandis que Joseph se forçait à visualiser la vie que son père avait rêvée pour lui, son corps fabriquait des ulcères. La méthode des *Images de transformation* nous permit de découvrir que Joseph désirait pour lui-même une vie beaucoup plus simple, avec un certain confort, certes, mais pas au détriment de la créativité artistique. Joseph a cessé de visualiser de façon volontaire et a ajusté son moi conscient à son inconscient. Combien de patients ai-je ainsi rencontrés dans ma pratique ? Beaucoup.

Il est possible d'apprendre à dialoguer avec son inconscient, tout comme il est possible d'apprendre une langue étrangère. Cet apprentissage ne vise pas seulement à résoudre des conflits intérieurs ou des névroses, il permet aussi de découvrir une source profonde de renouveau, de croissance, de force et de sagesse. La découverte de notre monde intérieur par le biais de l'imagerie nous met en contact avec la personne que nous sommes vraiment et nous réunifie en vue de l'épanouissement de notre être au fil du *processus d'individuation*. Par ce concept, Jung désigne le processus de croissance de l'être humain qui tend vers la réalisation de sa totalité psychique (le Soi), de tout son potentiel et de ce qui fait de lui un individu unique. Ce processus, naturel et généralement inconscient, réclame cependant tôt ou tard une collaboration consciente. L'individuation s'apparente alors à la quête difficile du héros, ou de l'héroïne, à la recherche de lui-même.

Les états altérés de conscience

Pour rendre ce chapitre qui traite du mariage de l'imagerie et de l'inconscient plus compréhensible, je vais tenter de différencier de façon simple les divers états altérés de conscience sans toutefois faire de description exhaustive, car cela outrepasserait mon propos. Je commencerai par indiquer que la notion d'état altéré de conscience est empruntée à la littérature sur l'hypnose, l'état hypnotique étant lui-même envisagé comme une altération de la conscience. Par extension, le terme est utilisé dans le contexte de la relaxation, de la méditation et des substances psychédéliques. Il correspond à ce que Jung désigne comme un abaissement de l'état de veille qui rend la personne accessible aux suggestions et images venant de l'inconscient. J'évoquerai à présent les trois dimensions à travers lesquelles nous voyageons quotidiennement.

La première est la *conscience*, elle-même associée à l'*état de veille*. Elle fait partie de la dimension psychique appelée le moi conscient. Elle est la somme de ce que nous vivons dans notre mémoire présente et dans notre mémoire à court terme. L'état de conscience comprend aussi ce que notre personnalité sait de façon certaine. Est-ce que je me souviens de ma naissance ? Probablement pas, mais je connais l'histoire de ma naissance, cette dernière fait partie de mon moi conscient, et je pourrais vous en parler puisque ma mère me l'a racontée. Mon moi conscient gère le contenu de mon histoire lorsque je suis en état de veille, c'est-à-dire dans un état de présence ; je ne suis alors ni endormie, ni en état de relaxation. Dans cet état de conscience, je peux vous raconter mon histoire sans émotion, ou y mettre des émotions si je le choisis. Je peux aussi vous dire ce que j'ai fait hier, avec ou sans émotion, et vous raconter ce que je veux faire demain ou dans un an, toujours avec ou sans émotion. J'ai également le choix de ce que je vous raconte : si, par exemple, j'ai été témoin d'une scène douloureuse durant l'après-midi, je peux vous dire le soir même ce qui a été le moins pénible pour moi et « oublier » ce que j'ai trouvé invivable. En ce sens, je contrôle ma matière psychique, je la gère, ou j'ai l'impression de la gérer. Je garde à l'esprit ce qui m'est agréable et remise dans mon inconscient ou mon préconscient ce qui ne l'est pas.

Une des fonctions du moi conscient consiste à préserver l'équilibre de la personnalité : je peux vous raconter une scène douloureuse parce qu'elle ne me déséquilibre pas, quant au reste, qui m'est insupportable, je le mets de côté. Lorsque je me trouve dans mon moi conscient, je suis en état de veille, donc d'alerte ; je peux donc en tout temps répondre de façon réflexe à une agression ou à un danger et me protéger. Mon système nerveux central est activé dans son mode sympathique[13].

Sous la conscience s'étend le *préconscient*. Dans la terminologie freudienne, celui-ci représente une zone intermédiaire filtrant les échanges entre la conscience et l'inconscient. Il sert en quelque sorte d'éponge ou de coussin entre ces deux parties, comme l'illustre la représentation de l'iceberg. Ce moi préconscient est également appelé *subconscient* par certains auteurs. Selon Jean Laplanche et J. B. Pontalis, le subconscient est le « terme utilisé en psychologie pour désigner soit ce qui est faiblement conscient, soit ce qui est en dessous du seuil de la conscience actuelle et même inaccessible à celle-ci[14] ». Dans le langage populaire, il désigne plus généralement l'inconscient dans sa tendance à participer à la vie consciente en se manifestant par des lapsus, des actes manqués, des impulsions ou des fantasmes. J'y accède lorsque je me trouve dans un *état altéré de veille*. Je peux induire cet état altéré, qui existe au réveil par exemple, par la relaxation, par l'écoute d'une musique douce qui me détend physiquement, ou par l'exécution de gestes répétitifs, telles les tâches quotidiennes, qui n'exigent pas de moi une présence consciente et à l'occasion desquels je peux me permettre de rêvasser et de me laisser aller. Cet état nécessite un passage du système nerveux sympathique au système nerveux parasympathique[15] : je renonce à l'état de veille, dans lequel j'ai l'impression de contrôler ma réalité, pour accéder à un autre état dans lequel j'abandonne ce contrôle et je me permets de me détendre et de laisser s'élargir mon être conscient. Je peux rechercher cet état consciemment ou je peux le provoquer en exécutant des tâches qui agissent sur les ondes cérébrales en créant un état altéré.

Dans le préconscient se loge ce que mon moi conscient a mis à l'écart, soit parce qu'il le jugeait désagréable, soit par choix de priorité parce qu'il ne pouvait tout emmagasiner ; lorsque je suis détendue, je peux par exemple me souvenir que j'ai oublié d'appeler un ami ou d'accomplir telle tâche qui ne fait pas partie de mes priorités quotidiennes ou que je trouve plus ou moins agréable. Cette couche de ma conscience altérée comprend également des souvenirs ou des informations venues de mon inconscient et que mon moi conscient a remisées ; je peux par exemple me souvenir soudain de mon rêve de la nuit ou de quelqu'un que j'aime, ressentir le désir de communiquer avec un vieil ami, ou avoir le pressentiment que je vais rencontrer une personne que je n'ai pas vue depuis des années ; je peux également, tout en conduisant mon automobile, me souvenir du doux moment que j'ai passé le matin même avec mes enfants ; je peux enfin, emportée par ma rêverie, m'imaginer au volant de la Mercedes de mon voisin, automobile dont je rêve depuis ma tendre enfance…

Mon préconscient sert d'éponge ou de couche de respiration entre mon moi conscient et mon inconscient. Il est l'espace qui absorbe les informations venues de l'inconscient et qui ne peuvent pas encore être totalement gérées par le moi conscient, mais qu'il est important d'entendre pour réorganiser sa vie ou parvenir à une meilleure harmonie de son être. L'état préconscient permet également à mon système sympathique de se reposer. Le corps et la psyché en bénéficient, car, lorsque je quitte l'état de veille, je me mets automatiquement en disponibilité pour une écoute plus intériorisée. Ma conscience du temps s'étire, je peux avoir le sentiment de conduire depuis quinze minutes alors que cela fait une heure, ou je peux avoir l'impression de regarder un film depuis dix minutes alors que quarante-cinq minutes se sont écoulées. Ces phénomènes d'altération du temps sont typiques de l'état préconscient et de l'influence du système parasympathique. Les systèmes immunitaire, endocrinien et circulatoire peuvent se régénérer sous cette influence conjointe.

L'*inconscient* est cette partie de la psyché dont nous ne sommes pas conscients, à laquelle nous n'avons pas accès directement, et qui cependant joue un rôle déterminant dans nos vies, car il est la source de notre conscience. Selon Jung, l'inconscient n'est pas seulement le réservoir de ce que le conscient a oublié ou refoulé, il est aussi doté d'une autonomie créatrice. Il a une dimension personnelle et, en deçà de celle-ci, une dimension collective incluant notamment la mémoire familiale, les instincts et les archétypes de l'humanité. Dans mon inconscient réside ce que mon moi conscient a refusé de gérer et a choisi de reléguer au grenier de mon être pour éviter les traumatismes, la folie, la maladie ou les grands déséquilibres. Dans cet espace nommé inconscient se logent ainsi des souvenirs précis d'événements joyeux ou malheureux, mais qui tous ont été jugés traumatisants pour l'équilibre. Dans l'inconscient réside aussi la toute première blessure que l'on a expérimentée, la *blessure fondamentale*[16] ; celle-ci renvoie au traumatisme psychique originel (traumatisme de séparation, sentiment d'abandon ou de rejet, etc.) qui a entraîné la formation de la cuirasse de base. Cette blessure est la plus profonde de toutes ; elle fournit le motif initial aux blessures subséquentes qui en sont souvent la répétition distordue (un complexe d'infériorité peut ainsi masquer une blessure d'abandon). De cette blessure nous nous sommes séparés, parce qu'elle est généralement trop douloureuse et, de plus, presque toujours occultée par notre univers familial. Dans mon inconscient se trouve également mon histoire, celle que je ne connais pas consciemment, car elle ne m'a pas été racontée par qui que ce soit. Cette histoire est mon histoire réelle ; elle n'a pas été filtrée par mes parents qui auraient choisi de dire ou de ne pas dire, pas plus qu'elle ne m'a été transmise par mon moi conscient qui ne relate que les bonnes choses pour faire plaisir ou que les événements tristes pour susciter l'attention. Non. Dans mon inconscient réside ce que je ne connais pas consciemment, mais que je peux pressentir grâce aux rêves, signes de nuit, ou au fil des rencontres surprises que nous offre la vie, signes de jour. Les rêves, ou signes de nuit, sont en effet truffés d'indications que nous fournit notre inconscient pour nous aider à équilibrer notre vie et nous permettre de nous individuer. De même, des coïncidences significatives, ou signes de jour, surviennent souvent au cours des tournants décisifs de notre processus de transformation[17]. L'inconscient s'apparente ainsi à un réservoir constamment présent et constamment en communication avec l'être dans ses dimensions élargies de conscience, même si la personnalité consciente l'ignore et semble garder le contrôle.

J'accède à mon inconscient par l'écoute de mes rêves ou de signes diurnes, ou par des outils d'exploration de l'inconscient et du préconscient tels que la visualisation ou l'imagination active. J'y accède aussi par le biais de mon corps, en recourant à des techniques psychocorporelles qui libèrent les souvenirs inconscients logés dans les cellules et les muscles[18].

Les contenus logés dans le préconscient et l'inconscient font partie de ce que Nicolas Bornemisza et moi appelons le *monde intérieur*.

La capacité de transformation des états symptomatologiques du corps

Notre corps est le siège de notre inconscient. Pour cette raison, l'alchimie corps et inconscient est inéluctable. C'est d'ailleurs grâce à cette alchimie que les images de guérison peuvent déployer leur puissance et aider à l'altération et à la transformation des processus inconscients de destruction qui agissent directement sur les cellules et sur les divers systèmes corporels. Plus un individu est cuirassé[19], c'est-à-dire en protection inconsciente ou consciente face à lui-même ou face aux autres, plus il lui sera difficile de reconnaître que son corps a une vie propre et qu'il lui adresse des messages émanant de son préconscient et de son inconscient, c'est-à-dire de son monde intérieur.

Le moi conscient, du fait de son désir de tout contrôler, peut quelquefois agir comme une barrière entre le corps et l'esprit afin d'empêcher que le corps adresse des messages inconscients au conscient de l'individu. Le corps est bien fait, il ne ment pas, même si j'élève de nombreuses protections entre les différentes parties de moi-même qui créent mon être psychique, et même si je tente de mentir aux autres ou de me mentir à moi-même sur des aspects plus profonds de ma psyché. Imaginons par exemple que vous me demandiez si j'ai envie d'aller au cinéma ; en bonne fille et pour vous faire plaisir, je m'oblige à vous répondre « Oui » quand je n'ai qu'une envie : rester à la maison et me reposer. Mais je vous dis « Oui », et j'exagère même mon empressement, car je ne veux pas vous déplaire. Eh bien ! Je vous mens et je me mens ; je vous dis « Oui » mais mon attitude corporelle signifie « Non ». Si vous êtes un interlocuteur sensible aux messages non verbaux, vous détecterez aisément que je n'ai pas envie de venir avec vous. Même si vous n'êtes pas un interlocuteur avisé, vous ressentirez un malaise, car votre subconscient enregistrera la contradiction : un « Oui » avec les mots, mais un « Non » avec le corps.

Notre corps ne ment pas et la façon dont il agit pour transmettre ses messages peut prendre la forme de symptômes qui sont autant d'appels lancés à la personnalité consciente pour qu'elle entende qu'il existe un déséquilibre ou un conflit intérieur. La personnalité consciente n'aime pas les conflits, elle préfère avoir le sentiment de contrôler et croire que tout va bien. C'est pourquoi elle choisit souvent la superficialité au détriment de la profondeur.

Les symptômes sont des messages préconscients ou inconscients qui nous sont transmis par le biais du corps pour être entendus. Comme le corps ne ment pas, les symptômes vont durer et même perdurer jusqu'à ce que le message de l'inconscient, passant par le préconscient, parvienne au moi conscient de l'individu. Combien de temps faut-il pour percevoir le déséquilibre ? Une semaine, un mois, un an, une vie ? Combien de récurrences seront-elles nécessaires pour attirer mon attention ? Une, dix, quinze ? Si je suis coupé de moi-même, une vie peut-être ; si je suis à l'écoute et en réceptivité, quelques minutes suffisent parfois pour mettre un terme à une réaction en chaîne de symptômes.

Cette réaction en chaîne dépend de plusieurs facteurs. Quelquefois, lorsque les symptômes reviennent, le moi conscient évalue qu'il perd le contrôle alors qu'il pensait dominer. Par le biais du retour du symptôme, le corps lui dit : « Non, tu n'as pas compris. » La personnalité consciente peut alors réagir en se murant face au symptôme. Ce faisant, elle se contracte et se sépare de la sagesse profonde du corps, elle s'enorgueillit et s'emmure dans un choix de non-communication avec la connaissance profonde que lui propose l'inconscient ou le préconscient et qui s'exprime par le corps. Elle se sépare encore plus d'elle-même[20].

Notre corps agit comme une soupape. Il est le dernier lieu possible pouvant exprimer un déséquilibre et faire que les couches superficielles de notre être prêtent attention aux couches plus profondes. Il est vrai que le langage du corps peut sembler fort énigmatique au début d'une démarche d'introspection et d'intimité avec soi. J'ai souvent été témoin d'interrogations dans ma pratique de psychothérapeute : « Qu'est-ce que mon corps veut bien me dire ? », « Comment puis-je me mettre à son écoute ? », « Puis-je apprendre à décoder le langage non verbal ? » Bien des courants de pensée, modernes et anciens, ont fait le lien entre les régions souffrantes du corps, les émotions qu'elles contiennent et le message psychique qui est transmis par l'inconscient. Michel Odoul le montre bien dans *Dis-moi où tu as mal. Je te dirai pourquoi*. Il est bien sûr possible de se référer à ces ouvrages, mais la vérité réside en chacun. Certes, les livres aident et sont des guides, mais le plus important consiste dans l'information contenue dans le symptôme : quelles sont les images, les impressions qui émanent de la maladie ? Pourrais-je traduire en symboles ou en dessin la douleur que je ressens dans mon épaule gauche ?

La pratique de la psychosomatique permet d'observer que permettre à un symptôme de s'exprimer par images, impressions, symboles ou dessins crée un espace propre à susciter la transformation de la symptomatologie. L'histoire de Sylvie, mentionnée dans le précédent chapitre, l'illustre bien. Notre corps est l'endroit ultime où notre inconscient peut s'exprimer pour se faire entendre. Il sert à notre évolution, il est notre véhicule, que nous le voulions ou non. Nous avons besoin de notre corps pour nous déplacer dans le monde extérieur ainsi que pour évoluer d'un plan de conscience à un autre dans notre monde intérieur. Attention, je ne dis pas que nous ne devons exister que par le biais du corps, non! Notre corps est notre ami au sens où il est le siège d'une vie autonome profonde qui nous renseigne sur les différentes composantes de notre être. Nous sommes beaucoup plus vastes que notre corps. Notre corps est toutefois beaucoup plus humble et véridique que nous dans son expression d'authenticité. Il ne ment pas. Combien de fois ai-je rencontré dans ma pratique des souvenirs occultés logés dans une hanche, dans une épaule ou dans une mâchoire. Qui plus est, la sagesse du corps est très grande; je n'ai en effet jamais été témoin d'une «désocculation» prématurée opérée par le corps; par désocculation, je veux dire la libération des souvenirs inscrits dans le corps, qui étaient auparavant occultés, c'est-à-dire inaccessibles[21]. Cette libération peut être prématurée quand elle est obtenue artificiellement, par exemple sous l'effet de drogues ou de méthodes thérapeutiques faisant fi des signaux émis par le corps; dans ce cas, elle peut entraîner des décompensations néfastes pour l'ensemble de la personnalité. Par contre, j'ai été témoin de l'inverse, soit d'une désocculation prématurée opérée par une psyché faisant fi du corps qui agissait, lui, comme le gardien d'un matériel inconscient qui n'était pas prêt à être révélé. Le corps agit autant comme *lieu de stockage* des symptômes produits par l'inconscient à l'intention de la personnalité consciente, afin d'attirer l'attention de celle-ci, que comme *lieu de protection* évitant que la psyché n'absorbe toute l'onde de choc qui pourrait résulter d'une prise de conscience prématurée. En ce sens, il est un lieu de somatisation. Cette somatisation, parfois nécessaire, permet d'éviter l'éclatement de la personnalité ou la folie. La seule façon de libérer le soma est de permettre aux symptômes de s'exprimer sous forme d'images, d'informations, d'impressions visuelles, kinesthésiques, auditives ou d'une autre nature. L'imagerie sert ainsi d'outil de transformation du symptôme physique au fil du dialogue avec l'inconscient et l'énergie profonde de l'être.

La capacité de transformation des états symptomatologiques de la psyché

Il en est de même pour la psyché, car les états symptomatologiques sont avant tout exprimés par elle. Ainsi, j'oserais dire que tout symptôme qui s'est manifesté dans le corps est la résultante d'un symptôme qui s'est d'abord exprimé dans la psyché, mais qui n'a pas été entendu par la personnalité consciente. Attention cependant : psyché et corps ne font qu'un. Chaque fois qu'un individu se rétracte sur le plan psychique, son corps le ressent et porte la marque de ce retrait dans sa chair. Par contre, le corps met en général longtemps à somatiser complètement un symptôme psychique. Un temps de latence réactionnel, soit un délai entre la réaction de l'esprit à la suite d'un événement donné et sa résonance dans le corps, celle-ci étant appelée *effet de somatisation*, existe en effet toujours.

J'ai observé dans ma pratique que ce temps de latence varie d'un individu à l'autre et dépend de plusieurs facteurs tels que la vie intra-utérine, le mandat parental donné à l'enfant, le milieu familial, la récurrence d'événements pénibles, la construction de la personnalité chez l'enfant, la capacité d'adaptation, la place dans la famille, la mémoire génétique et la transmission transgénérationnelle. Le temps de latence somatique qui précède le moment où le symptôme psychique, non entendu par la globalité de l'être, se manifeste par un symptôme physique, c'est-à-dire une somatisation, peut être de plusieurs années chez certains individus.

En médecine psychosomatique, on observe habituellement trois événements majeurs dans la vie d'un individu avant que n'apparaisse une maladie chronique physique ou psychique. Le tableau suivant montre que l'événement éveille en premier lieu une réaction symptomatologique *psychique*. Cette réaction s'accompagne ensuite d'une réaction symptomatologique *physique* selon un temps de latence variable.

LE PROCESSUS PSYCHOSOMATIQUE La spirale d'involution de la maladie		
PSYCHÉ		**SOMA**
Expérience de la petite enfance. Construction de la personnalité autour de la blessure fondamentale et création des complexes.		Le corps bâtit ses cuirasses.
Premier événement qui vient toucher la blessure fondamentale (occultée et niée par le milieu familial) et la construction du moi conscient de l'individu. → **La psyché est déséquilibrée et l'exprime par le biais d'un symptôme psychique.**	=> => => =>	Onde de choc réactionnelle qui vient percuter le corps. ↓ Le corps se réorganise face à l'expression du symptôme psychique, il se cuirasse.
Deuxième événement qui percute le moi conscient une nouvelle fois en réveillant de nouveau la blessure fondamentale. → **Cette deuxième attaque psychique heurte de front l'identité de la personne.** Cet ébranlement de l'identité produit une crise psychique qui s'exprime par un symptôme plus prononcé que le précédent, tel un état de submersion émotionnelle ou comportementale. Cela laisse une marque dans la personnalité, l'individu se fixe dans son symptôme.	=> => => =>	→ Une deuxième onde de choc réactionnelle vient percuter le corps. Celui-ci tente de se réorganiser mais ses systèmes garderont des traces du choc, car il était déjà fragilisé. On enregistre une chute du système immunitaire et un déséquilibre du système endocrinien. Des symptômes physiques peuvent apparaître tels qu'une fatigue continuelle, de l'hypotension ou de l'hypertension occasionnelle, un déséquilibre de la glande thyroïde, des douleurs articulaires soudaines, une inflammation passagère, etc.

Troisième événement à venir percuter le moi conscient et éveiller la blessure fondamentale. → **Cette troisième attaque psychique fait totalement basculer l'identité de la personne. L'individu perd pied et le moi conscient se sent réellement menacé. Il en résulte une crise psychique aiguë au cours de laquelle apparaissent des symptômes typiques de submersion : sentiment d'impuissance, de désespoir, pulsion de mort.**	=> => => =>	→ Une troisième onde de choc réactionnelle vient à nouveau percuter le corps. Ce dernier entre dans un réel déséquilibre. S'ensuivent un fort affaiblissement du système immunitaire et un déséquilibre permanent du système endocrinien.
Le moi conscient vit mal les symptômes de submersion. La réaction habituelle consiste à s'enfermer dans ses symptômes plutôt qu'à s'adresser au milieu environnant pour demander de l'aide. L'individu se replie sur lui-même et se tait, refusant de reconnaître qu'il perd pied dans sa vie.	=> => => =>	→ Le corps chute, il ne peut plus réagir.
→ L'individu prend alors une distance d'avec lui-même. Il tombe dans des comportements encore plus destructeurs. Les symptômes psychiques ne font qu'augmenter.		→ Le corps s'enkyste dans sa réaction de perte d'énergie, et s'épuise.
→ LES SYMPTÔMES PSYCHIQUES QUI SE SONT RENFORCÉS ENVOIENT DES SIGNAUX FLAGRANTS DE DÉSÉQUILIBRE.	=> => => =>	LE CORPS ENVOIE AUSSI DES SIGNAUX FLAGRANTS DE DÉSÉQUILIBRE.
======→	**APPARITION DE LA MALADIE**	======→

Ainsi, il n'y a pas que le corps qui soit le siège de symptômes ; la psyché peut aussi crier à sa manière pour que le moi conscient s'éveille à un dialogue avec le monde intérieur. Les symptômes provenant de la psyché se manifestent par la récurrence d'un état de submersion émotionnelle ou comportementale. Les réveils matinaux que j'évoquais précédemment en sont un exemple : un état de mal-être envahissant accompagné d'un sentiment de nullité et d'impuissance ; ces réveils constituaient dans mon cas des symptômes psychiques de déséquilibre. Ces symptômes s'étaient exprimés à plusieurs reprises dans ma vie avant que mon corps ne réagisse par la maladie. Ils étaient apparus à l'occasion des crises psychologiques que j'avais vécues au sein de ma famille, notamment pendant ma vie de petite fille. Ils avaient ensuite surgi lors d'événements précis qui réveillaient ma blessure fondamentale : mon sentiment d'abandon. Ces états psychiques lourds étaient donc l'expression de la douleur profonde que je ressentais. Ils sont devenus récurrents parce qu'une partie de ma personnalité n'arrivait plus à s'adapter et m'adressait des cris de détresse.

Le tableau qui précède permet d'observer que, face aux deux premiers événements difficiles, la personnalité consciente de l'individu, ainsi que son corps, s'adaptent à la crise provoquée par l'événement, ce qui permet aux symptômes psychiques et physiques de se résorber. Mais comme cette adaptation est une réaction de survie face à une douleur insoutenable, elle laisse des traces dans la psyché et dans le corps, soit un durcissement qui ressemble à un état de vigilance ou à un état d'alerte ; ce faisant, elle fragilise l'individu. De l'extérieur, on a l'impression que la personne s'adapte, mais à bien y regarder, on mesure que cette adaptation se fait au prix d'une contraction intérieure, d'un manque de souplesse psychique et d'une tension physique qui sont ressentis par les systèmes immunitaire et endocrinien. C'est pourquoi, lorsqu'un troisième événement vient à nouveau stimuler la blessure, il en résulte une réelle incapacité, pour la psyché autant que pour le corps, de s'adapter de nouveau : ils sont déjà épuisés par le combat intérieur. C'est alors que s'installe une chronicité des symptômes psychiques. Tel est le prix à payer par l'individu qui ne veut ou ne peut pas écouter la crise lorsqu'elle se présente. Chez certains, les cris de détresse psychique s'expriment par des réactions de compensation excessive : boulimie, alcoolisme, tabagisme ; chez d'autres, ils se traduisent par un comportement agressif soudain qui se répétera dans le temps.

Ces symptômes psychiques sont une poussée de l'inconscient demandant à la personnalité établie de s'occuper d'un déséquilibre bien présent même si le moi n'en a pas conscience. Lorsqu'ils se répètent, il est important de les reconnaître et surtout de les écouter, c'est-à-dire de leur permettre de se mettre en mouvement afin que la submersion psychique ne les fige pas et qu'ils puissent évoluer vers la libération de ce qu'ils essaient d'exprimer. Comment permettre aux états symptomatiques de se mettre en mouvement ? En les interrogeant, par le dessin, la sculpture, dont les contenus permettent de mieux comprendre le monde intérieur, et en leur offrant de s'exprimer au moyen d'outils thérapeutiques favorisant la communication avec l'inconscient[22]. La même façon de faire vaut pour un enfant : il est possible de faire dialoguer la partie inconsciente de sa personnalité qui est en crise psychique de manière à produire une transformation de l'état de crise. La différence vient de ce que chez l'enfant la crise se déroule dans le contexte de la famille et est en relation avec elle ; il est donc essentiel d'impliquer la famille dans la transformation de l'état de crise et des symptômes de l'enfant.

L'écoute du monde intérieur constitue un réel mouvement de vie qui permet de transformer les contenus psychiques réactivés par un événement stressant. Elle évite qu'il y ait induration sur le plan psychologique, soit durcissement de l'être dans une réaction de survie face à un événement qui le touche au plus profond de lui-même et dont il ne comprend pas le sens. Ce dialogue entre la personnalité consciente et le monde intérieur offre de réelles voies de transformation propres à enrichir la personne. Si nous vivions ainsi, à l'écoute de nous-mêmes, il y aurait moins de maladies.

CHAPITRE 3

Les images intérieures

Les images intérieures sont l'expression du contenu psychique avec lequel nous vivons jour et nuit. Que ce contenu soit conscient ou inconscient, les images qui le véhiculent constituent notre monde intérieur. Celles-ci sont nourries par nos sens et s'expriment à travers eux. Elles sont fort révélatrices et riches en information sur la qualité de ce qui nous habite. Il est non seulement important d'être à l'écoute de ses images intérieures, mais il est aussi sage de les accueillir pour mieux se connaître et s'aimer. Dans les chapitres qui suivent, nous allons découvrir les formes et les expressions que peuvent prendre ces images intérieures. Avant cela, je vous propose de regarder comment nos sens et leur conditionnement influencent directement la création et la qualité de nos images intérieures.

Le conditionnement de nos sens

Notre société nous bombarde constamment d'impressions visuelles, auditives, kinesthésiques, olfactives et gustatives. Nos sens, en interaction continuelle avec l'environnement, sont sans cesse sollicités. Ils sont comme des portes de communication qu'utilisent notre personnalité consciente (la pointe de l'iceberg) et notre inconscient (95 % de l'iceberg) pour mettre en relation notre monde intérieur et le monde extérieur. Grâce à la vue, à l'ouïe, à l'odorat, au toucher et au goût, notre personnalité se nourrit d'impressions sensitives qui laissent en nous des traces, notamment des souvenirs, qui font de nous des êtres vivants, vibrants, sensibles et capables de communication. Nous pouvons ainsi être touchés par un coucher de soleil, une musique, une odeur, un goût, une caresse, une texture. Nous avons la capacité de nous souvenir du visage d'un être cher, de l'odeur de notre plat préféré, de l'air d'une chanson populaire… Au point que nous pouvons retracer le chemin de notre vie en suivant les impressions sensitives qui ont laissé leurs empreintes sur nos mondes psychique et physique.

Il nous faut reconnaître que nous sommes des êtres profondément impressionnables et impressionnés. *Impressionnables*, parce que nous sommes vivants : nous existons à travers nos sens et il en sera ainsi jusqu'à la mort. *Impressionnés*, parce que nos univers psychique et physique nous renvoient continuellement, et ce, depuis le tout début de notre existence, aux informations que nos sens ont emmagasinées.

À partir des données que nous recevons de nos sens, nous pouvons également imaginer des scénarios multiples. Pour ce faire, nous recourons à des souvenirs ou à des impressions que nous avons stockés et à partir desquels nous concevons, tels des metteurs en scène inspirés, des scénarios de vie ; dans ceux-ci, nous mettons en situation des personnages, réels ou fictifs, afin de satisfaire nos manques, de combler notre sentiment de vide, de nourrir notre soif inassouvie de succès ou tout simplement de bâtir un futur plus idyllique que notre présent. Nous avons par exemple la capacité d'imaginer que nous faisons l'amour avec tel inconnu rencontré dans un train, que nous nous affirmons devant notre patron, que nous dégustons un mets interdit par notre médecin ou encore que nous gagnons à la loterie… Ces fantaisies, qui font partie de notre monde intérieur, sont possibles, car nous avons déjà vu, entendu ou ressenti les informations dont nous nous servons pour alimenter notre imaginaire.

C'est aussi à travers nos sens que notre cerveau limbique[23] nous indique qu'il y a un danger et qu'il faut nous protéger. Nous avons ainsi appris à bâtir des systèmes de protection à partir de nos cinq sens. L'effet est que, de manière tout à fait irrationnelle, à la vue d'une couleur nous fermons notre cœur, à l'écoute d'une voix nous devenons irritables, à la perception d'une odeur nous bloquons notre respiration, lors de la dégustation d'un plat nous avons des haut-le-cœur… Toutes ces réactions désagréables peuvent être reliées aux souvenirs traumatisants de notre petite enfance. Dans cette mémoire de protection, qui provient de nos sens, nous avons en effet conservé des souvenirs qui limitent notre relation aux autres et à nous-mêmes. C'est la raison pour laquelle, quand nous songeons à nous affirmer dans une situation donnée, le visage colérique d'un parent réprobateur apparaît; quand nous pensons dire à l'autre « Je t'aime », la sueur de notre corps trahit notre peur d'être rejeté; quand nous faisons en sorte de réussir notre vie, la voix de notre père, insinuant que nous sommes « un incapable », se fait entendre… Ce sont là des images visuelles, kinesthésiques ou auditives intérieures qui limitent notre désir de transformation et nous emprisonnent dans un univers conditionné par le doute, la retenue, voire la peur.

Les portes de communication entre le monde extérieur et le monde intérieur peuvent devenir des filtres, c'est-à-dire être conditionnées par l'expérience au point d'altérer la réalité de ce que nous percevons. À travers nos sens et en fonction de leur qualité, nous pouvons avoir la sensation d'exister, d'être vivants, ou nous sentir isolés, coupés des autres. Le développement de nos sens, qui débute lors de la vie intra-utérine[24], peut se poursuivre jusqu'à notre mort. Il est possible de maintenir nos sens alertes et éveillés en cultivant une conscience de notre corps et de nous-mêmes. Mais qu'est-ce qui fait que je privilégie un sens plus qu'un autre? Ou qu'est-ce qui fait qu'un sens se soit développé ou au contraire atrophié plus qu'un autre au cours de la construction de ma personnalité?

L'ouverture ou la fermeture d'un sens, ce que j'appelle le *sens conditionné*, dépend de plusieurs facteurs qui influencent notre expérience de la vie et nos images intérieures:

- la vie intra-utérine,
- la naissance,
- la relation symbiotique avec la mère – soit la dyade mère-enfant[25],
- le développement de l'image inconsciente du corps,

- la construction de cuirasses au cours du développement,
- la capacité mémorielle du corps,
- l'expérience sensorielle.

La vie intra-utérine

Il a été prouvé que le fœtus, qui développe ses sens à travers son système nerveux central, est, dans le ventre de sa mère, fortement influencé par les sons qui entourent celle-ci, notamment les voix paternelle et maternelle, les bruits propres à l'univers familial, les résonances internes du corps de la mère, etc.[26]. Dès la vie intra-utérine, le fœtus a la capacité de communiquer son plaisir ou son déplaisir et ses émotions par des mouvements et des positions. Françoise Dolto[27] explique que l'humain a la possibilité de développer sa fonction symbolique, qui est selon elle « la caractéristique majeure de l'espèce humaine », dès la vie fœtale. Cette fonction naît du désir qu'a le fœtus de communiquer avec autrui et d'échanger des symboles aptes à traduire ce qu'il ressent. Les techniques d'haptonomie[28] permettent aujourd'hui aux parents d'échanger avec le fœtus en les aidant à développer une communication sensorielle. Toutes ces données permettent de dire que dès la vie intra-utérine le fœtus est conditionné et influencé par sa perception non seulement du monde extérieur, mais aussi du monde intérieur, intra-utérin.

La naissance et l'expérience de la dyade

Dès sa naissance, à travers la relation intime qu'il a avec sa mère, le tout-petit développe son sens olfactif ; c'est le *stade de développement olfactif*, comme l'appelle la psychologie. La dyade, cette relation symbiotique si intime, faite d'amour et de sécurité, dont l'enfant peut faire l'expérience dans la proximité physique qu'il a avec sa mère ou avec sa nourrice (dont il n'est pas encore séparé psychiquement), est très importante pour son développement sensitif et son sentiment de sécurité. Dans cette dyade, ce que ressent l'enfant n'est pas différencié de ce que ressent la mère. Françoise Dolto[29] écrit que la dyade constitue un lien symbolique qui est « du langage avant tout » mais médiatisé par du « corps à corps ». Ce lien d'amour permet à l'enfant d'accéder au sens de lui-même qui ne peut être atteint que grâce à la référence sécurisante représentée par la mère et à « une sensorialité plurielle olfactive, gustative, tactile liée à la mère et témoignant des liens subtils entre elle et son enfant avant, pendant et après la naissance[30] ». La maturité psychique et le développement de l'enfant dépendent de ce lien puissant d'amour nourri par les sens décrits. S'il y a rupture de ce lien pour des raisons de maladie, de séparation, voire de mort, le nourrisson perd le sens de lui-même.

Le développement de l'image inconsciente du corps

Dans *Tout est langage*, Françoise Dolto montre comment l'enfant, à travers ses sens, la relation qu'il a avec sa mère et, par la suite, avec son environnement, développe l'image inconsciente de son corps qui va le suivre pendant toute sa vie jusqu'à ce qu'il s'en libère. L'image inconsciente du corps se bâtit à partir de la représentation sensitive (passant par les sens) que l'enfant acquiert de lui-même au fur et à mesure de sa relation avec le monde extérieur et avec son monde intérieur. Cette *image inconsciente du corps* est une représentation interne contenue dans l'inconscient, dont le sujet fait l'expérience à travers ses sens. Une fois structurée, elle est maintenue par les sens internes bien qu'elle n'ait souvent rien à voir avec la réalité que renvoient les sens tournés vers le monde extérieur. Elle est une construction imagée de soi qui, d'abord nourrie par l'extérieur, vit maintenant de façon autonome. Je vous donne un exemple concret, issu de ma pratique à New York, lorsque je travaillais auprès d'adolescents anorexiques.

Dominic, un adolescent de 13 ans, souffre d'anorexie. Il se sent, se voit gros, alors qu'il pèse à peine 30 kg. Lorsque je demande à Dominic, avec son poids de 30 kg, de se mettre devant un miroir et de me décrire ce qu'il voit, il me dit qu'il voit là un corps gros, et cela malgré l'usage de ses yeux qui pourraient lui donner une tout autre image de lui-même, une image vue de l'extérieur. En fait, la vue physique de Dominic est obstruée par l'image inconsciente de son corps, c'est-à-dire la représentation mentale et physique qu'il s'est faite de lui-même. Dominic me dit prendre trop de place dans sa famille, il veut disparaître, devenir comme un « petit pois ».

Cet exemple montre la puissance du 95 % de l'iceberg, soit cette partie inconsciente qui renvoie une fausse image de soi dans le miroir. Pourquoi Dominic ne voyait-il que sa réalité psychique tandis que je voyais sa réalité physique ? Parce que sa *perception* était basée sur l'image inconsciente qu'il avait acquise de lui-même et de son corps. Dans ce cas, et dans bien d'autres cas pathologiques, l'inconscient prédomine sur le conscient et sur les sens jusque dans l'usage externe que le sujet fait de ceux-ci.

La construction de cuirasses au cours du développement

Certains enfants développent un sens plus qu'un autre en fonction des agressions dont ils sont l'objet. Chez les enfants battus, deux phénomènes sont observables : si l'enfant est battu physiquement, il se peut qu'il ferme son sens kinesthésique et développe un autre sens qui lui permette d'exister sans souffrir. Nous disons de cet enfant qu'il s'est *cuirassé sur le plan kinesthésique*. D'autres enfants battus physiquement développent au contraire un sens kinesthésique extrême afin de pouvoir prévenir le danger et se sauver pour échapper aux coups. C'est ainsi que des enfants battus régulièrement sentent à distance que le parent agresseur entre dans la maison et se terrent immédiatement. Ils ne l'ont ni entendu ni vu, mais ils en ont eu la sensation épidermique. Nous disons de ces enfants qu'ils ont développé une *hypersensibilité kinesthésique,* qui est aussi un moyen de défense. Dans les deux cas, le sens kinesthésique est perturbé. Le sens visuel peut être touché de la même façon. Il a ainsi été démontré qu'un enfant se sentant enfermé ou emprisonné (pensionnat, déménagement de la campagne à la ville ou le champ de vision se rétrécit, réclusion à répétition dans une pièce noire) peut développer rapidement une myopie. Nous disons de ces enfants qu'ils ont développé une *cuirasse visuelle* associée à un sentiment d'emprisonnement. D'autres enfants voient leur vision baisser rapidement après avoir assisté à un événement traumatisant ou surpris un secret de famille ; dans ce cas, la perte du sens de la vue fait suite au traumatisme et aboutit à la fermeture de la vision externe. Nous sommes ici en présence de cas extrêmes, certes, mais qui montrent qu'inconsciemment nous réduisons nos sens pour ne pas souffrir, nous les fermons par réaction de protection et de défense. Plus les sens sont fermés et, à la longue, cuirassés, plus il est difficile de communiquer non seulement avec le monde extérieur, mais aussi avec son monde intérieur. Car ce sont les mêmes sens qui sont utilisés par l'imagination, dans sa capacité de représentation symbolique, et par la perception.

La capacité mémorielle du corps

Notre corps, à travers nos sens, a la capacité de mémoriser ce qui nous interpelle, qu'il s'agisse d'une expérience heureuse ou malheureuse. Cette mémoire corporelle a pour siège le *tissu conjonctif*[31], qui est l'organe de transmission par lequel passent les informations venant du système limbique. Le tissu conjonctif ressemble à une énorme toile d'araignée reliant ensemble les différentes parties du corps. Cette toile enveloppe nos muscles et nos groupes musculaires, nos veines, nos artères et nos os, du plus profond de notre corps jusqu'en périphérie. Lorsque notre cerveau limbique analyse qu'il y a danger, cette information est transmise par le système nerveux central aux glandes surrénales qui libèrent des hormones telle que l'adrénaline. Ces hormones circulent dans le sang et à travers le corps entier par la voie du tissu conjonctif. Grâce à ce tissu, la tension nécessaire pour faire face au danger est ainsi ressentie comme une contraction générale du corps (des ongles aux cheveux), ce qui produit la cuirasse. Si, à l'inverse, le message envoyé par le cerveau limbique est joyeux, les hormones du bonheur se libèrent dans le sang et le tissu conjonctif transporte dans le corps un message de détente, de relaxation et de plaisir. Ce sont nos sens qui informent notre cerveau limbique qu'il y a danger ou plaisir, car c'est à travers eux que notre cerveau capte, discerne, enregistre, trie et informe.

Notre cerveau garde en mémoire ce que nos sens perçoivent, il a la capacité de stocker des informations. Nous ne pouvons nier l'usage des sens dans la communication entre notre personnalité consciente et notre monde intérieur. Notre imagination et notre mémoire utilisent les mêmes portes sensitives pour se libérer d'un traumatisme et nous conduire à la guérison. Le pouvoir d'action d'une visualisation de guérison respectant à la fois l'inconscient et le conscient de la personne sera centuplé si celle-ci fait usage de tous ses sens. En ce cas, la personne voit, entend, ressent et goûte sa guérison. Toutes les cellules de son corps sont alors stimulées par son système nerveux central.

L'expérience sensorielle

Pour entrer en contact avec la réalité extérieure, nous disposons de cinq sens. Les sens visuel, auditif et kinesthésique sont les plus utilisés. Comme le rappelle Françoise Dolto, le sens de l'olfaction est certainement le plus archaïque. En témoigne le réflexe de survie qu'ont certains d'entre nous à la suite d'expériences traumatisantes. On sait ainsi que lors de la perte d'un enfant ou d'un conjoint, le premier réflexe du parent ou du conjoint en deuil consiste souvent à sentir les vêtements de l'enfant ou du conjoint décédé afin de retrouver son odeur et faire qu'il continue d'exister en lui. Ce réflexe est instinctif. Le sens olfactif semble toutefois se perdre naturellement au cours du développement, sauf s'il est relié à une cuirasse spécifique[32].

Tout comme nous entrons en contact avec le monde extérieur à travers nos cinq sens, nous nous représentons ce monde à partir de ces mêmes sens. L'être humain utilise ainsi quotidiennement, dans sa communication verbale, des phrases types qui trahissent l'usage privilégié qu'il fait de l'un ou de plusieurs de ses sens. C'est ainsi que nous pouvons dire de quelqu'un qu'il est visuel, auditif ou kinesthésique. Des études ont été faites par le groupe de Programmation neurolinguistique (PNL)[33] sur le langage verbal de patients en consultation décrivant une expérience heureuse ou malheureuse. Les chercheurs ont découvert que nous privilégions toujours un sens comme *porte d'entrée* pour communiquer avec le monde extérieur et avec notre monde intérieur. Ils appellent notre façon de percevoir la réalité le *système de perception*. Cette perception est influencée par les facteurs mentionnés précédemment (vie intra-utérine, etc.).

Les études du groupe de Programmation neurolinguistique montrent qu'il existe un autre système, soit le *système de représentation* désignant la manière dont nous nous représentons la réalité que nous avons perçue. Ce système utilise les mêmes sens mais comme *portes de sortie* permettant de faire communiquer notre monde intérieur (ce que nous avons perçu) et notre psyché (ce que nous nous représentons). C'est la raison pour laquelle il peut exister un décalage entre ce que nous avons perçu et ce que nous nous représentons. C'est ce que j'appelle l'*expérience sensorielle d'une réalité*.

Imaginons que vous êtes avec moi sur une plage. La façon dont je perçois la plage sera différente de votre façon de percevoir cette même plage parce que, pour identifier la réalité, nous nous servons d'une combinaison d'informations variées qui sont fonction de notre vie intra-utérine, de notre naissance et de notre personnalité avec les défenses qui lui sont propres. Reprenons le scénario de la plage. Imaginez que nous nous retirions de la plage, nous isolions dans une pièce fermée et racontions à un interlocuteur neutre (qui ne connaît pas la plage en question) notre perception de ladite plage. Pour ce faire, nous utilisons notre capacité de représentation. Je peux par exemple décrire cette plage en utilisant spontanément des symboles, dire que « la plage est comme un coquillage bleu et doré », et vous, décrire les lieux par des mots très simples tels que « la plage est large et se termine par un rocher de corail rose ». Nous sommes tous les deux dans le vrai, au sens où nous relatons notre représentation d'une réalité qui est à la fois semblable et cependant fort différente.

Percevoir une réalité est un processus actif, se la représenter est tout aussi actif. Ce décalage entre la perception et la représentation explique un phénomène souvent observé en psychosomatique : les membres d'une même famille qui ont fait l'expérience d'un événement identique le perçoivent tout à fait différemment. Pour certains, l'événement aura été traumatisant, pour d'autres, difficile, pour d'autres encore, anodin. Un des membres de la famille peut développer une maladie à la suite de cet événement, un autre, ne rien éprouver de particulier ; cela, parce que chacun a perçu l'événement à partir de ses propres

codes internes et se le représente en fonction de son monde intérieur. Le contenu psychique de la perception et le contenu psychique de la représentation font partie de ce que j'appelle les
images intérieures.

Il existe une *réalité de perception* et une *réalité de représentation*. Pour ma part, les deux réalités sont tout aussi réelles dans
les images intérieures que nous avons enregistrées et stockées,
au sens où je n'oserais jamais nier ce qu'un patient me décrit
comme étant sa perception et sa représentation d'une réalité traumatisante. Ce matériel psychique lui appartient. Il est l'expression même de ce qu'il ressent, soit de sa personne blessée, soit
de sa nature intacte. C'est pourquoi une réalité qui semble banale
pour l'un peut être traumatisante pour un autre. Il est fort important d'accueillir l'autre dans ses perceptions et ses représentations. Il n'existe pas une seule vérité pour tous, mais une vérité
unique pour chacun.

Notre mode de perception, tout comme notre mode de représentation, passe par les couches de la personnalité consciente (la
volonté, les désirs et les projections conscientes), préconsciente
et inconsciente (les souvenirs occultés, la représentation symbolique et l'image inconsciente que nous avons de notre corps et
de nous-mêmes).

Nous pourrions nommer « réalité X » la plage de l'exemple
mentionné précédemment : la plage, objet X, devient un objet Y
quand je la perçois, parce qu'elle passe à travers les filtres de mes
sens et le pouls de mon monde intérieur. En ce sens, j'altère
l'objet X et je le rends objet Y du fait de mon mode de perception ; soit un objet assujetti à mon monde intérieur, au sens où
je me l'approprie inconsciemment dès qu'il touche mes filtres
sensoriels, ma perception. C'est pourquoi, chaque fois que j'entends quelqu'un dire à quelqu'un d'autre « soit objectif », je
souris. Il est en effet impossible d'être réellement objectif ; dès
que je perçois, je deviens subjectif. Je peux ainsi, selon le contenu
de mon passé (mes souvenirs, mes traumatismes, mon système
de protection), de mon présent (l'état dans lequel je suis
aujourd'hui) et de mon désir pour le futur (mes aspirations, ma
volonté, mes projections), transformer la réalité.

Les modalités de nos images intérieures

Nos images intérieures communiquent avec notre personnalité consciente en empruntant différentes modalités et sous-modalités. Imaginez que je vous demande de visualiser la plage de vos rêves. L'image de la plage peut se présenter à vous sous deux formes spontanées : le *mode dissocié* : vous voyez la plage sur un écran devant vous ; le *mode associé* : vous êtes sur la plage.

Continuons l'expérience : je vous demande de vous visualiser sur la plage et de me décrire votre expérience. Si vous êtes du type 1, soit dissocié, vous vous verrez sur un écran en train de marcher sur la plage et vous direz quelque chose comme : « Je me vois en train de marcher sur la plage, de ramasser des coquillages. » Si vous êtes du type 2, soit associé, vous êtes déjà sur la plage et vous dites : « Je suis sur la plage, je cherche des coquillages. »

Il existe une énorme différence entre ces deux modalités. La modalité de type associé est beaucoup plus puissante, car l'image associée entre directement dans le système nerveux central, c'est-à-dire dans toutes les cellules du corps humain. Si, de surcroît, un contenu émotionnel est associé à l'image, celui-ci libérera immédiatement des hormones dans le sang[34]. Le mouvement de vie créé par l'image est direct. Des recherches ont prouvé que les personnes qui sont atteintes plus facilement par les images publicitaires, les images médiatiques, les scènes de films ou des souvenirs traumatisants d'épisodes dont elles ont été témoins fonctionnent en mode associé. La perception d'un événement de leur vie et la représentation qu'elles se font de cet événement ont beaucoup d'impact sur leur corps physique. Si l'événement est heureux, elles en bénéficient grandement ; l'onde de plaisir se propage à toutes les cellules de leur corps à partir de leur système nerveux central. Si, par contre, l'événement est difficile, elles sont sans protection. Le caractère pénible de l'événement est ressenti vivement par tout leur corps.

J'ai observé dans ma pratique qu'une visualisation de guérison chez une personne qui fonctionne en mode associé a des résultats plus rapides que si la personne vit la visualisation en mode dissocié. Tout comme les réactions du corps, plus directes en mode associé, le matériel inconscient parvient directement à l'individu qui fonctionne selon ce mode. Le mode associé privilégie le dialogue avec le monde intérieur. Les informations profondes atteignent plus facilement la conscience.

L'individu de type 2, qui fonctionne selon le mode dissocié, prend au contraire une distance face à tout. Attention, cela ne veut pas dire que, si vous vous voyez sur un écran en train de marcher sur la plage de vos rêves, vous n'aurez pas de sensations de plaisir. Mais l'impact d'une image dissociée est beaucoup moins grand, car ce mode instaure une distance entre l'image et vous. Si donc votre système nerveux central réagit au plaisir de vous voir sur la plage, l'onde de plaisir sera moins intense qu'en mode associé. J'ai observé que les individus qui se sont cuirassés pour des raisons de survie dans leur petite enfance vivent leur vie en mode dissocié. Ils se maintiennent à distance de tout, autant du déplaisir que du plaisir. Ils sont constamment en protection, ainsi que leur sens, ce qui a pour effet d'altérer ces sens à la longue. De ce fait, ils éprouvent plus de difficulté à entrer en contact avec leur monde intérieur et à communiquer avec le monde extérieur. Ils sont jugés plus froids, plus distants que la personne qui fonctionne en mode associé qui, elle, est considérée par les autres comme étant plus chaleureuse, spontanée et accueillante.

Lorsque la personne qui fonctionne selon le mode dissocié visualise son processus de guérison, l'impact de cette visualisation sur son corps est plus lent, car il y a dissociation, donc protection. Le dialogue avec les images intérieures est plus difficile, ces dernières mettent plus de temps à atteindre la surface de l'iceberg.

Il existe un type 3 *dissocié → associé*. Les gens de ce type ont la capacité de discerner spontanément s'ils doivent s'associer au matériel que leur offre leur inconscient ou les événements de la vie, ou s'en dissocier. Ces personnes peuvent débuter par un mode et en changer suivant que l'image ou l'événement est agréable ou désagréable. Elles ont une forme de souplesse intérieure qui leur permet de bien discerner les choses et de s'y ajuster. Ce type d'individu commence par voir la plage comme sur un écran, soit en mode dissocié, c'est-à-dire en se protégeant ; mais pour peu que la visualisation soit agréable, il poursuit en s'y associant spontanément : il renonce à se protéger pour ressentir davantage de plaisir.

Il existe aussi un type 4 *associé → dissocié*. Les individus de ce type ont le réflexe spontané de s'associer. Dans l'exemple de visualisation de la plage, ils se voient directement sur cette plage et, puisque le lieu est agréable, ils y restent ; par contre, pour peu que le plaisir se transforme en déplaisir pour une raison quelconque, ils se dissocient automatiquement des images. Ils se défendent ainsi spontanément de l'image désagréable.

Les types de fonctionnement décrits précédemment sont inconscients. Ils relèvent du développement de la personnalité et de tous les facteurs déjà mentionnés. Si vous devenez conscient de votre type de fonctionnement, vous pourrez agir plus facilement sur votre monde intérieur. Dans les chapitres qui suivent, vous aurez la possibilité de comprendre comment agir sur les images qui vous habitent.

Les sous-modalités de nos images intérieures

Les sous-modalités décrivent l'expression particulière que prend l'image considérée dans son cadre sensoriel. Vous me dites, par exemple, que lors d'une relaxation vous est apparue l'image d'un homme vêtu d'une cape noire. Je vous demande comment était cet homme : grand ou petit ? Gros ou mince ? Et la cape, était-elle longue, ample, ouverte, fermée ? Et sa texture ? Et la couleur noire ? Ce faisant, je vous questionne sur les sous-modalités de votre image visuelle. Il est possible de faire de même avec une image auditive. Vous me dites que vous entendez un son récurrent qui se présente à un moment précis de votre relaxation. Je vous questionne sur le son : est-il proche ou lointain ? Quel est son volume ? Et sa tonalité : aiguë, grave ?

Les sous-modalités sont importantes, car elles traduisent l'intensité du message que l'inconscient tente de faire passer. Par exemple, les sous-modalités des images d'enfermement qui sont décrites au chapitre suivant permettent de juger de la force et de la récurrence de l'enfermement. Il en est de même pour les images de guérison. Leurs sous-modalités renseignent sur la qualité des images que l'individu peut visualiser et sur ses résistances à la guérison. Plus les images présentent de la qualité, de la force et de la puissance, plus le potentiel de guérison sera libéré et l'onde de plaisir étendue.

CHAPITRE 4

Les images d'enfermement

Les images d'enfermement viennent de notre monde intérieur et se manifestent à nous sous la forme de représentations récurrentes chargées d'un contenu émotionnel et psychique important. Leur force et leur intensité sont variables. Peu importe la voie sensitive qu'elles utilisent pour communiquer, elles dénotent, par leur nature, leur symbolique et leurs modalités, un état d'être qui relève de l'enfermement, de l'emprisonnement, d'une fixation. Attention cependant : les images d'enfermement n'ont rien à voir avec un traumatisme d'enfermement réel. Dans l'expression, le mot *enfermement* fait référence à la capacité que nous avons tous, par le biais de nos personnalités consciente et préconsciente, de nous enfermer dans des conditionnements, des croyances, des émotions, des situations quotidiennes. En ce sens, les images d'enfermement sont l'expression d'un réel enfermement psychique (compulsions, dépression, fixations, névrose), émotionnel (ressentiment, rage, désespoir, tristesse) ou physique (tensions chroniques, maladie, accidents à répétition, tics nerveux, démangeaisons).

L'enfermement psychique et physique

Arrêtons-nous en premier lieu à la nature de l'enfermement et à son développement. Carl G. Jung considère que notre moi conscient, soit la pointe de l'iceberg, est en lui-même un complexe, c'est-à-dire un ensemble d'émotions, de souvenirs et de pensées qui se sont cristallisés autour d'un noyau énergétique et agissent dans la psyché comme une sous-personnalité d'autant plus autonome que la personne n'en a pas conscience[35]. Dans sa vision, les complexes sont partie intégrante de la dynamique psychique et ne posent problème que lorsque l'un d'eux empiète sur les autres, car l'équilibre psychique est alors mis en péril. Ce moi conscient, soit notre personnalité, a pour fonction propre de maintenir l'équilibre entre notre monde intérieur et le monde extérieur. Pour ce faire, il dispose d'une vraie capacité d'adaptation, de gestion du stress. Il a aussi la capacité de s'identifier et de se fixer dans son identité pour prétendument garder le contrôle d'une situation qui autrement serait intolérable, et rassurer ainsi le sujet. Le moi conscient tente de rendre tolérable l'expérience de la vie. C'est pourquoi il peut reléguer dans la portion cachée de l'iceberg (l'inconscient) un souvenir ou une expérience qu'il trouve insupportable.

Dans sa fonction de gestion, d'adaptation et de filtre du matériel conscient et inconscient, le moi se protège de ce qui pourrait perturber son équilibre. Cette protection peut prendre bien des formes[36] : le refoulement, la banalisation, la projection. Toutes ces possibilités de réaction face à l'agression ont pour but de protéger l'identité de l'individu et un semblant d'équilibre ; à la longue pourtant, ces protections peuvent devenir réductrices et limitatives au point de créer l'enfermement.

La partie consciente de notre personnalité, le moi, agit aussi comme un filtre ou une membrane respirant au sein d'un univers beaucoup plus vaste qui est le Soi. Le Soi (*Self*) est le véritable centre de la personnalité, son noyau originel et le principe d'ordre qui organise la psyché. Il regroupe conscient et inconscient dans une totalité qui les dépasse. Il s'apparente à un réceptacle psychique qui est en communication avec les autres, l'inconscient collectif, le cosmos et l'univers. En lui repose notre réserve d'amour universel et inconditionnel. Le Soi représente la dimension divine de l'humain. La personnalité consciente, le moi, si elle est libre et individuée, peut puiser au potentiel du Soi pour se nourrir ; l'être humain individué étant celui qui est capable d'être pleinement lui-même, fidèle à sa nature profonde et à ce qu'il vit, sans éprouver le besoin de souscrire aux modèles collectifs.

Toutefois, de filtre souple qu'il est au départ, le moi peut se transformer et devenir une prison dont les cuirasses se comparent à des barreaux qui s'inscrivent jusque dans la chair du corps physique, ainsi que je l'ai écrit dans *Au cœur de notre corps*. C'est le phénomène d'induration que j'ai évoqué précédemment.

Dans *Le Déclic*, je décris comment, en construisant notre personnalité à partir de ce que nous avons vécu depuis notre vie intra-utérine jusqu'à notre âge adulte, nous nous sommes séparés de notre nature réelle, de notre élan vital, pour faire face aux agressions de l'environnement, pour répondre aux conditionnements de notre milieu familial et nous protéger. Ce faisant, notre personnalité consciente s'est éloignée de sa nature profonde. Elle a développé de fausses personnalités qui se sont rigidifiées au fur et à mesure que nous avons grandi, pour la simple raison que nous avons fait d'elles notre identité : nous nous y sommes identifiés. Ce « faux moi » peut vouloir à tout prix contrôler notre nature profonde ou ce que nous avons relégué dans l'ombre parce qu'il méconnaît l'énergie des profondeurs et se sent menacé par elle ; l'ombre, dans la psychanalyse jungienne, désignant les aspects de la personnalité qui n'ont pas été vécus et qui, étant refoulés ou ignorés, poursuivent leur existence dans l'inconscient.

Pour rendre cela plus concret, prenons le scénario typique de la bonne fille ou du bon garçon qui « craque » devant sa famille. Imaginez pendant quelques secondes que vous avez été une bonne fille ou un bon garçon durant toute votre vie, et qu'en conséquence vous êtes certaine ou certain de plaire et de rendre heureux les gens qui vous entourent. Vous avez appris à refouler toutes vos impulsions de colère, justifiées ou non, dans votre préconscient ou votre inconscient, jusqu'au jour où « vous n'en pouvez plus » : lors d'une réunion de famille dominicale, vous explosez. Vous osez exprimer la colère que vous retenez depuis des années. Il est fort probable que cette libération soudaine, qui vous soulage sur le coup, vous rende malade par la suite. Dans votre entourage familial, qui ne vous connaît pas dans cet état, la surprise est générale ; suivent des jugements sur votre comportement ou sur…

vos hormones ! Si vous reteniez cette colère depuis vingt-cinq ans, son passage peut provoquer des réactions de votre système nerveux central : des tremblements, des sueurs froides, une sensation de nœud au plexus.

Poursuivons : vous vous excusez, car vous ne comprenez pas vous-même ce qui se passe et vous vous retirez. Vous montez dans votre automobile et vous vous sentez mal, très mal. Vous vous reprochez d'être une mauvaise fille ou un mauvais garçon. Vous revoyez le visage défait de votre mère, les yeux réprobateurs de votre frère. Vous vous sentez coupable ; arrivé chez vous, vous dévorez une boîte de biscuits au chocolat, ou bien vous videz votre paquet de cigarettes tout en vous promettant de ne plus recommencer. Vous êtes aux prises avec un enfermement psychique qui, en jargon psychologique, se nomme le complexe de la bonne fille ou du bon garçon.

Il existe plusieurs formes d'enfermement psychique. Pour n'en citer que quelques-unes : le désir fou de s'attacher à des choses, à des êtres, à des animaux, à des situations pour les contrôler. J'ai montré dans *Le Déclic* que ce désir de contrôle est l'expression d'une grande insécurité et d'une grande difficulté à être soi-même et à ressentir le vide, le décalage, voire la séparation d'avec soi quand ils se présentent. L'enfermement psychique s'exprime aussi par des comportements compulsifs qui sont l'expression d'un besoin de la personnalité de se « défouler » de trop d'enfermement. Les complexes, les croyances montrant que l'individu est « borné », a une vision étroite de la réalité et est esclave de comportements répétitifs dont il n'arrive pas à se défaire sont d'autres formes d'enfermement. L'enfermement psychique peut aussi résulter d'une phase d'endurance à un stress répétitif, phase au cours de laquelle l'individu s'est retiré dans son corps et en lui-même pour résister à une agression qui vient généralement du milieu du travail ou de l'environnement familial.

L'enfermement est révélé par les signes de nuit, soit des rêves récurrents ou des cauchemars dans lesquels l'individu se retrouve emprisonné, ou par les signes de jour : accidents à répétition, chutes, régions du corps régulièrement malades. Il en résulte des manifestations physiques telles que des symptômes chroniques, des tensions à répétition et des maladies. Ces différents signes d'enfermement psychique ou physique ont leurs expression et représentation dans le monde des images intérieures.

La nature et la source des images d'enfermement

Les images d'enfermement s'expriment à travers la représentation concrète ou symbolique que nos sens nous fournissent et selon les modes associé et dissocié. Il est facile, pour un individu qui tente de prendre conscience de ses images intérieures, de reconnaître les images d'enfermement ; celles-ci possèdent en effet une forte charge sur les plans émotionnel, physiologique et psychique. Rappelez-vous toutefois que si vous êtes dissocié d'une image d'enfermement, vous la ressentirez moins fortement que si vous y êtes associé. La *nature* de l'image d'enfermement consiste dans l'enfermement psychique ou physique tel que le vit la personne. Souvent, l'individu n'est pas conscient qu'il est enfermé dans sa relation avec son monde intérieur et le monde qui l'entoure. Ses images d'enfermement peuvent donc être préconscientes ou inconscientes, car elles proviennent d'une personnalité indurée qui s'est murée dans ses complexes (conditionnements, croyances, fixations, identifications, système de protection) lors de sa construction[37]. Par ailleurs, il faut savoir que le refoulement de l'énergie vitale qui circule en nous la fait se retourner sur elle-même et redoubler de force quand elle revient sous la forme de l'enfermement et de l'inhibition. La force du refoulement se traduit dans notre monde intérieur par des impressions de cloisonnement, d'étouffement, d'angoisse. Le langage des images d'enfermement est fort simple : communiquer à la personnalité consciente qu'il y a emprisonnement, soit limitation et réduction de la vie, de la spontanéité, de l'élan. La *source* de l'image d'enfermement, que celle-ci s'exprime sous une forme symbolique ou sous la forme d'une représentation concrète, d'un souvenir ou d'une association d'idées, est l'induration, soit la contraction qui s'est opérée en soi à la suite d'un événement stressant, d'une expérience de vie intolérable ou d'un sentiment de destruction intérieure. Cette tension est inconsciente. Pour qu'une image d'enfermement atteigne le rivage de la conscience d'un individu, voici le chemin qu'elle doit parcourir : partir des couches profondes de l'inconscient, puis se rendre dans le moi conscient en traversant le préconscient.

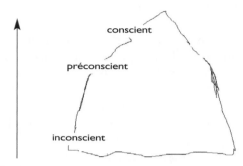

conscient

préconscient

inconscient

Images d'enfermement

Le chemin vers la conscience

Ce chemin ressemble à un surgissement spontané d'images intérieures ou au retour d'un souvenir jusque-là occulté ; ce dernier peut prendre la forme d'un rêve ou d'un événement qui heurte de plein fouet dans le quotidien. Peu importe la manière qu'elle prend pour se présenter, lorsque l'image d'enfermement se présente au moi conscient de l'individu, c'est pour être entendue, reconnue et accueillie.

Si l'image se présente, c'est qu'un réel besoin et un réel désir de communication existent entre le monde intérieur de la personne et sa personnalité de surface. Malheureusement, quand l'individu est coupé de son monde intérieur et considère son inconscient comme dangereux ou comme étranger, son moi n'accueille pas cette communication. Dans ce cas, il retourne vite l'image d'enfermement dans son préconscient où elle sera stockée. Le préconscient se chargera alors à son tour de cette énergie en attente, et le corps commencera à produire des symptômes pour attirer l'attention de son propriétaire. Les rêves et les signes de jour se feront plus intenses pour signifier à la personne qu'existe un besoin inconscient de faire entendre qu'il y a enfermement, emprisonnement.

La personnalité consciente, l'ego, peut toujours choisir de faire la sourde oreille, jusqu'au moment où les symptômes s'apparentent à des cris de détresse. Plus l'individu refoule les images d'enfermement, plus les cris se font pressants et urgents. Les rêves le signifient par des images de raz de marée, de cyclone, de feu destructeur, d'accident, d'attaque de l'ombre et de cauchemars à répétition. Les cris peuvent aussi ressembler à un état de dépression qui s'installe soudainement, ou à un sentiment d'angoisse qui, à la longue, devient de l'angoisse chronique jusqu'à se transformer en agoraphobie. Une relation de terreur se bâtit ainsi face à l'inconscient, au dialogue intérieur, à l'inconnu. L'individu peut en conclure que le dialogue avec son inconscient s'apparente à une communication violente quand, tout au contraire, son inconscient lui demande de s'occuper de son enfermement intérieur pour le guérir et le libérer. Et s'il interprète les messages de son inconscient avec peur et terreur, un double enfermement se crée : « J'ai peur de moi, je me ferme face à mes symptômes ».

À quel prix l'ego fait-il une économie d'énergie quand il se mure ainsi ? Vous ne pouvez imaginer l'énergie que l'ego déploie pour ne pas entendre. J'ai tant de fois constaté, dans ma pratique aussi bien que dans ma propre histoire, tout l'effort que fait la personnalité consciente pour ne pas entendre, ne pas voir, ne pas sentir, comme dans l'histoire des trois petits singes[38].

J'ai aussi constaté comment l'énergie se libère lorsqu'un patient se permet enfin d'accueillir ses images d'enfermement. Le patient est souvent surpris d'éprouver une telle libération et se demande comment il a pu vivre auparavant, habité par la terreur de reconnaître ce qui existe dans son monde intérieur et extérieur. Lorsque l'image d'enfermement est enfin accueillie, sa charge diminue, son expression devient moins angoissante. L'individu constate que ce que l'image tente de lui communiquer n'est pas aussi effrayant que ce qu'il croyait. Le premier réflexe de la personnalité consiste toutefois à juger ces images comme négatives et à les nier, alors qu'au contraire les accueillir est la meilleure solution pour les libérer de leur carcan et, ce faisant, s'orienter soi-même vers la guérison. Par la suite, il conviendra de les transformer.

Souvenez-vous que l'ego, c'est-à-dire le moi conscient induré, n'aime pas l'inconfort, l'inconnu, ce qui lui semble impalpable. Il aime contrôler et régner au centre de son univers restreint dont il connaît les paramètres et, par le fait même, les limites.

Le langage des images d'enfermement

Les images d'enfermement utilisent divers moyens pour se faire entendre : la représentation symbolique, des images collectives, la résurgence de souvenirs pouvant remonter à la vie fœtale. Voyons à quoi ressemble ce langage.

Les symboles utilisés par l'inconscient

Les symboles d'enfermement sont multiples. Le symbole prend plusieurs formes selon les associations que l'individu fait, qui sont elles-mêmes fonction de son vécu inconscient ou préconscient. Ces symboles, qui traduisent une sensation d'étouffement ou le sentiment d'être prisonnier de quelque chose, sont particulièrement représentatifs : le crabe, le homard, l'araignée, le mille-pattes ; et ils peuvent adopter des formes variables : une araignée qui vient vers soi à vive allure, ou très doucement. Est-elle petite ou grosse ? Noire, velue, avec d'énormes pattes ? Selon sa forme, elle n'aura pas la même puissance évocatrice ni le même effet sur la personnalité consciente. Ce n'est donc pas uniquement le symbole qui instruit sur la sensation inconsciente d'enfermement, mais aussi ses modalités (associé, dissocié) et sous-modalités (couleur, forme, etc.).

Les modalités et sous-modalités de l'image

L'inconscient utilise les sous-modalités pour exprimer des variantes de l'emprisonnement. Il est donc important de porter attention au langage de l'image d'enfermement, soit sa forme et son contenu, pour en saisir la portée réelle. L'image intérieure d'enfermement apparaît souvent en mode associé ; elle envahit toutes les parties du corps parce qu'elle est vécue en direct : l'individu se sent avalé par une grosse araignée ou pris entre les pinces d'un crabe. L'impression est forte parce qu'elle se vit sans filtre ni protection. Il semble que ce soit le propre de l'image d'enfermement d'utiliser ce mode direct de communication afin d'attirer l'attention de la personnalité consciente.

Un souvenir représentatif d'enfermement

La montée d'un souvenir occulté, ou qui se trouve à la frontière du préconscient, peut se présenter comme une information révélant à l'individu qu'il connaît l'enfermement dans son quotidien. Ce souvenir peut concerner un moment de son enfance durant lequel l'individu se serait senti emprisonné, aurait été isolé dans une pièce noire ou puni sévèrement. Si la mémoire d'une telle expérience émerge à la conscience sans que l'individu puisse établir de lien logique avec sa vie quotidienne actuelle, c'est qu'il existe en lui un lien plus profond qui échappe à sa perception. Il importe donc que l'individu soit attentif pour comprendre ce lien qui s'est tissé entre ce qu'il vit au présent et ce qu'exprime son inconscient.

Pour se désensibiliser d'une image d'enfermement, il est suggéré de tenter de se dissocier de l'image, c'est-à-dire de prendre une distance, du recul vis-à-vis d'elle de même que vis-à-vis du son et des sensations qui l'accompagnent. L'intervenant en *Images de transformation* utilisera le mode dissocié pour aider le patient à établir cette distance et à se libérer de l'image.

Les différents types d'images d'enfermement

Il existe divers types d'images d'enfermement : des scénarios de destruction, des scénarios exutoires, la programmation négative, le souvenir d'événements difficiles, le flash sensoriel, les images de référence collective d'emprisonnement, la vision apocalyptique. Ce qui caractérise les images d'enfermement par rapport aux autres images, c'est que leur expression est *limitative*, *douloureuse* et *récurrente*. Le corps réagit à ce type d'images par une tension, une contraction qui est l'expression directe de l'emprisonnement.

Les scénarios de destruction

L'enfermement psychique (contraction mentale, fixation dans un complexe, croyances réductrices, angoisse, inhibition de l'action) ou physique (douleurs chroniques, tensions répétitives, accidents successifs, maladie) s'exprime par des scénarios récurrents dans lesquels l'individu utilise son imagination à des fins destructrices. Ces scénarios ne viennent pas seuls, ils s'accompagnent des sensations physique ou psychologique d'enfermement et d'impuissance que ressent par ailleurs la personne. Ces scénarios existent à la limite de la conscience, soit dans le préconscient, et nourrissent souvent le quotidien de la personne. La difficulté de ces scénarios vient de ce qu'ils sont une projection soit dans le futur, soit dans le passé, de sentiments contradictoires et de doutes ayant trait à des conduites de persécution et de victimisation. J'ai décrit l'un de ces scénarios dans le premier chapitre : lorsque j'étais malade, je m'imaginais comme une victime réelle de la maladie, ce qui me faisait encore plus souffrir et détruisait mes relations avec les autres et ma vie.

Les scénarios exutoires

De la même façon que les scénarios de destruction, les scénarios exutoires viennent du sentiment d'être prisonnier d'un état sans issue, ce qui crée l'impression d'impuissance. Le moi conscient, pour survivre à cette situation pénible dont il a perdu le contrôle, crée alors une soupape en imaginant des solutions destructrices telles que l'amputation ou la mort : « C'est trop douloureux, je préfère mourir » ; le suicide : « C'est insoutenable, je préfère m'enlever la vie » ; le meurtre : « Cette personne me détruit, j'ai envie de la tuer » ; la fugue : « Je ne peux plus supporter cette situation, je vais fuir à l'autre bout du monde ». Ces scénarios n'apparaissent pas toujours, mais quand ils le font, ils permettent à la personne de se soulager de son trop-plein de stress. Qu'est-ce qui différencie ces scénarios des pensées ordinaires ? C'est que l'individu leur consacre du temps et de l'énergie ; il les entretient pour se soulager de son impuissance, de son désespoir ou de son inhibition à agir. Pour ma part, au plus fort de ma maladie, je m'imaginais en train de m'amputer de ma jambe souffrante. J'avais l'impression que je serais ainsi soulagée de la douleur à jamais.

La programmation négative

La programmation négative résulte d'une fixation dans la destruction. Elle est l'expression directe de l'autodestruction. Non seulement l'individu se sent enfermé et impuissant, mais il va de plus « se programmer » pour qu'il lui arrive toutes sortes de choses difficiles ; il imagine ainsi qu'il va perdre son emploi, son argent, sa famille, ses biens, etc. Ce faisant, il ajoute une tension intérieure importante au stress extérieur. J'ai moi-même programmé des conséquences postopératoires graves juste avant une opération du genou, programmé au sens où j'y croyais tellement que ces scénarios se sont produits... Le plus malheureux est que l'individu croit vraiment à ce qu'il imagine. Cette projection négative dans le futur constitue parfois une protection pour éviter de trop souffrir au cas où quelque chose de réellement douloureux arriverait. Elle peut aussi être l'expression d'un ressentiment profond. Ce ressentiment, quant à lui, peut constituer une façon de se protéger de la blessure logée en soi.

Un espoir existe néanmoins : comme le mécanisme de protection est préconscient, l'individu peut en tout temps prendre conscience de ses projections négatives, et y mettre un terme.

Le souvenir d'événements difficiles

Nous avons tous connu, au cours de notre vie fœtale, à notre naissance, pendant nos premiers mois de vie ou notre petite enfance, des expériences sensorielles d'emprisonnement, de limitation et de retenue. Ces expériences, si elles ont perduré dans le temps, ont marqué notre système limbique ; à partir d'elles, nous avons développé une tension instinctive et, par la suite, une cuirasse, une armure. Notre personnalité consciente a enfoui ces souvenirs désagréables dans l'inconscient au point de les occulter. Ceux-ci sont toutefois toujours présents dans notre monde intérieur. Qui plus est, ils limitent notre potentiel vital, car ils contiennent une charge psychique et physique qui se trouve emprisonnée. Ces souvenirs peuvent apparaître spontanément à la surface de notre préconscient et de notre conscient du seul fait d'un stress extérieur qui vient stimuler la mémoire du passé au point de submerger notre personnalité consciente. Pour celle-ci, ces états sont effrayants. Son premier réflexe consiste à se contracter afin de se protéger de la submersion. Il arrive cependant que la montée des souvenirs soit si forte que l'individu n'arrive plus à la gérer et soit englouti par elle. La tendance à nier ce trop-plein afin d'essayer de garder la tête hors de l'eau apparaît alors. Une autre réaction consiste à écarter ce qui vient spontanément. Cela peut se faire en le remettant en question, en le ridiculisant, en le banalisant : « Ce n'est pas possible… », « J'hallucine ! » se dit-on, par exemple. Cette réaction est en fait une réaction de défense qui traduit le besoin de se protéger d'une réalité trop douloureuse, mise de côté antérieurement précisément pour cette raison.

Prenons l'exemple de Paule, une de mes élèves en formation. Paule avait perdu sa mère dans des conditions tragiques lorsqu'elle avait dix ans, mais elle ne se souvenait que vaguement de ce décès. Elle disait cependant éprouver une profonde tristesse, un sentiment de manque, du chagrin, ce qui expliquait, ajoutait-elle, les rides profondes de son visage alors qu'elle n'avait que trente ans. Un jour, lors d'une discussion de groupe, une de mes élèves ressentit le besoin de nous parler de la mort récente de sa sœur. Tandis que l'élève en question décrivait ce qu'elle avait vécu, Paule poussa un hurlement : elle s'est soudain mise à revivre ce qui avait été intolérable pour elle lorsqu'elle était enfant. Dans le climat de confiance de la formation, elle a enfin pu laisser surgir le souvenir personnel qu'elle avait de la mort de sa mère et non plus ce que d'autres lui en avaient raconté. Évidemment, Paule fut submergée pendant quelques heures, mais comme elle se sentait en sécurité parmi nous, elle put donner libre cours à ce qu'elle refoulait depuis vingt ans. Lorsqu'il se produit une submersion, on suggère à la personne d'écrire pour évacuer le trop-plein de souvenirs. Écrire permet d'éviter que la submersion ne soit stockée dans le préconscient et ne crée des troubles plus importants. Si cela n'est pas suffisant, il est important que la personne consulte pour établir le dialogue avec les aspects occultés d'elle-même et, ce faisant, favoriser la communication entre son moi conscient et son inconscient.

Pour les intervenants en *Images de transformation*, nous recourons aux techniques d'imagerie réceptive et d'imagination active afin d'aider à la libération des souvenirs douloureux et à leur guérison.

Le flash sensoriel

Le flash sensoriel consiste en une percée de souvenirs jusque-là occultés ; l'occultation psychologique étant ce mécanisme de survie par lequel les souvenirs qui menacent l'équilibre psychique sont dissimulés à la conscience tant que celle-ci n'est pas capable de les intégrer. Ce flash peut prendre la forme d'un visage, d'un objet concret, d'une partie de souvenir désagréable. Prenons l'exemple de l'un de mes patients, Alexandre, qui avait été victime d'agressions sexuelles de la part de sa gardienne lorsqu'il était tout petit. Ces agressions avaient laissé des marques physiques sur son sexe. Alexandre avait cependant totalement occulté ces événements jusqu'au jour où il vit un film japonais où l'on menaçait de couper le sexe d'un homme au sabre. Dès qu'il sortit du cinéma, Alexandre se mit à avoir des flashs visuels très précis dans lesquels il voyait une femme l'agresser. Ces flashs lui revinrent au cours de la soirée. Ils étaient très violents. Alexandre ne pouvait pourtant pas croire que cela lui était arrivé. Le lendemain, il prit un rendez-vous d'urgence avec moi et nous avons commencé la « désocculation » des agressions dont il avait été l'objet.

L'inconscient sait, par la voie de l'intelligence corporelle, que la résurgence de ce qui a été occulté serait trop déstabilisante ; il se contente donc d'adresser des flashs à la personnalité consciente pour attirer son attention. C'est la raison pour laquelle il est important de s'arrêter à ces flashs en étant plus présent à soi-même, et d'en investiguer le contenu, car ils sont riches en information. S'ils se manifestent dans la vie quotidienne, c'est qu'une donnée digne d'attention a besoin d'être entendue. En ce sens, les flashs s'apparentent à des signes précurseurs d'une demande de communication du monde intérieur. En *Images de transformation*, l'intervenant investiguera les flashs par l'imagerie réceptive et l'imagination active ; nous y reviendrons.

Les images de référence collective d'emprisonnement

Les images de référence collective d'emprisonnement sont utilisées par l'inconscient pour informer la personne de la réalité de son emprisonnement psychique ou physique. Je vais en citer quelques-unes ; de nature *visuelle* : une prison, une cellule de moine, un monastère, des barreaux, des cadenas, des armures, un cloître ; de nature *auditive* : un son aigu ou étourdissant, un gong, une alarme, le klaxon d'une ambulance, le glas ; de nature *kinesthésique* : des sensations d'étouffement, d'étroitesse, de lourdeur, de grande chaleur ou de grand froid, de sécheresse, une irritation cutanée, des enflures ; de nature *olfactive* : odeur de putréfaction, de moisissure, de cachot, de brûlé ; de nature *gustative* : un goût amer, métallique, acide. Ces images sont reconnues par tout un chacun pour représenter des réalités dures, difficiles.

La vision apocalyptique

La vision est une image forte qui surgit lorsque le moi conscient ne s'y attend pas, et qui s'impose. Cette image peut être visuelle, auditive ou kinesthésique. Tous les sens peuvent en fait être utilisés dans la vision. Il arrive même que deux ou trois sens soient à l'œuvre en même temps. La vision s'impose et informe. Dans mon propre processus de maladie et d'autoguérison, c'est une vision d'enfermement qui a fait que j'ai réagi : la vision de « la vieille femme ». Cette vision m'a profondément marquée, à un point tel que j'ai choisi de transformer ma vie et que j'ai osé aller vers l'inconnu que représente la guérison. Je me suis risquée à prendre les outils qui se trouvaient devant ma porte et à les utiliser, me mettant face à moi-même.

La vision donne une information très claire sur les possibilités futures, que ce soit dans un sens négatif ou positif. En ce sens, elle est annonciatrice. Mais elle n'est le fruit ni de l'imagination ni de la prémonition, elle est une information simple émise par le Soi, ou la partie intacte du Soi, qui informe l'individu de la situation dans laquelle il se trouve. Cette information est directe et dénuée de jugement. Voilà pourquoi la vision semble irréfutable et interpelle : l'être entier ressent sa justesse, c'est-à-dire le caractère véridique et authentique de l'information qu'elle lui transmet. Ce que la personnalité décide de faire avec la vision n'est pas important pour le Soi, cette partie de nous qui sait. L'important est que cette information atteigne la conscience. Souvent, en effet, une vision d'enfermement constitue un véritable déclic.

La vision ne peut pas être provoquée par le moi conscient ni surgir à sa demande sous prétexte qu'il « veut savoir » ou « tient à contrôler » la vie psychique. La vision, au contraire, surgit lorsqu'on s'y attend le moins.

CHAPITRE 5

Les images de guérison

Les images de guérison viennent de la profondeur de l'être.
Plus la personnalité est dégagée de ses enfermements, plus
l'individu entre naturellement en contact avec ces images qui
vont le nourrir, l'inspirer, voire le guider vers la guérison.

Les images de guérison sont à l'opposé des images d'enfermement dans leur expression : les images visuelles sont claires
et limpides, les images kinesthésiques douces et les sensations
qu'elles laissent agréables, les images auditives enveloppantes,
les images olfactives enivrantes, les images gustatives suaves et
raffinées. Les images de guérison peuvent apparaître en mode
associé ou dissocié. Dans le premier cas, elles seront vécues directement dans le corps, sans filtre de protection. Si elles se présentent en mode dissocié, un filtre de protection se mettra en place,
instaurant un éloignement, soit parce qu'elles font peur, soit
parce qu'elles semblent trop puissantes à celui qui les visualise.
Nicolas Bornemisza et moi privilégions le mode associé chez le
patient, car nous avons observé, dans nos pratiques respectives,
que plus les images de guérison sont vécues directement dans le
corps, plus la guérison est concrète, palpable et suivie de résultats. Il a en effet été prouvé scientifiquement[39] que, dans les cas
où la personne s'associe totalement aux images de guérison, les
probabilités de guérir sont plus élevées, et cela plus rapidement.
De plus, il est habituellement aisé d'entrer en mode associé avec

une image de guérison, c'est-à-dire de se fondre en elle, à moins qu'on ne résiste à la guérison. Nous en reparlerons dans les prochains chapitres.

La guérison

Lorsque la personnalité se libère de ses enfermements, de ses cuirasses, de ses fixations, l'énergie vitale, soit l'énergie d'amour, recommence à circuler librement dans son être. L'individu se retrouve alors en présence d'une plus grande puissance d'amour et de création. Là où avant il n'envisageait pas de solution en apparaît spontanément une. Là où avant il sentait un nœud, le nœud se défait par lui-même. Là où avant il éprouvait une tension, celle-ci se relâche pour laisser la place à de la détente, à un sentiment de fluidité et d'ouverture. Là où avant il s'autodétruisait, l'autoréparation œuvre. Qu'est-ce qui déclenche la libération de l'énergie de guérison ? Je répondrai ceci : la libération vis-à-vis des images intérieures d'enfermement, le dialogue avec le Soi, l'ouverture au monde intérieur, à cette richesse profonde qui est inhérente à l'être, c'est-à-dire le contact avec sa propre dimension divine.

L'énergie de guérison est toujours présente en nous, tout comme notre capacité de vivre et d'aimer. Nous n'y avons toutefois pas accès, parce que consciemment ou inconsciemment nous sommes prisonniers de nos blessures, de notre souffrance, de nos attachements et de nos enfermements. Souvenez-vous que notre personnalité souffrante, étouffée, peut nous conduire à nous identifier à la douleur et à la maladie et nous faire croire que nous ne sommes que cela. Une des fonctions du moi est en effet de chercher constamment à s'identifier : « Je suis un cancéreux », « Je suis un diabétique », « Je suis un ancien alcoolique ». Nous avons de plus appris dès notre enfance à nous défendre des blessures que nous infligeait notre univers familial, et à les fuir. Mais, comme notre famille éprouvait des difficultés à reconnaître cet état de choses, nous avons relégué nos blessures et nos protections dans notre subconscient. Le résultat, comme je le disais antérieurement, est que nous nous séparons de nous-mêmes jusqu'au divorce. Combien de fois, dans ma pratique, j'ai rencontré des gens qui se disaient incapables d'aimer pour des raisons qu'ils ignoraient. Ces raisons étaient là, tangibles, dans leur corps cuirassé et dans les aspects inconscients de leur personnalité. Lorsque notre personnalité est enfermée, il nous est difficile de puiser à l'énergie de notre être profond. La contraction du corps et de l'être limite la possibilité de ressourcement qui existe en nous.

Imaginons ce scénario : vous faites les magasins, et comme vous êtes presbyte, vous avez besoin de vos lunettes pour lire le prix sur les étiquettes. Mais précisément parce que vous voyez mal de près, il vous est difficile de distinguer les objets dans votre sac. Vous utilisez alors instinctivement un autre sens, par exemple le sens du toucher, et vous palpez les objets au fond de votre sac. Si vous êtes contracté, tendu, vous risquez de ne rien trouver du tout et de vous énerver, parce que la communication avec vos sens se trouve réduite. Le résultat sera le découragement. Pendant ce temps-là, vos lunettes sont restées accrochées à votre cou et vous l'aviez oublié ! La vendeuse vous fait observer que vous cherchez quelque chose qui est sous votre nez. Tout était à votre portée, mais vous n'y pensiez plus. Il en est de même avec le potentiel de guérison : il est là, à cela près que la personnalité contractée, oublie sa propre grandeur. Elle ne voit que la pointe de l'iceberg ce qui est en surface, et ne se rappelle pas qu'il existe une dimension beaucoup plus profonde de l'être qui est source d'inspiration et de guérison. Plus l'individu sort de la superficialité de son moi induré, plus il lui est possible d'établir un dialogue avec son monde intérieur afin de puiser à la force de ses profondeurs.

Au cours de mon processus de guérison, j'ai pris un jour conscience que si j'avais mis tant d'énergie consciente et inconsciente à me détruire, je pouvais en mettre tout autant à me reconstruire. Après avoir vécu toutes ces années sans écouter mon intuition, mes rêves, ma voix intérieure, je pouvais bien me donner quelques autres années pour m'écouter, me respecter et m'aimer.

La nature et la source des images de guérison

L'image de guérison est par *nature* fluide, à l'opposé d'inhibée, libératrice à l'opposé d'emprisonnée, lucide à l'opposé de confuse, ouverte à l'opposé de fermée, joyeuse à l'opposé de triste, puissante à l'opposé d'impuissante, aimante à l'opposé de haineuse, douce à l'opposé de dure, accessible à l'opposé de perdue, riche en information à l'opposé de vide. L'image de guérison est à l'opposé de l'image d'enfermement. Leur nature est totalement différente. L'image de guérison est un baume non seulement réparateur, mais aussi régénérateur. Dans sa nature, elle est mouvement de vie, d'amour, de créativité, mouvement naturel de l'énergie vitale dans tout son potentiel de création et d'autoréparation.

La *source* de l'image de guérison est le Soi, c'est-à-dire la partie intacte de nous qui dispose de la connaissance profonde de ce que nous sommes, de ce qui nous attend, et qui est dépositaire de notre sagesse. L'étude des rêves et du processus d'individuation montre en effet qu'en tant que principe directeur de la psyché le Soi est la source des rêves et des images de guérison. Cela se vérifie dans les nombreux rêves qui sont de nature compensatoire, c'est-à-dire qui viennent corriger une attitude unilatérale du conscient et expriment le point de vue de la totalité psychique, mais aussi dans les rêves prospectifs, soit ceux qui anticipent une évolution encore imperceptible.

L'image de guérison représente dans son expression même un mouvement créateur, parce qu'elle n'est ni inculquée ni conditionnée par un système de croyances. Elle ne vient pas non plus de ce qui a été relégué dans le grenier de l'inconscient, ni de ces souvenirs qui ont été occultés parce qu'ils étaient trop difficiles à gérer. Elle vient de ce qui est inscrit encore plus profondément en soi, qui est la *rivière universelle de la vie*. C'est ce qui la rend si authentique et véridique pour l'individu qui la reçoit : le doute ne surgit même pas. Elle provient de l'énergie des profondeurs, elle part de l'inconscient et passe par le préconscient pour accoster au rivage du moi conscient, mais elle n'appartient pas à la personnalité, elle appartient à la profondeur de l'être. Je pourrais simplifier les choses en disant que l'image de guérison vient du guérisseur qui existe en chacun de nous. Voilà pourquoi, lorsqu'elle passe, il est essentiel de s'y attarder.

Le langage des images de guérison

Le langage de l'image de guérison est spontané et souvent inattendu. Il est direct, à moins que l'individu ne résiste psychologiquement à imaginer sa guérison. L'image de guérison indique qu'il y a libération du potentiel créateur et vital. Elle surgit souvent à la fin d'une séance de dialogue avec l'inconscient portant sur un problème défini. Il arrive aussi régulièrement qu'après avoir produit des images d'enfermement l'inconscient laisse émerger une image de guérison comme solution au problème. Le langage de celle-ci est libérateur : les tensions psychiques et physiques cèdent, le corps sent immédiatement une montée de son énergie physique et psychologique. À l'image de guérison s'associe en effet toute la physiologie du corps qui exprime alors sa force et son potentiel de guérison. Le langage de l'image de guérison peut prendre diverses formes ; des *symboles* : une rose, un bel animal, un corps épanoui, un mandala[40], une source de lumière ; des *images provenant des cinq sens et se référant à des scènes heureuses* : les membres d'une famille mangeant gaiement autour d'une table, une mère portant son bébé sur son sein, des parents penchés sur le berceau de leur enfant, un père marchant sur une plage en tenant son fils ou sa fille par la main, des enfants en train de chanter, de jouer, de rire ; des *images collectives de bonheur* : des amis qui rient en bavardant, des couples joyeux en train de danser, des gens s'amusant dans les vagues ; des *images de la nature* : un geyser, une fleur telle une rose, une orchidée ou un lys, un oiseau, aigle ou colombe, un coucher ou un lever de soleil, le son des grillons, le parfum d'un jardin, le goût du miel, le son de la mer ; des *informations concrètes concernant la guérison* d'une partie du corps, même si le patient connaît mal son anatomie – des informations très précises peuvent en effet surgir chez quelqu'un qui est en train de s'ouvrir à son potentiel de guérison, qui renseignent sur la manière dont son corps répond et va réagir à la guérison.

Les différents types d'images de guérison

L'image intuitive

L'image intuitive correspond à la libération de l'élan vital et du potentiel de guérison qui étaient jusque-là enlisés. Surgissent soudainement, de la profondeur de l'être, des images qui sont de réels élans vers quelque chose de bon, de doux, de spontané et d'inattendu pour la personne en voie de guérison. Ces images intuitives s'apparentent à des ouvertures dans la cuirasse, elles y creusent des brèches permettant des respirations qui font ressentir à l'individu, sur le plan tant physique que psychique, qu'il est sur la bonne voie. Elles ne constituent pas une solution au problème, elles sont plutôt des révélations nouvelles ou des angles de vue différents à partir desquels l'individu peut contempler sa vie autrement.

Le souvenir heureux de l'enfance

Alors que jusque-là la mémoire de la petite enfance n'était que douleur, dureté, noirceur, surgit le souvenir d'un ou de plusieurs moments heureux. Le thérapeute entend : « Il n'y avait pas que des jours tristes… » Si la mémoire du bonheur émerge dans la conscience de l'individu, c'est qu'une brèche s'est opérée dans la cuirasse de ce dernier et que l'énergie vitale s'est remise à circuler, riche de tout son potentiel de guérison.

Le flash sensoriel de solution

Ce flash apparaît tel un éclair. La cuirasse s'ouvre, l'individu respire un peu l'air de la vie, surgit un élément de solution, puis tout se referme. Lorsque ce flash se produit, Nicolas Bornemisza et moi suggérons de ne pas le poursuivre et de ne pas tenter d'agir volontairement sur la solution. Nous invitons au contraire le patient à continuer son exploration de façon que les éléments de solution viennent d'eux-mêmes, petit à petit, jusqu'à la résolution du problème.

L'image de référence collective

L'image collective, telle qu'elle a été décrite antérieurement, peut se présenter à tout moment. Elle s'accompagne d'un sentiment de joie et de réflexions telles que « La vie n'est pas si dure » ou « La vie vaut peut-être la peine d'être vécue ». L'image collective agit comme un baume sur la dureté de l'enfermement psychique ;

sur son passage, un vent de bonheur profond parcourt l'individu. Elle est une expression du Soi qui peut s'exprimer par un magnifique lever ou coucher de soleil, une plage, l'océan, un champ de blé…

La vision de guérison

La vision est annonciatrice d'une libération réelle de l'être et du potentiel de guérison. Elle se présente à l'individu tel un hologramme. Elle annonce un changement réel de position intérieure qui lui permettra de se libérer définitivement de son complexe destructeur. La vision de guérison provoque une libération d'hormones dans le cerveau et dans le sang. Elle soutient l'espoir, la confiance profonde en soi, le « Je sais ». Elle provient de l'énergie profonde de l'individu, c'est-à-dire du Soi. L'image de guérison utilise tous les sens pour s'exprimer de façon à nourrir l'énergie de guérison de l'être.

CHAPITRE 6

Les images de transformation

Nicolas Bornemisza et moi avons appelé notre méthode *Images de transformation,* car tout au long de notre pratique nous avons davantage été interpellés par des images de transformation que par des images de guérison. Les images de guérison sont en effet souvent l'aboutissement d'un processus qui est constamment en mouvement. L'illusion serait de croire que la guérison est une fin en soi. Avec notre méthode, le processus débute par une écoute de la partie de soi qui souffre. Que la personne éprouve un malaise physique ou psychique, nous l'invitons toujours à entamer un dialogue avec son monde intérieur. Cette première étape constitue un mouvement d'accueil de ce qui se dit à travers la souffrance. Ce sont habituellement des images d'enfermement qui se présentent au rendez-vous ; à ce moment-là, elles sont souvent accompagnées d'autres informations qui constituent des pistes vers la guérison : les images de transformation. Cette écoute, qui est en elle-même un mouvement d'ouverture à ce qui est là, douloureux, est une étape sur le chemin menant à l'état désiré de bien-être, d'harmonie, de réunification avec son monde intérieur : la guérison. Cette guérison est annoncée par les images de transformation qui disent qu'un changement est possible en vue d'atteindre le but désiré. Ces images de transformation expriment le début du mouvement de libération intérieure. Elles sont donc les bienvenues dans le processus de dialogue avec le monde intérieur.

La transformation

La transformation vient du mouvement. Sans mouvement, il est difficile de transformer la matière psychique et physique qui demeure dans son enfermement. L'énergie de la transformation vient du fait que la matière qui était jusque-là refoulée ou enfermée a été accueillie. Lorsque l'individu qui travaille sur lui-même accepte de se mettre à l'écoute de son enfermement intérieur, son écoute initie déjà le mouvement de la vie. La seule contemplation d'une image d'enfermement et son écoute suffisent à entraîner une libération de l'énergie vitale dormante. La transformation fait partie de l'évolution vers la guérison. Il ne peut y avoir de guérison sans transformation, c'est-à-dire sans mouvement de vie.

La nature des images de transformation

La nature des images de transformation réside dans le *mouvement* vers un changement d'état. Ce mouvement vient de ce que l'individu a accepté de faire bouger ce qui dormait en lui ou ce qui était remisé dans son inconscient. Par exemple, lorsque mon patient accepte de regarder sa maladie comme sur un écran, de l'entendre ou de la ressentir, il modifie déjà la relation qu'il a avec elle. Le geste qui consiste à « jeter un regard » implique un mouvement, même s'il suscite des résistances, des peurs et de l'incompréhension. Mon patient vient d'adresser un message à son inconscient : il est prêt à collaborer et à écouter la partie cachée de lui-même, son ombre, ainsi que l'appelle Jung. Seule cette permission peut permettre que naisse le mouvement qui forme le cœur de l'image de transformation. L'image de transformation peut être douce, libératrice et annonciatrice, mais aussi surprenante : « Ah ! je vois pointer une solution » ou « Un vent va balayer les poussières », ou encore « Je sens qu'un revirement de situation est possible » sont des propos que j'ai souvent entendus chez mes patients lorsque les images de transformation surgissent. L'image de transformation n'est pas un aboutissement, elle est *le* chemin vers… Elle indique une piste, une direction sur la voie de la guérison. L'individu est libre de l'écouter et de la suivre. Il importe cependant qu'il ne se fixe pas à l'image de trans-formation et ne tente pas de la retenir en la voyant comme une fin en soi, ce qu'elle n'est pas.

La source des images de transformation

D'où vient l'image de transformation ? Du Soi ou de la partie du Soi qui est demeurée intacte et qui sait ce qui est bon pour la personne. Le Soi utilise l'image de transformation pour nous informer qu'il est possible de changer dans la douceur et dans le respect de notre écologie intérieure[41]. L'image de transforma-tion vient, tel un signe, nous apprivoiser en vue de la guérison à venir. Elle se trouve souvent dans le préconscient, mais elle n'est pas reconnue, car la personnalité consciente ne voit pas en elle une piste menant à la guérison. Elle peut également être jugée, niée, voire refoulée comme voie possible de changement par celui ou celle qui aurait peur d'aller vers une transformation de son mal-être de crainte de changer, de perdre l'attention des autres, de trouver le bonheur.

Le langage des images de transformation

Par le biais de l'image de transformation, l'inconscient nous informe que bientôt s'opérera un changement de position inté-rieure. L'image de transformation annonce que la vie va prendre de plus en plus de place là où les eaux étaient dormantes. Une désintoxication est amorcée et la guérison s'annonce à grands pas. Si, par exemple, après avoir été pendant des années aux prises avec une tristesse chronique, je me mets à l'écoute de cette tris-tesse, je vais laisser venir à moi les images de mon inconscient qui sont à la source de ma tristesse. Ce faisant, je vais recevoir des informations concernant ma fixation à cet état. S'ensuivra spontanément un changement de position intérieure face à ma tristesse. Mon énergie refoulée étant libérée, d'autres informa-tions s'offriront à moi, me disant la possibilité d'un état inté-rieur différent : je pourrai me sentir prête à faire de l'humour, pleine d'une joie spontanée ou animée d'un puissant goût de vivre. Il se peut que j'éprouve encore de la tristesse, mais je sais qu'en même temps s'opère une transformation de mon état, un début d'élan vers une autre façon de vivre ma vie. Je n'ai pas encore la solution et je ne comprends pas totalement ma tristesse, mais je sens qu'un mouvement différent a pris naissance en moi. Je me sens en mutation, comme le laisse présager le langage de l'image de transformation, un langage plein de douceur qui, souvent, n'est pas perçu par le consultant. C'est à l'intervenant de le reconnaître et d'aider le consultant à réaliser la force de l'image de transformation.

Les différents types d'images de transformation

L'image de transformation peut épouser les modes associé ou dissocié, aussi bien que les sous-modalités des images associées aux cinq sens, soit : le *symbole* qui représente alors la mue, la transformation, l'annonciation ; le *flash sensoriel*, annonciateur de la possibilité d'un changement ou d'un début de solution ; le *souvenir* d'un changement antérieur de position (changement d'attitude ou de cap, remise en question) ; une *image collective* de déménagement, de migration, de mue exprimant la mouvance de l'être.

Telles sont les différentes images intérieures que nous pouvons rencontrer par la méthode des *Images de transformation*. Le but de cette présentation est de vous sensibiliser aux images dont le monde intérieur se sert pour communiquer avec le moi conscient. Cela facilitera votre compréhension de la deuxième partie de ce livre dans laquelle sont présentées les grandes étapes du processus des *Images de transformation*.

DEUXIÈME PARTIE

Le voyage intérieur

La méthode : des images de transformation au voyage intérieur

Lorsque quelqu'un vient nous consulter, c'est qu'il fait face à une difficulté dans sa vie, un problème récurrent qu'il n'arrive pas à résoudre. Le thème de la consultation peut être d'ordre physique : une maladie, des tensions chroniques ou des douleurs récurrentes. Le thème peut aussi être d'ordre psychique : des difficultés au travail ou dans la relation de couple, un état de mal-être, de dépression, le mal de vivre. L'état décrit par la personne est appelé l'*état présent*. L'état présent est l'expression de la difficulté telle qu'elle est vécue par la personne au présent, peu importe si cette difficulté est influencée par des événements et des conditionnements du passé. Cet état présent comporte un contenu conscient, décrit verbalement par la personne qui se trouve devant nous, et un contenu préconscient et inconscient que traduisent son langage corporel et ses rêves. Il est très important pour notre pratique d'écouter cet état présent, voire, si nécessaire, d'aider la personne qui se trouve en face de nous à le définir en lui posant des questions et des sous-questions qui lui rendront plus palpables, d'un point de vue psychologique, les contenus conscients et inconscients.

Cela dit, il arrive que nous rencontrions des gens qui ne parviennent pas à nommer leur état présent, car ils ont bâti de telles défenses vis-à-vis de leurs difficultés qu'ils décrivent, à la place de l'état présent, celui qu'ils désirent atteindre. Je me souviens, par exemple, d'une patiente qui s'est présentée à moi en me disant qu'elle venait me consulter parce qu'elle voulait guérir. Pendant la moitié de la séance, elle m'a décrit ce que serait sa vie une fois qu'elle serait guérie alors que je ne savais toujours pas de quoi elle souffrait… Lorsque le lien de confiance a été établi, je me suis permis de lui poser doucement la question : voulait-elle guérir d'une maladie, d'un sentiment de mal-être ? Cette femme n'arrivait pas à nommer son état présent, car elle en avait peur et s'en défendait. Pour cette raison, elle s'était fixée à son *état désiré*. L'état désiré est important puisqu'il est ce vers quoi tend la personne. Il ne doit toutefois pas dissimuler ce qui est là et qui a besoin d'être soigné, entendu et aimé.

Ainsi, au cours de la première consultation, après que l'individu a nommé son état présent, nous lui demandons où il veut aller. Quel est son objectif ? Quels sont ses buts ? Vers quoi tend-il ? Nous écoutons alors la description qu'il fait de son état désiré. Nous sommes attentifs non seulement à son langage verbal, mais aussi à son langage corporel et au langage de ses rêves, car l'état désiré comprend également un contenu conscient et un contenu inconscient. A-t-il fait des rêves laissant présager une solution, une possibilité de transformation ou de guérison ?

L'état désiré est une projection de l'être, une réalité vers laquelle tend non seulement la personnalité, mais aussi, dans la plupart des cas, l'être entier. Si l'état désiré n'est qu'un produit de la personnalité consciente, s'il n'est qu'une illusion, l'expression d'une fausse personnalité ou le résultat de conditionnements parentaux, l'inconscient le fera savoir assez rapidement. Nous, en tant que guides, devrons alors aider la personne à se mettre davantage en contact avec son inconscient pour imaginer un état désiré qui corresponde à ce qu'elle est vraiment. Il nous est arrivé, au cours de notre pratique, de rencontrer des gens qui n'arrivent pas à décrire l'état qu'ils désirent. Ils sont fixés à leurs problèmes et submergés par eux, que ce soit par désespoir, par peur de l'échec ou parce qu'ils n'ont pas confiance en la vie ni en eux-mêmes. Ils ont la forte impression d'être dans une impasse, face à un mur ou pris dans un cercle vicieux, et n'arrivent pas à nommer ce qu'ils aimeraient atteindre. Ils pensent souvent qu'ils n'y parviendront pas et se présentent à nous en désespoir de cause. Leur attitude montre bien qu'ils connaissent un réel enlisement de leur énergie vitale et qu'il est urgent pour eux de rétablir le contact avec leur potentiel, leur force de guérison et leur monde intérieur. Nous les guidons alors doucement, en respectant leurs croyances et les défenses qu'ils ont érigées, afin de les faire aller à la rencontre de leur énergie profonde ; cela, bien que nous ayons conscience du fait que leur force psychologique est faible.

Pour guérir, nous avons tous besoin de contempler en face la réalité de ce qui est, ce qui ne signifie pas faire de l'introspection pendant toute la journée. Nous avons aussi besoin de devenir réceptifs, c'est ce que j'appelle l'*étape de réceptivité initiale*, pour écouter et comprendre ce qui a produit l'état présent. Nous devons aussi pouvoir nous mettre en contact avec notre énergie de guérison, c'est-à-dire être capables de nous projeter dans l'avenir avec un objectif sain. Nous devons également tendre vers la vie, c'est ce que j'appelle l'*étape définitive de programmation*. Nous avons enfin grandement besoin de rétablir le lien entre notre monde intérieur et le monde extérieur, de rattacher notre personnalité à notre âme en vue d'un meilleur épanouissement de la force créatrice de notre être. L'imagination active et l'écoute des signes de nuit (rêves) et des signes de jour (événements synchronistiques) assureront tout au long du processus que le lien est établi entre le conscient et l'inconscient.

Entre l'état présent et l'état désiré s'opère tout un parcours intérieur, une rencontre avec nous-mêmes, une descente dans les profondeurs de notre être suivie d'une remontée, une réorientation qui sera fonction de nos forces de guérison. La personne qui se trouve devant nous devient alors un voyageur tandis que nous devenons son guide. Le voyageur connaît son point de départ, soit son état présent, et sa destination, soit son état désiré. La méthode des *Images de transformation* lui fournit le véhicule dans lequel il va prendre place pour faire son *voyage intérieur*. En tant que guides, nous savons ce qu'est un voyage intérieur ; par contre, nous ne connaissons pas le monde intérieur du voyageur que nous accompagnons. C'est pourquoi nous sommes toujours vigilants, à l'écoute et émerveillés devant les contenus que son inconscient nous révèle. Nous sommes prêts à les découvrir avec lui. Pour le voyageur comme pour le guide, ils sont l'inconnu. Cela dit, comme nous avons effectué beaucoup de voyages et guidé nombre de voyageurs, nous savons reconnaître les écueils, les fausses pistes, les défenses, tout comme les grands mouvements d'espoir, les signes avant-coureurs des découvertes et des transformations qui font partie de tout voyage intérieur.

Le voyage intérieur comprend plusieurs étapes et des haltes : les unes permettent de se ressourcer, ce sont les *paliers du voyage* ; d'autres, d'aller à la rencontre de l'inconnu et de la connaissance de soi, c'est le *stade de réceptivité* ; d'autres encore, de se préparer à l'approche de la destination finale, c'est le *stade de programmation* ; les dernières enfin, de s'arrêter en tout temps sur les terres inconnues de l'exploration intérieure, c'est l'*imagination active*.

Ce voyage suit une évolution linéaire du présent vers le futur, tout en comportant des moments de réceptivité et de réorientation vécus dans un genre de temps suspendu. Le voyageur part de son état présent en disposant d'une sorte de carte géographique de son problème, et entame son voyage. Les paliers du voyage lui permettent de descendre vers les dimensions plus profondes de lui-même. Par la suite, lorsqu'il est prêt, il se met à l'écoute de son problème, soit de sa conscience et de son inconscient ; c'est le stade de réceptivité au cours duquel il tente de déchiffrer les obstacles qui entravent son cheminement vers sa destination finale. Il se libère ainsi de ses images intérieures d'enfermement et découvre naturellement d'autres routes et oasis qui facilitent son voyage : lui apparaissent alors des images spontanées de guérison. Riche de ces informations venues des profondeurs de son être, il est prêt à se rendre à sa destination finale ; il lui faut pour cela passer par le stade de programmation. Cela fait, il poursuit son voyage en demeurant à l'écoute de son monde intérieur, c'est-à-dire de son inconscient, de ses rêves et des signes de jour. S'il y a lieu, le guide aide le voyageur à ajuster sa programmation afin d'unifier état présent et état désiré. C'est alors qu'entre en jeu l'imagination active ; celle-ci aide le voyageur à dialoguer avec son inconscient et lui apprend à déchiffrer le langage de ce dernier qui lui apparaît encore comme une langue étrangère. Voyons en quoi consiste chacune de ces étapes.

CHAPITRE 7

Les paliers du voyage

À présent, nous commençons le voyage. Nous entrons dans le processus. J'invite le lecteur à suivre les étapes une à une et, s'il y a lieu, à choisir un thème de travail en vue du dialogue qu'il aura avec son inconscient. Ce thème peut être de nature physique (tensions chroniques, symptômes récurrents, maladie) ou psychique (état intérieur difficile, pensées limitatives, compulsions). Je suggère que le thème soit léger pour que le processus d'écoute soit facilité et ne soulève pas trop de résistances. Le lecteur peut aussi choisir de ne vivre que les trois premiers paliers du voyage : relaxation, endroit de rêve et lieu sacré. Entrer dans ce processus permet en soi de commencer à dialoguer avec son préconscient et d'apprivoiser l'écoute de son inconscient.

La relaxation

Installe-toi confortablement et cherche à l'intérieur de toi un espace de paix et de sérénité
Laisse ton crâne se détendre
Laisse ton visage se détendre
Relâche tes joues et ta mâchoire inférieure
Détends ta langue et ta gorge
Laisse tes épaules se détendre
Laisse tes bras, tes mains se détendre en profondeur

Relâche ta cage thoracique
Détends ton diaphragme
Laisse les muscles de ton dos se détendre dans leur longueur et leur
  largeur
Laisse ton abdomen et ton ventre se détendre en profondeur
Relâche ton bassin
Détends tes muscles fessiers
Laisse tes jambes, tes cuisses et tes pieds se détendre en profondeur
Laisse ton corps en entier se détendre encore un peu plus
Ton corps est maintenant détendu…

La relaxation est, certes, la première étape pour entrer en relation avec son être profond. L'état de relaxation n'est pas qu'un état psychique, il est avant tout *physique et physiologique* ; c'est lui qui permet au moi conscient d'entrer en relation avec les dimensions profondes de l'être. Le repos, la détente font partie de nos besoins physiques fondamentaux. Se relaxer avant d'établir un dialogue avec soi-même est donc dans l'ordre des choses. Prendre le temps de se détendre pourrait faire partie de notre vie quotidienne tout comme se préparer à recevoir un invité.

Plus vous prenez l'habitude de vous détendre chaque jour à une heure précise, plus vous créez en vous-même ce qui est couramment appelé le *réflexe de relaxation*. Le corps et le cerveau sont ainsi faits. Nous fonctionnons par habitude. Il a été prouvé que si vous vous détendez vingt minutes, trois fois par jour, soit le matin, le midi et le soir, non seulement vous créez en vous le réflexe de le faire, mais vous habituez votre corps à vous proposer de vous détendre, quoi que vous fassiez.

En quoi consiste le réflexe de relaxation ? Il est une réponse conditionnée aux stimuli qui produisent habituellement la détente. Quels sont les meilleurs stimuli pour se détendre ? Votre corps les connaît : une musique donnée, le son de la mer, une voix qui vous inspire, un chant, un enregistrement d'invitation à la relaxation que vous privilégiez, une pratique respiratoire… Tentez l'expérience et vous le découvrirez.

La relaxation constitue la première étape des paliers du voyage que je propose à mes patients. Par ma voix, je les invite à détendre toutes les régions de leur corps en débutant par le crâne. Pourquoi par le crâne ? Pour une raison fort simple : lorsqu'on détend les mâchoires, le corps en entier suit. Je m'adapte toutefois au patient : s'il est habitué à débuter par les pieds, j'inverserai ma façon de faire. Je propose ma méthode de relaxation, mais je ne l'impose pas. Il se peut en effet que le patient ait déjà développé un réflexe de relaxation en utilisant une méthode différente. Le but visé est de favoriser la détente, non d'ajouter un stress.

Un thérapeute avisé sait quand le corps est détendu. Cette détente varie toutefois d'une personne à l'autre, d'une journée à l'autre et même d'une heure à l'autre. Il est important de ne pas s'attendre à toujours atteindre le même niveau de relaxation. Le but visé est d'ordre physiologique : permettre la création d'ondes cérébrales propres à calmer l'hémisphère gauche du cerveau (logique, rationnel), c'est-à-dire le système sympathique, et à favoriser l'accès à l'hémisphère droit du cerveau (créativité, ressources, solutions), soit le système parasympathique.

Le choix des mots est important. Selon mon expérience, les mots doivent être épurés et ne pas faire mention de trop de détails stimulant l'attention, parce que le but visé est précisément de faire se relâcher l'attention et la vigilance. La voix est naturelle, douce, profonde. Le rythme, plus rapide au début, se fait de plus en plus lent par la suite, ce qui permet d'atteindre des paliers de relaxation supérieurs et de passer du système sympathique au système parasympathique. Le rythme, la voix, les mots, les consignes répétitives permettent au voyageur de se laisser aller sans avoir à faire attention, de se laisser guider sans se perdre. Si ce sont toujours les deux ou trois mêmes consignes qui sont utilisées, le cerveau s'adapte à elles et relâche son attention. Un changement de consignes pour chaque région du corps stimulerait au contraire l'hémisphère gauche du cerveau, qui attendrait toujours la nouveauté de la consigne à venir. Une forme de monotonie et des répétitions sont donc bienvenues, car le but n'est pas d'exciter l'imaginaire, mais d'aider le corps et l'esprit à atteindre un état neutre pour favoriser un dialogue avec les profondeurs du préconscient et de l'inconscient.

J'ai observé que plus une personne est cuirassée, tendue et tente de contrôler sa réalité, plus il lui est difficile de se détendre, de se laisser aller, de relâcher sa vigilance. Si le lecteur se reconnaît dans cette définition, surtout qu'il ne s'inquiète pas ! La pratique de la relaxation permet en effet de s'entraîner. Tout un chacun peut apprendre à se relaxer, comme un sportif habitue son corps à se dépasser. Si vous éprouvez de la difficulté à vous détendre et que vous vous le reprochez pendant l'exercice, vous créez l'effet inverse de celui que vous recherchez : l'angoisse. Je suggère aux personnes qui ont peur de la relaxation d'utiliser de la musique pour ce faire et d'écouter un texte comme celui qui suit.

L'endroit de rêve

Ton corps est maintenant détendu
Rends-toi dans ton endroit de rêve
Cela peut être un lieu que tu connais déjà ou un endroit que tu crées
  à partir de rien
Si plusieurs endroits se présentent en même temps, choisis l'un d'eux
Entre maintenant dans ton endroit de rêve
Laisse-toi imprégner par la grâce et la beauté qui y règnent
Contemple les jeux d'ombre et de lumière de cet endroit
Ressens le bien-être qu'il t'apporte
Écoute les sons qui y résonnent
Hume les différents parfums qui se dégagent de ce lieu
Goûte les multiples saveurs de ton endroit de rêve
Permets-toi de recevoir de ton endroit de rêve et de t'y régénérer
Ressource-toi dans ce lieu...

L'exploration de l'endroit de rêve est le deuxième palier du voyage. Peu importe si le voyageur a réussi à se détendre ou non, il lui sera tout de même possible d'accéder à cette étape qui est le nectar de la détente.

L'endroit de rêve est ce lieu que vous connaissez parce que vous y êtes déjà allé ou parce que vous l'avez vu sur une photographie qui représente l'endroit idéal pour vous. Il se peut aussi que vous ayez à l'imaginer de toutes pièces. L'important est qu'il soit un endroit de rêve pour vous. Non pas pour votre voisin, votre mère ou votre tante, mais pour vous, uniquement pour vous. C'est un endroit qui appartient à votre imaginaire et où vous pouvez, sans demander la permission à quiconque ni avoir besoin d'être millionnaire, vous rendre par le biais de votre imagination, surtout quand vous manquez de temps pour prendre des vacances… Ce n'est pas un endroit visant à vous faire fuir votre quotidien ; au contraire, c'est un lieu devant vous permettre de vous ressourcer au sein de ce quotidien, de puiser en celui-ci l'énergie nécessaire pour vivre votre vie de tous les jours dans l'harmonie. L'endroit de rêve est en lui-même un lieu harmonieux. Il peut consister en une simple couleur tout comme en un espace fort élaboré. Vous choisissez ce lieu en fonction de votre goût du moment et du bien-être qu'il vous procure.

Certains de mes patients ont peur de l'étape du voyage que représente l'endroit de rêve parce qu'ils ont le sentiment qu'ils n'ont pas le droit d'accéder à un tel lieu — comme s'ils n'avaient pas le droit de connaître un moment de bien-être et de plaisir dans une journée de maladie et de souffrance… Lorsqu'ils se donnent enfin la permission de se reposer un peu, ils découvrent l'importance de cette étape dans le processus du voyage intérieur. La plus grande erreur par rapport à l'endroit de rêve est de croire que si vous n'êtes pas quelqu'un de visuel, vous ne pouvez y accéder. Or, il est tout à fait possible de découvrir son endroit de rêve en écoutant, en ressentant, en goûtant autant qu'en voyant. Tous les sens peuvent être utilisés pour définir, vivre et explorer l'endroit de rêve. Il est donc accessible à tous.

Voici ce que doit évoquer l'endroit de rêve : l'harmonie, la beauté et la grâce, l'énergie et le ressourcement. Cet endroit vous appartient, vous pouvez y accéder et le quitter quand vous le désirez. Il fait partie du parcours du voyageur qui, grâce à la détente, accède à un lieu où il peut faire halte avant de poursuivre sa route. Prendre le temps de trouver et de retrouver cet endroit, de le créer si nécessaire, et par la suite d'en savourer les qualités et de s'y reposer est essentiel. À partir de là, le voyageur sera conduit dans un autre lieu qui constitue la troisième étape du voyage : l'endroit sacré.

L'étape de l'endroit de rêve est un doux test pour la capacité d'imagination du voyageur de même que pour sa capacité de plaisir, de repos et de bien-être. Ce lieu est très personnel. Il peut varier de jour en jour et même d'heure en heure. Si le voyageur tente de retrouver le même lieu ou de contrôler son endroit de rêve, il s'empêche d'accéder à d'autres étapes importantes du voyage. Le voyageur est donc invité à se laisser aller dans son endroit de rêve et à se laisser surprendre par lui, car ce lieu est en évolution. Il est à la fois un baromètre des énergies physique et psychique de la personne, un passage essentiel au fil du dialogue avec l'inconscient, et un espace d'apprivoisement du monde intérieur par la personnalité consciente. Explorons ces dimensions.

Le baromètre des énergies physique et psychique

Au cours de mon travail thérapeutique avec des patients atteints de maladies potentiellement mortelles, j'ai pu observer que, dès que ceux-ci abandonnaient leurs habitudes de relaxation, leur résolution de veiller sur leur santé et leur projet d'une vie plus saine, leur endroit de rêve se transformait. Soit qu'il devenait plus terne et moins proche intérieurement, donc plus difficile à atteindre, soit qu'il ne leur apparaissait plus du tout. D'après mes observations, cette transformation de l'endroit de rêve annonce qu'une rechute psychologique ou physique est sur le point de se produire. Elle est une invitation à regarder avec le patient si des événements extérieurs ou intérieurs justifient un tel état de choses.

Un passage essentiel au fil du dialogue avec l'inconscient

Au cours du passage de la neutralité relative de la relaxation à la joie procurée par l'endroit de rêve, l'imagination, cette faculté que nous avons tous, se trouve stimulée. L'endroit de rêve n'est pas un lieu anodin, mais un lieu de bien-être et de beauté. Le patient abandonne la neutralité et la détente pour s'abandonner à la sensation de bien-être produite par ses hormones. Cet espace imaginaire constitue un lieu de prédilection pour écouter l'inconscient. L'endroit de rêve ne permet pas de dialoguer directement avec l'inconscient, mais, en tant qu'étape de ressourcement, il prépare ce dialogue. L'inconscient du patient se sert en effet souvent de l'endroit de rêve pour laisser surgir des éléments nouveaux qui pourront être utilisés par le voyageur au cours d'un futur dialogue. J'ai ainsi pu observer que si le dialogue est urgent, une image symbolique, un souvenir ou un flash se présente dans l'endroit de rêve.

Un espace d'apprivoisement du monde intérieur par la personnalité consciente

L'endroit de rêve permet au patient d'apprivoiser son moi induré et contracté, et le convie au bien-être. Nous avons tous rêvé un jour d'un lieu idyllique, et plusieurs d'entre nous s'y sont rendus. Nous avons tous vu un jour, à la télévision ou dans des magazines, des images évoquant pour nous la sérénité, l'exotisme, la paix. L'endroit de rêve est un lieu qui inspire cela, même si le voyageur éprouve des difficultés à se détendre. Lorsqu'ils appellent leur endroit de rêve, la plupart des voyageurs le font à partir d'un désir de leur personnalité consciente : désir de bonheur, de tranquillité. Même si le voyageur est très pessimiste et sujet à de grandes douleurs physiques et psychiques, il lui sera possible de faire l'expérience de l'endroit de rêve. Certains de mes patients ne ressentaient plus ni la douleur, ni la peur, ni l'angoisse quand ils se trouvaient dans leur endroit de rêve. Ils pouvaient enfin se reposer. Pour cette raison, l'endroit de rêve peut être perçu par le moi conscient, la personnalité, comme un baume face à la réalité difficile du quotidien. Cet espace de paix permet au conscient d'apprivoiser sans résistance ce qui est à venir au cours des prochaines étapes du voyage intérieur. Le dialogue avec une difficulté, une maladie ou le mal-être peut faire peur, mais aller à la rencontre du bien-être ne suscite habituellement pas de craintes ; au contraire, le voyageur s'ouvre et se prépare ainsi à être réceptif à ce qui se passe en lui de plus profond et qu'il va découvrir dans son endroit sacré.

L'endroit sacré

Évoluant dans ton endroit de rêve,
  tu te trouves dans un lieu où les énergies sont plus élevées

Ce lieu est ton lieu privilégié, ton endroit sacré
Trouve maintenant ce lieu
Entre maintenant dans ton lieu sacré et installe-toi confortablement
Entre en contact avec la force tellurique de la terre et laisse
 cette énergie se joindre à la force vitale qui est en toi
Entre maintenant en contact avec les énergies de l'univers,
 du cosmos et laisse ces énergies s'unir à ton énergie vitale
Tu es maintenant en présence de ta force vitale et en lien
 avec la terre et le ciel
Ressens cette union intérieure
Je vais me taire à présent et te laisser en présence
 de ton lieu sacré…

L'endroit sacré est un lieu intérieur qui fait habituellement partie de l'endroit de rêve. Pour le voyageur, le lieu sacré est l'endroit où les forces de la nature se déploient, un endroit privilégié au sein de l'endroit de rêve. Le voyageur peut aussi décider de choisir son lieu sacré à l'extérieur de son endroit de rêve. Un sanctuaire, un laboratoire de travail peuvent constituer ce lieu personnel où les énergies sont propices à une rencontre avec le préconscient et l'inconscient. Après avoir rencontré le bien-être dans son endroit de rêve et avoir découvert les ressources de celui-ci, le voyageur se prépare intérieurement à aller à la rencontre de son monde intérieur. Il se centre sur son lieu sacré. Il s'y installe confortablement, entre en contact avec sa force vitale qui l'unit à la terre et au cosmos. Il se met ainsi en présence de tout le potentiel dont il dispose pour se ressourcer ou, s'il le désire, poursuivre son voyage et commencer le dialogue avec son inconscient.

Une fois ressourcé, le voyageur est prêt à revenir dans son endroit de rêve, puis à retourner à son état de veille et à poursuivre sa journée. Ces trois étapes, qui peuvent être parcourues en une dizaine de minutes, apportent un réel bien-être. Le but généralement poursuivi est de trouver le bien-être dans sa vie quotidienne et d'améliorer sa capacité à prendre un peu de temps pour se relaxer et se ressourcer.

L'endroit sacré peut être vécu comme un réel sas vibratoire préparant la rencontre avec le thème de travail du voyageur. Dans ce cas, il constitue l'ultime étape avant la descente vers les profondeurs de l'inconscient. Mais le voyageur doit d'abord se demander quel est le but de son voyage. Je pense que, parvenu à cette étape, il ne devrait pas poursuivre avant d'avoir précisé ce but. Si le but de son voyage est de dialoguer avec son inconscient, une autre étape, préalable à la programmation, me paraît nécessaire ; elle se nomme l'*entonnoir*.

CHAPITRE 8

Le stade de réceptivité

Comme il a été mentionné précédemment, nous ne guidons pas le sujet vers son état désiré avant d'avoir questionné son inconscient. Nous tentons ainsi constamment de maintenir le dialogue entre le conscient et l'inconscient pour favoriser une meilleure écologie intérieure et une libération dans la douceur. Ce faisant, nous tentons d'éviter l'accumulation de résistances. La personne est donc invitée à vivre l'étape initiale de réceptivité avant le stade de programmation.

Les thèmes du voyage

Tout voyageur sait d'où il part, soit de son état présent, et où il aimerait aller, soit vers son état désiré. Nous l'invitons alors à nommer le thème de son voyage qui peut être de trois natures :

- *Physique* (concernant le soma), par exemple : « Je viens vous consulter parce que je souffre d'arthrose de l'épaule gauche » ou « Je viens vous consulter parce que l'on vient de me diagnostiquer une sclérose en plaques unilatérale », ou encore « Je viens vous consulter parce que je souffre de migraines chroniques ». Il est évident pour nous, en tant que guides, que le thème physique possède une résonance psychique qui apparaîtra peut-être lors de l'écoute de l'inconscient. Il est toutefois important d'avoir à l'esprit que la dimension psychique de la maladie n'existe pas forcément pour le voyageur, et de respecter cela. Nous traitons alors du thème sur le plan physique, faisant confiance à l'inconscient du voyageur pour qu'il lui révèle ce qui sera nécessaire à sa guérison. Nous ne forçons jamais quelqu'un à faire face à l'aspect psychique ou psychosomatique de sa maladie. Certains voyageurs ont conscience que leur problème physique est relié à des tensions émotionnelles, d'autres l'ignorent, d'autres encore refusent de le savoir.

Dans le cas d'un thème physique, nous tentons, lors du stade de réceptivité, de découvrir des images précises du malaise corporel. Nous demandons alors au voyageur d'essayer d'obtenir la collaboration de son médecin en vue de réunir des informations concrètes sur ses symptômes et sa douleur. Si le médecin ne collabore pas, nous invitons le voyageur à chercher lui-même dans des dictionnaires médicaux ou auprès d'autres sources sûres des informations, des images visuelles susceptibles de le guider dans l'exploration de ses symptômes physiques. Notre expérience de guides nous a amenés à constater que plus le voyageur sait très concrètement ce qui se passe dans son corps, mieux il peut intervenir dans ses images de guérison.

- *Psychique* (concernant la psyché), par exemple : « Je viens vous consulter parce que je me sens toujours déprimé » ou « Je viens vous consulter parce que, depuis la mort de mon père, je suis toujours épuisé, je n'ai plus le goût de rien », ou encore « Je viens vous consulter parce que je n'en peux plus de vivre dans la peur, la peur de tout et de rien ». Un thème psychique qui n'est pas traité peut à la longue produire des réactions somatiques. Mais nous respectons le voyageur qui désire s'arrêter uniquement à l'aspect psychique de son mal et refuse de voir que son corps est également touché. Encore une fois, nous faisons confiance à son inconscient pour le sensibiliser, ou non, aux aspects psychiques qui ont été somatisés. Il arrive quelquefois que les tensions physiques associées au problème psychique disparaissent au fur et à mesure du voyage intérieur, surtout si elles ne sont pas inscrites dans le corps depuis longtemps.

- *Psychosomatique* (concernant la psyché et le soma), par exemple : « Je viens vous consulter parce que je souffre d'un cancer de l'utérus. Or, j'ai découvert avec mon psychothérapeute que ce cancer est relié à ma féminité et à la relation que j'ai eue avec mon père. J'ai le sentiment que ce dernier a castré ma féminité. Je veux me libérer de mon cancer et de cette image de mon père. » Dans le cas présent, la voyageuse nomme d'emblée un état psychosomatique actuel. En tant que guides, nous lui suggérons alors de débuter par l'exploration du thème physique, soit le cancer de l'utérus, notre but étant de solliciter le plus possible ses systèmes corporels pour mettre en œuvre son potentiel de guérison. Une fois que le voyageur a franchi l'étape de la programmation et a développé une autodiscipline quotidienne lui permettant de maintenir en éveil ses systèmes physiques en vue d'acquérir plus de vitalité et de guérir, nous explorons avec lui les aspects psychiques douloureux. En tant que guides, nous avons constaté que pour libérer le psychisme un minimum d'énergie vitale est nécessaire. C'est pourquoi, dans le cas d'un problème psychosomatique, nous orientons d'abord le voyageur vers son corps.

L'entonnoir

Pour suivre les paliers du voyage, soit la relaxation, l'endroit de rêve et l'endroit sacré, le voyageur s'est préparé intérieurement à quitter la sphère de sa personnalité consciente et à entrer en contact avec son préconscient. Il a amorcé une descente dans son énergie profonde et se tient prêt à dialoguer avec son monde intérieur. Ce dialogue est favorisé non seulement par les paliers du voyage, mais aussi par un temps préalable de questions de la part du thérapeute, visant à mettre le plus possible en lumière le but du voyage ou, tout simplement, de l'exploration.

Le voyageur ne part donc pas à l'aveuglette, il a nommé consciemment ce pourquoi il choisit de faire cette exploration, il s'est mis en présence de son thème de travail. Le questionnement de la part du thérapeute constitue un art réel qui suppose de l'habileté à manier un outil que j'ai appelé l'*entonnoir*. Cet outil, qui débute par une série de questions, vise à aider le voyageur à se mettre en relation avec son thème de travail physique ou psychique, cela de concert avec sa volonté, son désir et le contenu inconscient qui s'offre déjà à lui. L'entonnoir évite l'errance dans l'inconscient. Si, par exemple, un sujet vient me consulter en me disant : « Je viens vous voir parce que j'ai peur », je me dis que cela est fort vague. C'est que le sujet utilise un langage qui relève de la pointe supérieure de son iceberg, soit le langage de sa personnalité consciente. Je sais que, si je commence l'exploration avec le thème général de la peur, mon sujet aura tendance à errer. Par contre, je sais que, si je l'aide à préciser sa peur, tel ne sera pas le cas. Le dialogue peut, par exemple, s'amorcer ainsi : « De quoi avez-vous peur ?

    – Je ne sais pas, mais je crois que j'ai peur des gens.
    – De quels gens précisément ?
    – Des gens qui sont autoritaires. »

Nous avons ici plus de précisions sur le « J'ai peur » du début, nous savons que le sujet a peur des gens autoritaires, il a commencé à descendre dans l'*entonnoir*. Encore là, nous pourrions aller plus loin et demander au sujet ce qu'il entend par « gens autoritaires », et ainsi de suite. L'outil de l'entonnoir permet de mettre le sujet en présence de l'émotion qui sous-tend son thème de travail, il est une forme de descente vers l'exploration plus profonde qui l'attend. Les mots utilisés par le sujet sont ici fort importants et seront repris tels quels par le thérapeute, dans l'endroit sacré, lorsqu'il sera temps de questionner l'inconscient.

L'étape initiale du stade de réceptivité

Utilisons à nouveau le symbole de l'iceberg pour illustrer les paliers du voyage. Les premiers pas, au cours du stade de réceptivité, se déroulent ainsi : le voyageur est dans son endroit sacré en présence de son thème de travail. L'intervenant nomme le thème à explorer en prenant soin d'utiliser les mots du voyageur. Il invite le voyageur à demander intérieurement à son inconscient de laisser venir à lui toutes les informations, quelle que soit leur forme – visuelle, auditive, kinesthésique, olfactive ou gustative –, qui sont en relation avec son thème de travail. Il invite également le voyageur à se maintenir en état de réceptivité de façon à accueillir tout ce qui se présente à lui sans le juger. L'intervenant informe qu'il va se taire pendant quelques minutes pour permettre au voyageur de rester en présence de ce qui lui vient spontanément. La durée de ce silence est approximativement de trois minutes. En effet, si le temps de réceptivité est trop long, le voyageur risque de se perdre. Il a toutefois été convenu au préalable avec lui que, s'il a besoin de plus de temps, il peut faire signe à son intervenant, la durée maximale étant de cinq minutes. L'intervenant observe son sujet, notamment ses réactions corporelles, et s'il voit qu'il éprouve de la difficulté, il lui demande de se maintenir à distance du matériel qui surgit. Lorsque le moment de réceptivité est terminé, le sujet est invité à remercier son inconscient et à se préparer à contacter de nouveau son endroit sacré tout en gardant à l'esprit des informations qui lui ont été transmises.

Le retour à l'endroit sacré

L'intervenant invite le voyageur à clore ce premier temps de réceptivité et à revenir dans son endroit sacré. Le voyageur reprend ainsi contact avec l'énergie, à présent élevée, de son lieu privilégié. Il remercie son inconscient et il se remercie lui-même. Il revient ensuite dans son endroit de rêve puis se prépare à quitter l'espace de l'exploration pour retourner à l'état de veille. La voix de l'intervenant l'invite à reprendre conscience de son corps, de la pièce où il est et des informations qu'il a reçues.

Le début du dialogue avec l'inconscient

L'intervenant demande au voyageur de dessiner ce qui lui est apparu ou d'écrire les informations qu'il a reçues lors de ce premier contact avec son inconscient, sur papier. Le voyageur est ensuite invité à noter ses impressions à côté de son dessin ou dans son cahier et, s'il y a lieu, les émotions ou les pensées qui l'habitent, voire les conclusions qu'il tire de ce premier dialogue avec son inconscient. Le dessin et l'écriture serviront de base pour préparer la deuxième étape du stade de réceptivité.

L'échange

Le voyageur est invité à échanger avec l'intervenant à propos de son dessin ou de ce qu'il a écrit. Ce temps d'échange est fort important. Il ne comprend aucune tentative d'interprétation de la part de l'intervenant. L'intervenant est là pour écouter, recevoir la matière brute issue du premier dialogue que le voyageur a eu avec son inconscient sur le thème choisi. Si nécessaire, il peut encourager et rassurer le voyageur qui aurait des craintes ou porterait des jugements. Il l'invite également à noter les rêves, ou tout autre signe de jour en lien avec son thème d'exploration, qui surgiraient au cours de la semaine suivante.

Les étapes ultérieures du stade de réceptivité

La deuxième étape du stade de réceptivité a généralement lieu à une semaine d'intervalle de la première, à moins qu'une urgence telle qu'un diagnostic médical sérieux ou une opération subite ne précipite le cours des choses. Le voyageur traverse les mêmes paliers : il passe par un temps de relaxation puis gagne son endroit de rêve et son endroit sacré, à l'issue de quoi il nomme le thème de ce deuxième moment de réceptivité. Les mêmes étapes que précédemment lui sont proposées : ouverture aux contenus inconscients, échange avec le guide et intégration, une semaine durant, avant le troisième temps du stade de réceptivité qui précède la reconstruction.

Il est toujours étonnant, pour un intervenant en *Images de transformation*, de voir l'évolution du thème de travail d'une étape de réceptivité à l'autre. Les informations livrées par l'inconscient suivent en effet toujours le même parcours : elles permettent d'abord au patient de se libérer de ses images d'enfermement (premier moment), puis d'évoluer vers la libération des images de transformation (deuxième moment) avant d'accueillir la montée des images de guérison (troisième moment).

À la fin du stade de réceptivité, le voyageur est en possession d'informations précises qui l'aideront à mettre en œuvre son énergie de guérison lors de l'étape décisive de la programmation.

Pour rendre cela plus concret, je vous fais part des images intérieures que j'ai vues lors du stade de réceptivité. Ma situation était la suivante :

- *État présent,* thème physique : l'arthrite rhumatoïde vient d'attaquer l'articulation de ma hanche, je suis seule face à ma maladie. Les médecins ne peuvent plus rien pour moi sauf me poser une hanche artificielle. Je demande de l'aide, je cherche une solution en moi.
- *État désiré :* je me guéris de cette arthrite, je retrouve l'usage de mes jambes et ma liberté.
- *Premier moment de réceptivité :* je vois mon corps, je ressemble à une vieille femme, j'ai quarante ans mais j'ai l'impression d'en avoir soixante-dix. Je suis raide, vieille, dure et fermée. Mon regard est terne, mon corps souffre, je me sens desséchée par le traitement et la maladie. Si je ne fais pas quelque chose, je mourrai ainsi. Il s'agit d'images d'enfermement.
- *Deuxième moment de réceptivité :* mon corps se transforme, je vois sortir de moi, par mon côté droit, le corps de la vieille femme, en même temps que je vois entrer, par mon côté gauche, un corps nouveau, transformé ; je me sens souple, mieux, j'ai l'impression de me retrouver et de retrouver un corps qui est mien. Ce sont des images de transformation.
- *Troisième moment de réceptivité :* mon corps est souple, beau, tendre, il s'épanouit, mes genoux s'assouplissent ; je me sens belle, vivante et vibrante ; je suis assise sur une plage magnifique. Les images de guérison apparaissent.

Ces images, qui viennent naturellement, permettent de suivre l'évolution du voyageur depuis son enfermement jusqu'à sa guérison.

Du stade de réceptivité au stade de programmation

Il existe une étape ultime de réceptivité. Cette étape n'est nécessaire que dans le cas où le voyageur n'a pas reçu suffisamment d'indications sur sa guérison. Nous questionnons alors l'inconscient une dernière fois. Au cours de cette dernière étape, le voyageur demande à son inconscient de lui indiquer des pistes propres à nourrir sa programmation. Comme précédemment, il reçoit sans les juger les réponses qui s'offrent à lui et, graduellement, revient de son voyage intérieur.

CHAPITRE 9

Le stade de programmation

L'orientation par rapport à l'état désiré

Une fois qu'il a découvert les pistes susceptibles de l'aider à guérir, à la faveur de l'écoute de son inconscient, le voyageur est prêt à passer au stade de programmation. En présence de son guide, il examine les informations qu'il a reçues de son inconscient au fil des étapes du stade de réceptivité ainsi qu'à travers ses dessins et écrits. Déjà, les images intérieures d'enfermement, exprimant la difficulté d'être, ont évolué vers des images de transformation et de guérison. Il est alors temps d'examiner l'état désiré qui a été nommé par le moi conscient en début de voyage, et ce que l'inconscient suggère comme solution en vue d'un meilleur équilibre. La matière reçue lors de l'écoute de l'inconscient correspond-elle à la description de l'état désiré faite lors de la première rencontre ? Il se peut… mais il est aussi possible que l'inconscient, en apportant de nouvelles informations, ait modifié l'état désiré. En tant que guides, nous suggérons vivement au voyageur d'écouter la destination que lui propose son inconscient, car celle-ci vient de l'énergie de son être profond, de son monde intérieur, non de sa personnalité consciente souvent aux prises avec des fausses personnalités, ou une volonté qui n'est pas en harmonie avec son âme.

Prenons l'exemple d'une patiente qui était très malheureuse en amour parce qu'elle était constamment rejetée par ses compagnons.

Cette femme avait dépensé des fortunes dans des agences de rencontre et avait essayé toutes sortes de visualisations sur l'amour et le mariage, pour constater qu'elle s'enfonçait dans un échec constant. Quoi qu'elle fît, le rejet était présent au rendez-vous et se manifestait dans son corps par des vaginites à répétition. Cette femme est donc venue me consulter en exprimant un désir ardent de se marier (état désiré). C'était son rêve, malgré tous ses échecs et sa symptomatologie. Ne connaissant pas son histoire, je l'ai questionnée sur ce qu'elle vivait dans sa vie amoureuse et sur la raison pour laquelle elle aspirait tant au mariage. C'est ainsi qu'elle se décida à me confier son expérience récurrente du rejet (état présent). Au fur et à mesure de notre rencontre, je pris conscience qu'il y avait des années que cette femme s'était fixée dans sa volonté et son désir de se marier à tout prix. De plus, elle avait tendance à accuser tous les hommes de la planète, se plaçant elle-même dans un rôle de victime attendant le prince charmant qui la délivrerait. Elle avait aussi instauré une distance très grande vis-à-vis de son expérience, de sorte que, quand elle me parlait, j'avais l'impression que c'était quelqu'un d'autre qu'elle qui était rejeté. En ce sens, elle déniait[42] son état présent. Il va sans dire que ma patiente avait peur de faire face à ce qu'elle vivait avec les hommes. Elle avait peur de ce que cela cachait. Jamais elle n'avait osé s'interroger intérieurement sur la raison de ces rejets successifs.

Avec son accord, nous avons commencé le voyage intérieur qui vient d'être décrit et avons questionné son inconscient. Il me paraissait en effet urgent de permettre à cette femme d'exprimer la tension qui l'habitait afin qu'elle commence à s'en libérer. Dès le premier moment de réceptivité, il y eut une diminution des symptômes physiques. Et cela s'est poursuivi tout au long du voyage intérieur. Lorsque ma patiente s'est présentée à l'étape ultime du stade de programmation, elle n'avait plus de vaginite. En écoutant son inconscient, elle avait compris que les rejets qu'elle suscitait malgré elle cachaient chez elle une peur folle, mais jusque-là inconsciente, de s'engager. Certes, une raison profonde expliquait sa peur de l'engagement. Son inconscient nous invitait à nous y arrêter. Pour ce faire, une période d'intégration était nécessaire. Nous nous sommes donc dirigées vers le stade de programmation avec une tout autre vision de l'état désiré. Ma patiente était loin d'être prête au mariage. Quel ne fut pas son soulagement quand elle constata qu'il n'y avait pas d'urgence à se marier ! Elle réalisa qu'elle pouvait commencer par vivre une relation intime, de façon à apprivoiser sa peur, sans pour autant faire du mariage une obligation, que ce soit pour son compagnon ou pour elle-même.

Comme vous pouvez le constater, ni le voyageur ni le guide ne sait à l'avance ce qui va faire partie du voyage. Le voyage, c'est l'inconnu. Cet inconnu n'est toutefois pas inconnu du monde intérieur du voyageur, il l'est de sa personnalité de surface, non de son être profond. C'est pourquoi le corps (siège de l'inconscient) de ma patiente a immédiatement éprouvé un allégement de ses symptômes, exprimant par là qu'il avait retrouvé une forme d'équilibre, et qu'une nouvelle harmonie s'était établie entre inconscient et conscient. En fait, chaque fois que ma patiente avait visualisé une imagerie toute faite sur le mariage, elle avait renforcé sa peur de l'engagement et inconsciemment suscité le rejet de ses partenaires pour ne pas faire face à cette peur.

La programmation

Le but de la programmation est non seulement de mobiliser l'énergie de guérison, mais aussi de stimuler les énergies physique et psychique de l'individu. La programmation est habituellement élaborée à partir des pistes de guérison apparues lors du stade de réceptivité et en tenant compte des autres informations reçues de l'inconscient. Je dis habituellement, car il y a toujours des exceptions à la règle. Comme cet ouvrage n'est pas un manuel de formation, je ne m'attarderai pas aux exceptions. Lorsque la programmation se fait en relation avec l'inconscient et le préconscient du sujet, il n'y a pas de danger d'être dans l'illusion ou dans l'attente de cures miraculeuses puisque l'orientation vers la guérison s'appuie sur l'écoute de la douleur et de l'enfermement qui étaient à l'origine des difficultés. Prenons un exemple, imaginons que je souffre d'un cancer et que mon intention soit de guérir : si je refuse de reconnaître que mon état présent est le cancer, comment pourrai-je guérir ? Faire l'autruche ne sert ni le conscient, ni

l'inconscient, ni l'équilibre de l'être. Comme je le disais antérieurement, pour guérir, nous avons besoin d'aller, sans nous
perdre, à la rencontre de la difficulté. Nous avons également
besoin de mobiliser l'énergie de guérison dans toutes nos cellules
sans pour autant nous bercer d'illusions. Si l'élaboration de la
programmation tient compte de ce que l'inconscient a transmis
au sujet, notamment des pistes de guérison qu'il lui a indiquées,
il n'y a aucun danger d'errance. L'énergie de guérison va entrer
en scène et intervenir à tout moment du quotidien.

Je vais à présent vous faire part de la programmation que j'ai
élaborée au fur et à mesure de la guérison de mon arthrite rhumatoïde, et qui m'a aidée, tel un soutien quotidien, à mobiliser
mon potentiel de guérison. C'est à partir des images de guérison
qui me sont apparues au cours de la dernière étape du stade de
réceptivité que j'ai construit ce qui suit.

Mon scénario programmé :

*Je suis au bord de la mer. La plage m'est familière. Mes yeux enre-
gistrent la couleur du ciel, de la mer, du sable. C'est un lieu de rêve. Je
suis en maillot de bain. Je vois mon corps entier bruni par le soleil. Je
marche, mes pieds sont souples, ils s'enfoncent dans le sable chaud, les
vagues viennent se briser dessus. Je vois mes belles jambes élancées,
dynamiques, souples et énergiques. Mes cicatrices au genou, deux sillons
dans ma chair, je les trouve belles. Je vois mon bassin et mon dos, mon
ventre, ma poitrine, mes épaules, mes fesses. Je vois mes bras et mon cou
harmonieusement rattachés à mon tronc, mon visage souriant et calme.
Mes yeux sont pleins de vie, pétillants de joie. Je marche, je cours, je batifole, en harmonie avec l'univers. Je suis remplie d'énergie, amoureuse de
la vie. L'eau dont je m'asperge me purifie, ma peau brille et mon énergie
intérieure me fait resplendir. Je me laisse inonder par ces images. Je suis
heureuse d'être guérie. Je suis belle.*

Comme vous pouvez le constater, ce scénario est très simple.
Sa syntaxe n'est pas élaborée et il présente des répétitions. Mais
la perfection dans l'écriture n'est pas nécessaire. Le scénario doit
avant tout être un canevas clair et très personnel, une somme de
mots mis ensemble pour imaginer la guérison.

Il se peut que, du point de vue du lecteur que vous êtes, vous
ne compreniez pas pourquoi j'ai choisi ces mots, ces phrases, ce

déroulement. À cela, je répondrai que malgré leur simplicité chaque mot, chaque image visuelle ou kinesthésique et forme syntaxique avaient un sens. Un sens qui m'était personnel, car il s'agissait de ma guérison et uniquement de la mienne. Ce qui n'est pas décrit, ce sont les images auditives, olfactives et gustatives. Elles étaient toutefois présentes : je sentais la mer, je l'entendais ; je goûtais la beauté du paysage. Tous mes sens étaient interpellés.

À l'étape de programmation, le guide doit être très vigilant pour respecter les mots choisis par le voyageur, les phrases et le contenu entier du scénario. Souvenez-vous de mes dernières images de guérison : je suis sur une plage. C'est pourquoi j'ai décidé de commencer ma programmation à partir de cette plage magnifique et de construire mon scénario autour d'elle. Encore aujourd'hui, la plage, la mer et le soleil sont pour moi l'occasion de me reposer et de me reconstruire intérieurement.

Le contenu de la programmation

Le choix des mots, des phrases et des modalités d'images

La construction d'un scénario nécessite la collaboration du voyageur et du guide. Les mots sont choisis par le voyageur. Le guide n'impose ni ses images ni ses mots. Sa présence est toutefois nécessaire pour aider le voyageur à se maintenir en état de réceptivité. Les pistes et les images mises en mots ne doivent pas être trop fortes afin de ne pas susciter de la peur ou des résistances. Elles doivent plutôt être « justes ». Tel est le cas si elles procurent au voyageur un bien-être immédiat, même si ce dernier a conscience qu'il n'est pas encore parvenu au but. Le voyageur est censé vivre son programme au présent, en mode associé. Le scénario peut toutefois débuter en mode dissocié et évoluer par la suite vers le mode associé, notamment lors des images de guérison. Celles-ci doivent en effet être vécues directement et au présent, même si elles sont la projection d'un état désiré, un canevas pour le futur. Le scénario comprend donc un début, un développement et une fin, tel un scénario cinématographique réel. Les phrases sont courtes, concises, concrètes. Elles sont représentatives de la réalité du voyageur. Reprenons l'exemple précédent pour mieux comprendre ce déroulement.

Je suis au bord de la mer. La plage m'est familière. Mes yeux enregistrent la couleur du ciel, de la mer, du sable. C'est un lieu de rêve. C'est le début de mon scénario, je l'ai construit en mode associé. J'aurais pu débuter en mode dissocié, en écrivant, par exemple : « Je me vois au bord de la mer… » Pour ma part, j'ai préféré le mode associé, car il est plus direct et j'étais prête à suivre ce que je programmais.

Je suis en maillot de bain. Je vois mon corps entier bruni par le soleil. Je marche, mes pieds sont souples, ils s'enfoncent dans le sable chaud, les vagues viennent se briser dessus. Je vois mes belles jambes élancées, dynamiques, souples et énergiques. Mes cicatrices au genou, deux sillons dans ma chair, je les trouve belles. Je vois mon bassin et mon dos, mon ventre, ma poitrine, mes épaules, mes fesses (pause pour visualiser ce qui est décrit). *Je vois mes bras et mon cou harmonieusement rattachés à mon tronc, mon visage souriant et calme. Mes yeux sont pleins de vie, pétillants de joie. Je marche, je cours, je batifole, en harmonie avec l'univers. Je suis remplie d'énergie, amoureuse de la vie.* Nous nous trouvons ici au cœur du scénario. Comme je l'indique, je fais une pause pour me permettre de vivre intérieurement les images que je vois. Cette pause est importante, car nous sommes au cœur de ce que j'ai programmé. L'action de guérison est décrite par les adjectifs tels que « souples », « dynamiques », « énergiques », ainsi que par les verbes marcher, courir, batifoler, remplir d'énergie et aimer la vie.

L'eau dont je m'asperge me purifie, ma peau brille et mon énergie intérieure me fait resplendir. Je me laisse inonder par ces images. Je suis heureuse d'être guérie. Je suis belle. Telle est la fin du scénario. La fin est très importante. Les phrases traduisent un processus d'élimination des toxines physiques et psychiques, un processus de purification. Le résultat est le bien-être et la poursuite de la guérison. Attention cependant : si j'affirme ma guérison dans le scénario, *c'est parce que je la ressens*, cela même si je ne suis pas encore totalement guérie ; mais ce faisant, je continue de m'orienter vers elle, je l'aide à s'installer dans toutes les cellules de mon corps.

Les sous-modalités

Il a été prouvé qu'une visualisation a une puissance de guérison décuplée si la personne utilise tous ses sens, comme je l'évoquais précédemment, et même si elle est plus visuelle que kinesthésique, par exemple. Le guide doit donc s'assurer de la participation de tous les sens à l'étape de programmation. Les sens se développent avec la pratique. Le voyageur ne voit pas uniquement sa guérison, il l'entend, la ressent, la hume et la goûte.

Le rythme

Le rythme du déroulement de ce qui a été programmé est important puisque c'est lui qui permettra au voyageur de faire des haltes entre les phrases pour vivre ses images de guérison comme si elles se réalisaient au moment présent. Le guide laisse ainsi le temps au voyageur d'éprouver dans sa chair, et à travers tous ses sens, le scénario de guérison.

La voix

La voix du guide est douce, profonde et authentique. Le guide vit avec le voyageur le scénario que ce dernier a programmé. Il se met ainsi dans la peau de ce dernier. Sa voix transmet sa sensibilité au voyageur et est gage de sa présence lors de la mobilisation de l'énergie de guérison.

L'intensité

Les émotions positives sont nécessaires et accompagnent le vécu de ce qui a été programmé. L'intensité est présente, elle est palpable. Elle ne doit être ni trop forte ni absente, mais « juste ».

Le déroulement du scénario

Une fois que le texte est prêt, le guide fait une première lecture du scénario au voyageur qui l'écoute tout simplement. Ce dernier peut y apporter des corrections s'il le juge nécessaire : choix d'un mot plus explicite, rythme de lecture mieux adapté. Il est encore temps. Cette première lecture faite, le voyageur s'installe confortablement pour vivre ce qu'il a programmé. S'il se sent fatigué du fait de la maladie, le guide peut lui demander de s'asseoir pour qu'il ne s'endorme pas. Sinon, le voyageur peut s'étendre. Il débute par les paliers du voyage : relaxation, endroit de rêve, endroit sacré. Une fois qu'il a atteint l'état altéré de conscience, le guide entame la lecture du scénario. Le voyageur quitte alors son endroit sacré, entre dans son scénario et le vit. Lorsque le guide a terminé, il laisse le voyageur se détendre quelques secondes avant de le ramener dans son lieu sacré, puis dans son endroit de rêve. Finalement, le voyageur revient dans la pièce d'où il est parti.

La durée

La durée d'un scénario programmé, toutes les étapes comprises, est d'environ vingt minutes. Le texte ne doit pas dépasser sept minutes, ce qui donne treize minutes pour traverser les différents paliers du voyage. Pourquoi vingt minutes ? Pour permettre au voyageur de faire cette exploration trois fois par jour, le matin, le midi et le soir. Cette fréquence produit en effet d'importants résultats sur le plan tant physique que psychique. Un temps supérieur est consacré aux paliers du voyage pour permettre au voyageur d'atteindre l'état altéré de conscience qui lui permettra de s'imprégner profondément de ce qu'il a programmé.

Les résistances éventuelles

Le scénario programmé n'est pas une fin en soi, il est le début d'un long processus. Une fois qu'il a été lu au voyageur, le guide le lui fait vivre en en suivant les différentes étapes tout en l'enregistrant. De cette façon, le voyageur peut repartir avec l'enregistrement de son scénario ; il pourra ainsi le réécouter : une fréquence de une à trois fois par jour est conseillée. Un rendez-vous est fixé pour la semaine qui suit. Le guide s'assure que le voyageur recourt à son scénario et s'enquiert auprès de lui des interférences qui peuvent surgir de son inconscient. Si tout va bien, le voyageur poursuit son chemin en venant rencontrer son guide chaque semaine. Si des résistances apparaissent, le guide se préoccupe de leur force, de leur forme et de leur contenu ainsi que du moment où elles surgissent.

Leur force

Il est important d'identifier la force des résistances. Si elles sont faibles, elles passeront et le voyageur pourra poursuivre son exploration. Si elles sont moyennes ou fortes, il faut s'en occuper. Cela signifie en effet que le scénario programmé est trop exigeant pour l'équilibre de l'être. Les résistances sont un signe que le scénario projeté doit être réajusté en fonction de l'être profond du voyageur. Un dialogue avec les résistances suscitées par l'inconscient est alors nécessaire ainsi qu'un réajustement du scénario.

Leur forme

Les résistances peuvent prendre maintes formes. Elles peuvent consister en des symboles tels que l'apparition d'un monstre, le visage réprobateur d'une mère ou d'un père au cours de la visualisation du scénario ou pendant les paliers du voyage. Il peut aussi s'agir de croyances se manifestant par des voix intérieures : « Je ne suis pas capable, je n'y arriverai jamais » ; ou encore de sensations kinesthésiques de froid ou de picotements désagréables, de sensations d'oppression ou d'étouffement, de douleurs musculaires, de contractions ; ou enfin de rêves récurrents, de cauchemars.

Leur contenu

Si les résistances sont moyennes ou fortes, il sera important de s'arrêter à leur contenu pour découvrir les aspects inconscients qui cherchent à se manifester à travers elles. La seule façon d'explorer le contenu et le langage des résistances est d'écouter l'inconscient, c'est-à-dire de pratiquer l'imagination active déjà utilisée au cours du stade de réceptivité. Il en sera davantage question dans le quatorzième chapitre.

Le moment de leur apparition

Le moment où se présentent les résistances est également important. Voici des moments possibles : pendant les paliers du voyage, pendant ou après l'écoute du scénario programmé. Si elles se manifestent pendant les paliers du voyage, cela signifie que des aspects inconscients de l'individu ne veulent pas de cette guérison ou n'y croient pas. Cela ne veut pas nécessairement dire que le scénario est trop intense. Si elles se manifestent pendant le scénario, cela indique habituellement que le scénario n'est pas bien ajusté à la personne. Si elles se manifestent après, cela signifie que le voyageur craint les changements que la guérison pourrait produire dans sa vie.

L'accompagnement

Le recours au scénario programmé s'accompagne généralement d'autres outils tels que la méditation, la pratique d'un sport, un régime alimentaire équilibré, un travail psychocorporel ou des exercices de respiration. Ces outils sont des baromètres de l'énergie psychique et physique du voyageur, ils sont aussi des soutiens pour le voyageur qui se trouve sur le chemin de la guérison. Le voyageur est invité par son guide à consacrer du temps à alimenter ses forces physiques et psychiques par des pratiques spécifiques en plus de celle du scénario. Ces pratiques sont simples et ont pour but d'agrémenter le quotidien, non de l'alourdir. Le scénario programmé et les outils d'accompagnement font partie d'une autodiscipline qui soutient le processus de guérison. Cette autodiscipline inclut des moments pour :

- jouer plutôt que se perdre dans l'introspection ;
- se détendre au lieu de s'énerver en pensant à sa guérison ;
- se nourrir à différentes sources d'énergie : la respiration, l'alimentation saine, plutôt que se fixer sur sa maladie ;
- stimuler sa force vitale en faisant de l'exercice physique au lieu de s'avachir en se laissant aller à la paresse corporelle ;
- communiquer avec les autres plutôt que s'isoler dans son problème ;
- faire face à ses besoins, à ses désirs, à ses aspirations au lieu de s'enfermer dans le désespoir.

Vous retrouverez la plupart de ces outils dans le chapitre que Nicolas Bornemisza consacre au yoga psychologique.

L'accompagnement par un guide est important. Il renseigne sur l'engagement que le voyageur met dans son processus de guérison. Est-il vraiment prêt à s'impliquer ou préfère-t-il que la guérison vienne sans qu'il ait à collaborer ?

Comme vous pouvez le constater, le scénario programmé est le début d'une longue exploration intérieure au cours de laquelle le voyageur est amené à s'impliquer plus profondément dans sa recherche d'une qualité de vie. Il quitte la *survie,* qui caractérise souvent son état présent, pour se diriger, à travers l'étape décisive du scénario, vers la *vie,* soit son état désiré. Cet état est atteint lorsque la vie devient une vie créatrice, lorsque le conscient et l'inconscient, et plus encore le moi et le Soi cheminent main dans la main.

Maintenant que nous avons suivi les étapes du voyage que chacun de nous peut entreprendre, nous allons voir quels sont les pays étrangers qu'il peut découvrir. De quoi sont-ils composés ? Qui sont leurs habitants ? Comment aller à la rencontre de ces derniers ?

TROISIÈME PARTIE

Le dialogue avec l'inconscient

CHAPITRE 10

Le paradis perdu

Au cours de l'hiver 1990, une femme souffrant d'un cancer du sein est venue me consulter pour une seconde fois. Elle s'appelait Louise. En arrivant, elle s'est assise en face de moi, et sur un ton amical et enthousiaste elle s'est adressée à moi de la façon suivante : « Nicolas, il y a quelque chose que je ne comprends pas dans votre méthode. Vous me parlez de l'importance de l'Inconscient dans le processus de ma guérison. Tout cela me semble abstrait, nébuleux ; franchement je ne sais pas quoi penser de la méthode que vous me proposez. Mais s'il est vrai qu'il y a en moi un Inconscient qui est capable de me tuer ou de me guérir, dites-moi alors, s'il vous plaît, pourquoi durant toute ma vie je n'en ai jamais entendu parler ? »

Les propos de Louise sont restés pour moi une source d'inspiration et de motivation. Ils m'ont rappelé que la plupart d'entre nous n'avons jamais entendu parler de cette dimension de notre être qui influence pourtant nos destinées plus que n'importe quoi d'autre. À la suite de cette rencontre avec Louise, je me suis rendu compte, encore plus qu'auparavant, que dans notre culture l'Inconscient, la base même sur laquelle s'édifie notre existence personnelle et collective, est largement ignoré.

Privés de la connaissance de ce facteur déterminant pour nos destins individuels, nous sommes coupés de cette source incommensurable d'énergie, d'information et d'inspiration que représente la sagesse ancestrale contenue dans l'Inconscient. Par ailleurs, notre ignorance, savamment entretenue par les systèmes d'éducation et par les médias (pour avoir œuvré pendant trente ans dans ces deux sphères, j'en suis un témoin averti), nous expose aux attaques, aux incursions inévitables de l'Inconscient qui s'efforce de reprendre sa place légitime dans nos vies. Mais pour reprendre l'expression de Louise, si cette dimension intérieure «peut me tuer ou me guérir», que dois-je savoir, vraiment, à son sujet?

L'Inconscient: une définition

Il n'y a pas lieu ici de faire un exposé scientifique exhaustif sur l'histoire et la définition de l'Inconscient. Le lecteur intéressé pourra se référer à l'abondante documentation freudienne et jungienne disponible sur ce sujet. Je vais plutôt me restreindre à la définition habituelle donnée par les jungiens : l'Inconscient représente ce vaste monde intérieur ineffable qui habite chaque être humain et qui contient toutes les dimensions dont nous ne sommes pas conscients. J'ai retenu cette définition plutôt insipide en regard de la richesse humaine incommensurable que représente l'Inconscient pour ne pas commettre une erreur scientifique. Le mot «Inconscient» vient du terme oriental «vide» (en anglais *void*) qui désigne également le «monde intérieur sublime». Nous savons pertinemment bien que ce monde n'est point vide, mais comme ses contenus sont en apparence de nature personnelle et subjective, nous ne voulons pas les ériger en système général.

Les opposants cartésiens de la thèse jungienne avancent l'idée qu'au fond personne n'a jamais pu mesurer l'Inconscient. Cette affirmation peut sembler juste, mais un jungien répondra que l'Inconscient est une réalité tangible, connaissable par le biais de ses nombreuses manifestations. Personne ne peut nier, par exemple, que chaque individu reçoit, chaque nuit, cinq ou six messages de son monde intérieur sous forme de rêves. Pensons également à tous les événements synchronistiques qui se produisent dans nos vies en tant que hasards significatifs. Je reviendrai sur ce point dans le treizième chapitre. Figurent dans cette catégorie tous les messages reçus au cours de consultations psychologiques, par le biais de la créativité sous toutes ses formes et des arts divinatoires tels que le Yi-King (le livre des transformations des Chinois), le tarot, l'astrologie, etc. De plus, l'Inconscient s'exprime dans les visions spirituelles, au cours de la méditation profonde et à travers la médiumnité de bon aloi.

Une hypothèse personnelle inspirée

Pour ajouter à cette définition de base plutôt rébarbative, je voudrais, au moins en substance, donner ma compréhension personnelle de l'Inconscient. Ce faisant, je vais tenter de montrer pourquoi, par souci de distinction, j'utilise la majuscule pour écrire ce mot, et pourquoi je considère que l'Inconscient revêt une *importance capitale* dans l'évolution de l'être humain.

Nous avons dit plus tôt, nous appuyant sur des citations éclairantes, que l'Inconscient participe à la vie depuis des âges immémoriaux, qu'il accompagne l'évolution humaine de façon cachée, ignorée, refoulée. En donnant mon point de vue, je ne veux pas usurper le rôle de l'historien ou de l'anthropologue. Je parle du point de vue d'un être humain qui pose des questions, qui s'informe, qui réfléchit, qui tire des conclusions, comme Jung nous recommande à tous de le faire. La raison pour laquelle je désire partager ici mon hypothèse personnelle réside dans le lien direct et souvent révélateur que j'observe entre l'ignorance des contenus de l'Inconscient et l'état de santé précaire des humains en général. Afin d'élaborer cette proposition, je m'appuierai principalement sur la pensée d'Emmanuel Kant, sur celle de Carl G. Jung, ainsi que sur celle d'un auteur jungien reconnu, Edward Edinger.

Selon Kant, dans *Critique de la raison pure*, il existe trois mondes qui sont fonction de la manière dont nous percevons la réalité. Premièrement, le *monde phénoménal*, soit le monde tel qu'il est. Je le représente par un cercle :

Deuxièmement, le *monde des apparences*, soit le monde phénoménal tel que nous le percevons et le catégorisons. C'est le monde subjectif, que je symbolise par un hexagone :

En troisième lieu, le monde de la *réalité ultime*, qui est une « dimension inconnaissable ». Je le représente par un carré :

Nos plus lointains ancêtres vivaient dans le monde phénoménal auquel ils s'identifiaient parfaitement. Naturellement, ils pouvaient se blesser, tomber malades, s'entredévorer, et ils mouraient tôt ou tard, mais ce monde était malgré tout pour eux « le meilleur des mondes ». Les hominiens ont tenu bon envers une nature rude et dangereuse pendant près de deux millions d'années. Ils étaient guidés, soutenus de l'intérieur par une « voix », par une force et une intelligence instinctives qui – vraisemblablement – leur suggéraient que tout ce qui se passait autour d'eux était dans « l'ordre des choses ». C'est cette situation que décrit la Bible, dans la Genèse, d'une façon poétique magistrale. Le Paradis, le Jardin des délices, représente un état où l'ordre des choses est subi et accepté sans condition.

Dans ma compréhension personnelle, ce monde « paradisiaque », par rapport à la pensée kantienne, peut consister en une union ou une interaction entre le monde phénoménal, représenté par le cercle, et la réalité ultime, représentée par le carré. Grossièrement illustré par mes idéogrammes, cela donnerait quelque chose comme :

N'importe quelle autre forme est envisageable. Au fond, ce que je propose, c'est que *la communion des deux réalités kantiennes, soit le monde phénoménal et la réalité ultime, constitue ce que nous appelons aujourd'hui l'Inconscient*. En formulant cette idée, je tiens à insister sur le fait que je n'ai pas la prétention de définir la réalité primordiale. Il s'agit simplement de ma compréhension d'un processus, qui donne une base à ma philosophie.

Poursuivons le parallèle avec le mythe biblique : l'apparition du serpent signale une révolte, une volonté de transformation. Le fait de manger la pomme de « l'arbre du bien et du mal » exprime un mécontentement, un questionnement, un refus par rapport à la cruauté et aux mystères de la nature. Une mutation se produit, une nouvelle sensibilité s'installe. La partie extérieure du cerveau humain, le cortex, se développe, la conscience s'élargit. L'ordre habituel des choses est rompu. L'être humain est chassé du monde de l'irresponsabilité paisible, il se retrouve nu, il éprouve la honte, il se voit mortel, il vit dans la peur et dans l'incertitude. Son intelligence instinctive ne lui permet plus de répondre aux nouvelles questions qui se posent à lui. Il perd ainsi la voix qui lui servait de guide, son assurance et la dimension qui le reliait autrefois tant aux autres humains qu'à un mystère universel omniprésent et apaisant. Tout devient alors confus, incertain, complexe. Il se retrouve graduellement dans l'état de la deuxième réalité kantienne, soit le monde subjectif, où tout n'est qu'apparence, façade, projection. En plus, il se sent divisé entre le monde phénoménal animal et le monde mystérieux divin.

Dans cette situation nouvelle, il revenait à nos ancêtres de trouver des solutions aux problèmes que leur posaient la survie, la sécurité et le bien-être du groupe. À cette fin, ils créèrent un monde nouveau, à leur image, monde que nous connaissons bien, rempli de magnificence et d'horreurs. Notre monde subjectif a ainsi pris des dimensions amplifiées comme le montre l'hexagone qui suit, traversé en tous sens par des triangles symbolisant nos déchirements : les progrès de la science par opposition au terrorisme et à l'Inquisition, l'art, la spiritualité et les grandes religions par opposition à l'intégrisme, la culture par opposition à la guerre et à la destruction, etc.

Dans ce monde de « création humaine » fait de fragmentations et de déchirements perdurent toutefois des influences de l'ordre ancien. L'être humain se laisse encore happer par la violence de sa dimension animale, et il garde aussi un contact éphémère avec la réalité ultime qui continue d'influencer son existence. Mais la « chute », c'est-à-dire la perte du soutien constant que les deux dimensions de la nature originelle, de l'Inconscient, lui offraient, lui a fait découvrir le manque, la peur, le vide, et lui a infligé une blessure inguérissable qui perdure encore aujourd'hui. Aussi a-t-il continué à rêver au Paradis perdu, à le chercher.

En Occident, par le passé, la recherche concernant les états supérieurs de la conscience a généralement été découragée, interdite, cruellement punie. Pensons au cas de maître Eckhart cité devant le tribunal de l'Inquisition pour avoir professé une conception personnelle de Dieu. Cet héritage inquisitorial a conditionné la volonté humaine, naturellement évolutive, à rester enfermée dans une véritable camisole de force. Cette tendance se poursuit aujourd'hui. Les sectes, les idéologies politiques, l'enseignement universitaire et les médias en sont l'illustration. Il en résulte qu'en matière de connaissance de soi nous sommes de véritables analphabètes. Ne sachant pas communiquer avec notre sagesse intérieure ancestrale, nous souffrons d'un manque aigu de sens et d'un sentiment d'infériorité que nous tentons de compenser par une violence de moins en moins camouflée et toute une série de comportements compulsifs. En regard de cet héritage, la pensée de Jung fait l'effet d'un renouveau inaugurant une autre époque dans l'histoire de l'humanité.

L'apport de Jung

En premier lieu, Jung nous rappelle l'importance que revêtent, dans nos mondes psychiques personnel et collectif, l'influence des grandes religions, des mythologies, des contes de fée, et les méthodes de recherche transcendantale telles que le yoga, la gnose, l'alchimie... Il nous rappelle également qu'il n'y a pas d'être sans racine, et que si notre héritage peut parfois nous immobiliser dans un conformisme stérile, il peut aussi nous servir de tremplin vers des horizons inexplorés. En se basant sur ce qu'il a trouvé de plus profond dans les traditions ancestrales, autant que sur les découvertes de sa pratique psychanalytique, Jung nous offre sa vision personnelle de l'être humain : « C'est un animal avec une grande âme. »

En deuxième lieu, Jung valorise et réinterprète les anciens moyens de communication avec l'intelligence intérieure : l'interprétation des rêves, la méditation imaginative, une certaine forme de médiumnité et les méthodes divinatoires basées sur le concept de synchronicité telles que l'astrologie, le Yi-King, le tarot[43]... Grâce à Jung, ces diverses disciplines ne représentent plus des pratiques superstitieuses ridiculisées et condamnées, mais sont devenues des voies privilégiées de connaissance de la psyché.

En troisième lieu, Jung nous fournit une sorte de géographie de l'âme en définissant les structures et les composantes de l'Inconscient. Pour lui, chaque groupe, petit ou grand, est influencé par son propre Inconscient. Adoptant l'idée centrale de la philosophie hindoue qui veut que le Dieu cosmique se manifeste dans chaque individu, il crée le concept d'*Inconscient collectif*. À travers cette dimension universelle, chaque individu est relié – de façon invisible mais tangible – à tous les êtres humains qui vivent et ont vécu sur la terre. Cette hypothèse de travail confère à la personne une dimension élargie : dorénavant elle est dotée d'une profondeur transcendantale décisive.

En fin de compte, Jung nous met en contact direct avec notre dimension illimitée et intemporelle, qui ne serait qu'utopie et chimère s'il ne nous enseignait pas également comment en faire l'expérience. Son enseignement rejoint ainsi ceux des grands initiés de l'humanité que sont Zoroastre, Socrate ou le Christ. Sa pensée reprend également la proposition du Bouddha dont la troisième noble vérité affirme qu'on se libère de la souffrance par le nirvâna, la quatrième étant qu'on réalise le nirvâna par la méditation.

À mon avis, la troisième « noble vérité » de Jung consiste à dire que l'être humain se libère de la souffrance en établissant une communion avec le Soi, c'est-à-dire avec sa totalité intérieure ; la dernière vérité étant qu'il réalise cette communion avec le Soi par le processus d'individuation. Le parallèle est parfaitement établi : vingt-cinq siècles après la proposition du Bouddha à l'Orient, Jung offre à l'Occident la possibilité de se libérer de sa souffrance existentielle par le travail sur soi-même, grâce au soutien du monde intérieur.

L'objectif de la méthode *Images de transformation* est de repartir du symbole central, c'est-à-dire du moi subjectif, déchiré, souffrant, en posant les bonnes questions, en faisant « le retrait des projections[44] », en établissant un nouveau niveau de conscience et une nouvelle vision du monde. Parallèlement, il faut recréer un lien solide avec le monde phénoménal, symbolisé par le cercle, soit reconnaître les besoins instinctifs et en tenir compte dans le cadre d'une éthique réaliste et responsable, tout en prenant également contact, et cela de plus en plus profondément, avec le « monde inconnaissable » de Kant, le monde transpersonnel ou divin, représenté par le carré ainsi que l'indiquent ces trois figures :

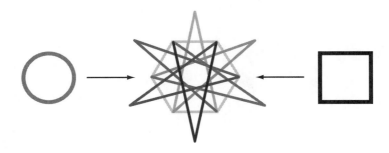

Nous savons aujourd'hui que ce monde commence à être connaissable grâce à la méditation, à la science, à la réflexion et surtout aux images : les rêves et les visions. Cette union des instincts et du divin permet de dépasser le monde subjectif déchiré, symbolisé par l'hexagone traversé de triangles aigus, car elle refait l'unité de l'être ainsi que l'illustre la figure suivante. Faire la démarche aujourd'hui, incarner le chercheur, le chaman, le héros ou l'héroïne, appartient à chacun d'entre nous. Peut-être pourrons-nous, chemin faisant, arriver de nouveau devant les portes du Paradis perdu ? Peut-être pourrons-nous, au moins un peu, nous « guérir » de notre aliénation séculaire vis-à-vis de l'Inconscient ? Cela voudrait dire que le monde subjectif fragile, déchiré, aurait servi à la réunion des trois mondes distincts. En Orient, on dirait que, grâce à la réalisation du Soi, l'être humain se rend compte que le *samsâra*, c'est-à-dire le monde illusoire, et le *nirvâna*, c'est-à-dire la conscience cosmique, sont *la même chose*. Schématiquement, cela pourrait être illustré ainsi :

CHAPITRE 11

Le langage symbolique, langue maternelle de l'âme

S'il vous arrivait de côtoyer un vieux sage chinois connaissant bien des secrets de la vie, mais ne parlant aucune langue occidentale, comment pourriez-vous bénéficier de sa clairvoyance ? Au mieux, vous vous laisseriez imprégner par son rayonnement énergétique. Mais si vous aviez appris que les connaissances de cet homme pouvaient vous sauver la vie, vous guérir ou vous redonner le goût de vivre, vous vous mettriez peut-être à apprendre le chinois.

Cet exemple quelque peu complaisant nous rappelle le genre de situations auxquelles nous sommes confrontés lorsque nous entrons en contact avec les réalités de notre monde intérieur. De fait, même si l'Inconscient nous parle tout le temps, nous ne le comprenons généralement pas. Pour nous, les Occidentaux, le langage de l'âme ressemble à du chinois, c'est une langue qui n'est pas intégrée à notre culture. Cette langue qui nous paraît étrangère est en fait le *langage symbolique*.

Grâce aux chapitres précédents, vous connaissez maintenant le rôle prépondérant que l'Inconscient joue dans notre méthode. Il est alors évident pour vous que, pour bénéficier pleinement de cette source de sagesse ancestrale, il faut être capable de recevoir les messages qu'elle envoie. Si nous voulons comprendre nos rêves et les hasards significatifs, mais aussi l'astrologie, le tarot, le Yi-King, aussi bien que les autres arts divinatoires, à un haut niveau psychologique, nous devons nous familiariser avec le langage qu'ils utilisent. Cette nécessité, incontournable, peut nous frustrer et susciter en nous des interrogations inévitables quand nous n'y sommes pas préparés : pourquoi l'Inconscient parle-t-il donc le chinois ? se demande Marie-Louise von Franz dans *The Way of the Dream*.

La réponse est pourtant simple : nos langues « modernes » existent depuis à peine quelques siècles ; au contraire, notre monde intérieur s'exprime par l'image depuis des temps immémoriaux. C'est pour cette raison que je qualifie le langage symbolique de *langue maternelle de l'âme*. Et si l'on accepte de penser que l'âme, autrement dit l'Inconscient, est aussi Dieu – Jung n'affirme-t-il pas que Yahvé est l'Inconscient[45] ? –, on peut faire l'hypothèse que le langage symbolique, c'est la voix de Dieu ou, si l'on préfère, la voix de la Nature universelle.

Les dangers qu'il y a à ne pas comprendre le langage symbolique

Erich Fromm, psychothérapeute et auteur bien connu, a consacré tout un ouvrage au symbole, intitulé *Le Langage oublié*. Il va jusqu'à suggérer que le langage symbolique devrait être notre deuxième langue. Cette affirmation semble exagérée – et pourtant… Si nous ne comprenons pas le langage symbolique, nous sommes coupés de la plus grande partie de notre être. Nous perdons ainsi des outils, des armes et des trésors qui pourtant nous appartiennent. Nous nous privons de l'information, de l'inspiration, des conseils qui nous sont adressés en permanence par les diverses dimensions de notre intelligence intérieure. De plus, si nous ne comprenons pas le langage ancien des symboles, nous ne pouvons accéder aux messages des grandes traditions religieuses, mythologiques et artistiques de l'humanité. Le fait que, dans notre culture, nous soyons privés de la juste compréhension des idées fondamentales de notre civilisation constitue une réalité tout à fait tragique. Dans ce contexte, est-il surprenant que la névrose, la violence et l'inconscience généralisée caractérisent l'humanité du début du XXIe siècle ? Les statistiques le disent amplement.

L'histoire biblique de Jonas est un exemple frappant qui montre comment un texte écrit en langage symbolique peut dérouter quelqu'un de non averti. En voici un résumé qui nous a été inspiré par l'ouvrage d'Erich Fromm :

> Jonas, le prophète, reçoit de Yahvé l'ordre de se rendre à la ville de Ninive et d'avertir ses habitants que leur méchanceté a soulevé sa colère. Mais Jonas se dérobe au vœu de Yahvé et part dans la direction opposée. Bientôt, il trouve un bateau, monte à bord, se couche dans le fond et s'endort. Le bateau a déjà quitté le port lorsqu'une tempête survient. L'équipage, effrayé, cherche la cause de la calamité. Il découvre alors Jonas qui avoue sa faute, et finit par le jeter dans les flots où un grand poisson l'avale. Jonas reste trois jours dans le ventre de l'animal. S'excusant de son comportement, il prie Yahvé de le délivrer. Dieu intervient et le poisson vomit Jonas sur le rivage. Ce dernier est alors bien heureux d'aller à Ninive et d'y accomplir la mission qu'il a reçue de Yahvé.

Cette histoire, métaphorique, est enseignée depuis longtemps comme si elle concernait des événements réels. Incidemment, un souvenir de mon enfance y est rattaché. Au début des années 1940, le prêtre qui nous enseignait la religion nous la raconta, ajoutant à la fin : « Vous savez, les enfants, beaucoup pensent que c'est une baleine qui avala Jonas, mais moi je ne suis pas d'accord. Nous savons aujourd'hui que le gosier de la baleine est très étroit. Elle n'aurait donc pas pu avaler Jonas. Je suis persuadé que c'était un requin. »

Bien sûr, la parabole de Jonas est destinée à transmettre un tout autre message. Elle dénonce une attitude humaine négative qui se reproduit à travers les âges et qui est largement répandue dans notre monde d'aujourd'hui. Jonas est un prophète, il entend la voix de Dieu, c'est-à-dire la voix de sa conscience profonde qui se manifeste à lui par le biais de son intuition. Il peut dialoguer avec elle. Mais Jonas est aussi bien paresseux, peu dévoué pour ses proches. Aussi fuit-il la mission que son Inconscient lui impose. Il est atteint de ce que l'on appelle, en langage psychologique, un *complexe maternel*. Le fond du bateau, le sommeil, la mer, le ventre du poisson représentent le même symbole : le sein maternel sécurisant et jouissif. Ce n'est que lorsque son attitude de fuite se fait oppressive et l'emprisonne que Jonas crie au secours. Et comme sa prière est exaucée, il est à ce moment-là content d'aller avertir les gens de Ninive. Au fond, ce que cette allégorie nous enseigne, c'est que nous fuyons souvent de façon insensée avant d'accepter de suivre les demandes de notre voix intérieure. Peur, paresse, indifférence, inconscience sont les attributs de Jonas en nous-mêmes. C'est ce que nous pouvons dépasser en apprenant à déchiffrer le langage maternel de l'âme.

Le mystère du symbole

Pour le spécialiste Joseph Campbell, grand mythologue américain, le symbole s'apparente à une énergie qui informe le corps humain autant que l'univers[46]. Voilà une idée qui redonne à une notion en apparence banale une importance capitale. Voulant nous en donner un exemple, Campbell rapporte une anecdote racontée par l'une de ses amies, une femme de science originaire d'Israël. Cette femme, qui s'était un jour retrouvée au Guatemala à l'occasion d'un congrès, avait eu une conversation avec la femme de chambre de son hôtel. Celle-ci lui avait demandé : « D'où venez-vous ? » « De Jérusalem », avait répondu la femme. La petite dame indienne, commente Campbell, qui ne connaissait pas la géographie, mais qui connaissait bien sa religion, s'était alors écriée : « Mon Dieu ! Alors vous venez du ciel ! » C'est par cette histoire que Campbell attire notre attention sur le danger que représente une mauvaise compréhension du symbole. Il nous met également en garde : nos énergies personnelles suivront la direction que nous leur donnerons. Si notre objectif de vie est de nous réaliser spirituellement, alors nous pouvons le considérer comme une sorte de Jérusalem céleste et le voir comme un endroit situé au-delà des nuages où nous aboutirons après notre mort. Et nous vivrons notre existence en conséquence. Mais si nous savons que la Jérusalem céleste se trouve à l'intérieur de notre cœur, notre objectif de vie sera tout à fait différent.

Campbell rectifie également la compréhension que nous pouvons avoir de la naissance virginale. Il nous indique que, si nous croyons que ce terme signifie une étape dans la vie de Jésus, nous passons complètement à côté de la question. Pour lui, la naissance virginale représente la naissance de la conscience spirituelle dans le cœur de l'être humain. Il considère également que les vieux maîtres savaient ce qu'ils disaient et que, lorsque nous aurons réappris à interpréter leur langage symbolique, une anthologie sérieuse suffira pour que leur enseignement retrouve audience. Campbell considère enfin que tous les « contes de nourrice », c'est-à-dire les vrais contes de fées, sont dotés de « ce pouvoir caractéristique de toucher et d'inspirer les centres créateurs profonds[47] ».

Le conte de *Blanche-Neige et les sept nains*, un exemple d'interprétation

Plus concrètement, voyons un peu ce que l'un de ces « contes de nourrice », bien connu et très ancien, peut nous apprendre aujourd'hui. Je choisis le début du conte de *Blanche-Neige et les sept nains* :

> Un jour, en plein hiver, alors que les flocons de neige tombaient du ciel comme des plumes, une reine cousait, assise devant une fenêtre dont le cadre était de bois d'ébène. Tout en cousant, elle jetait parfois un coup d'œil à la neige et, soudain, elle se piqua un doigt et trois perles de sang tombèrent sur la neige. Le rouge sur la blancheur de la neige paraissait si beau qu'elle dit : «Ah, si j'avais un enfant blanc comme la neige, rouge comme le sang et noir comme le bois de cette fenêtre[48] ! »

Demandez et vous recevrez : la reine donne naissance à l'enfant désiré. Malheureusement, nous dit l'histoire, elle meurt peu après. D'un point de vue symbolique, la reine signifie pour moi la partie féminine consciente et dotée du pouvoir de réflexion, qui existe dans le moi de n'importe quelle femme, depuis des siècles et encore aujourd'hui. Cette femme, dans la situation proposée par le conte, exécute une activité qui était autrefois réservée à son genre : elle coud. Le paysage enneigé symbolise la froideur, une nature morte, endormie. Le bois d'ébène représente un élément de la nature, donc féminin, et mystérieux ou négatif parce qu'il est rare et peu connu.

Reprenons l'ensemble de ces éléments : la femme, en cousant, jette des coups d'œil sur le paysage à travers le « cadre d'ébène de sa féminité », le noir de l'ébène signifiant ici l'inconnu, autrement dit que sa féminité est encore largement inexplorée ; regardant au dehors la nature froide et enneigée, elle prend conscience du manque d'amour dans le monde et dans son entourage et ressent douloureusement le refoulement de sa créativité. Elle en éprouve de la tristesse, de la frustration et de la colère. La violence éclate alors sous la forme d'un accident : elle se pique un doigt.

Comme par hasard, c'est le doigt phallique, celui qui montre la direction et engage l'action, qui est blessé. Le sang qui gicle peut symboliser un traumatisme, une souffrance, une tendance sadomasochiste, une perte de libido, mais aussi un élan vital, un renouveau. Le chiffre trois représente avant tout une dimension de la totalité dans sa fonction dynamique, agissante et créatrice. L'« accident » fait éclater une situation, un cercle vicieux, qui a trop longtemps duré. On peut penser à des traumatismes d'enfance douloureusement refoulés et cuirassés, aux héritages transgénérationnels qui paralysent, aux effets débilitants résultant de l'oppression millénaire de la femme ; la liste des causes pourrait être bien plus longue. La vue des gouttes de sang fait naître en la reine, soit en la femme, le désir intense de donner naissance à une petite fille, c'est-à-dire d'accéder à un renouveau intégral de sa féminité, de sa vie de femme. Demandez, et vous recevrez… Mais qu'arrive-t-il quand cette merveilleuse féminité se manifeste ? Dans la vie de la femme d'aujourd'hui, telle que symbolisée par le conte, *personne ne meurt* – bien sûr ! Par contre, le surgissement de la féminité fait peur parce qu'il s'apparente à une révolution. Le moi conscient, si désireux de changement, est récupéré par des valeurs superficielles désuètes. L'orgueil et la jalousie se manifestent alors, et commence la longue et périlleuse lutte entre l'ancien et le nouveau.

Dans l'histoire de *Blanche-Neige*, la reine-marâtre finit par la tuer en lui faisant croquer une pomme empoisonnée. Blanche-Neige se retrouve dans un cercueil de verre. Celui-ci symbolise la situation de toute femme qui, inconsciemment, a fait sienne une figure maternelle démissionnaire, qui a renoncé à vivre et à s'épanouir. Blanche-Neige se retrouve littéralement enfermée dans une cuirasse, même si celle-ci est transparente. Autrement dit, n'importe qui peut voir sa beauté, mais personne ne peut toucher son cœur ni son corps. Et c'est seulement quand un autre accident – un acte de Dieu ? – se produit que le poison est vomi et que le mariage avec le prince, soit la communion avec la masculinité positive extérieure et intérieure, peut être célébré.

Le conte de *Blanche-Neige* concerne plus particulièrement la psychologie féminine. Il en existe d'autres qui traitent de la psychologie masculine : *Jean De Fer, Le Petit Poucet*, etc. Peu importe le conte choisi, tous ces récits symboliques représentent pour nous une richesse collective et personnelle incalculable. Il en est de même des récits mythologiques. Selon Joseph Campbell :

> Il ne serait pas exagéré de dire que le mythe est l'ouverture secrète par laquelle les énergies inépuisables du cosmos se déversent dans les activités créatrices de l'homme[49].

Ceux qui conçoivent nos systèmes d'éducation ne sont pas du même avis. Au Québec, des politiciens et des techniciens incultes et inconscients ont décrété que les mythes sont inutiles et nuisibles. Si bien que l'étude de ces textes ne fait plus partie du programme d'éducation générale. Nos politiciens ont-ils conscience qu'en agissant ainsi ils nous ont fait perdre une protection puissante contre le mal existentiel et la maladie ? Toujours selon Campbell :

> La fonction principale de la mythologie et du rite a toujours été de fournir à l'esprit humain les symboles qui lui permettent d'aller de l'avant [...]. Il est bien possible en effet que la grande fréquence de névroses que nous constatons autour de nous est due à la carence d'une aide spirituelle de cet ordre. Nous restons fixés aux images non exorcisées de notre petite

enfance et peu disposés de ce fait à franchir les seuils indispensables pour parvenir à l'âge adulte. Aux États-Unis, les valeurs ont même été inversées. Le but n'est pas d'atteindre l'âge mûr mais de rester jeune, non pas de devenir adulte, en se détachant de la mère, mais de lui rester attaché[50].

La Mère, symboliquement, c'est la nourriture, le sucre, l'alcool, les drogues, l'armée, les sectes et même la télévision, ce « téton électronique » ! Et bien peu de gens comprennent pourquoi ils deviennent prisonniers de ces accoutumances.

L'interprétation des symboles

En redécouvrant les secrets et les subtilités du langage symbolique, nous accédons à une manière d'être qui nous était jusque-là inimaginable. Mais pour réaliser ce saut quantique, ce dépassement ultime, pour entamer la démarche que notre civilisation nous déconseille de faire depuis des millénaires, il faut commencer quelque part. Comment faire pour réapprendre ce langage oublié qui est pourtant si déterminant ? Il existe, bien sûr, des dictionnaires de symboles. La plupart n'offrent cependant que des « clefs des songes », ne se référant qu'aux aspects traditionnels occultes et banals des symboles : perdre une dent veut dire que quelqu'un de proche du rêveur ou de la rêveuse va mourir ; un chat noir représente le « mauvais œil ». Or, le symbole a presque toujours une signification multidimensionnelle. Les dictionnaires valables en tiennent compte, tels ceux que nous mentionnons en annexe et dans la bibliographie. Ils nous familiarisent avec les différentes significations possibles du symbole. C'est une première étape tout à fait valable. Par la suite, il nous faudra cependant apprendre à choisir parmi les différentes interprétations proposées. Pour le débutant, c'est un travail qui peut s'avérer long et frustrant. Mais si nous nous intéressons sérieusement aux symboles, nous y prendrons goût, car nous découvrirons que les symboles sont un peu partout : dans les rêves et le tarot, au cinéma, dans la peinture et les événements de la vie quotidienne. En ce sens, nous pourrions dire que *tout est signe et tout est symbole*. Une fois que nous avons reconnu ces symboles, nous pouvons commencer à les interpréter, ce qui nous offre l'occasion de nous amuser, de nous émerveiller et de nous enrichir. Il faut du temps pour apprendre le chinois ! Mais c'est cela qui nous ouvre la porte de notre caverne d'Ali Baba intérieure.

Le symbole et la santé

Pour en revenir à *Images de transformation*, méthode de guérison et de bien-être, il nous faut redire que l'affirmation selon laquelle *les symboles qui ne sont pas compris deviennent des symptômes* est tout à fait juste. Nous le savons d'expérience. C'est la raison pour laquelle le symbole est pour nous un allié privilégié : il permet d'aider la personne souffrante. On peut même reformuler notre phrase-clef de la façon suivante : *la compréhension du sens symbolique du symptôme favorise la guérison.*

CHAPITRE 12

Le rêve, un ami fidèle et fiable

Le dicton bien connu *Dis-moi de quoi tu rêves et je te dirai qui tu es* exprime une sagesse populaire éprouvée. Pour le spécialiste compétent, les rêves parlent en effet un langage connu, enchanteur. Leurs messages, qui viennent de notre monde intérieur, nous renseignent à propos des faiblesses de notre état de santé, des angoisses qui nous paralysent, de nos rapports amoureux problématiques, de notre créativité que nous mettons de côté, de l'état critique de notre environnement et de maintes autres réalités qui nous touchent ou qui devraient nous toucher du point de vue de l'Inconscient.

Depuis l'aube de l'humanité, les rêves sont respectés, craints, et voient leurs prescriptions suivies de façon quasi religieuse par tous les peuples de la terre. Le rêve est en effet une manifestation universelle, et la collection de rêves enregistrés et préservés au cours des âges représente un des grands trésors culturels de l'humanité. Pour essayer de montrer comment et pourquoi les rêves ont influencé les individus, les pays et les cultures, je choisirai, parmi d'innombrables exemples, trois récits de rêves provenant de la tradition judéo-chrétienne, et un de nature individuelle. Le premier récit est l'histoire de Jacob.

Des exemples historiques et actuels

Jacob rêve que, de l'endroit où il est couché, une échelle est dressée qui va jusqu'au ciel. Le long de cette échelle, les anges de Dieu montent et descendent. Yahvé se tient devant Jacob et lui parle. Il lui promet que ses descendants se répandront sur la terre entière, et qu'il les ramènera un jour à l'endroit où Jacob est couché.

Rêve prémonitoire, d'accomplissement du désir, mythe ou révélation ? On peut le qualifier de différentes façons. Pour moi, il s'agit plus précisément d'un rêve de protection et d'encouragement. Au moment où Jacob reçoit ce rêve, il vient en effet de voler le droit d'aînesse de son frère. Il est en fuite. Il est seul dans la nuit. Les animaux sauvages ne sont pas loin. Il met une pierre sous sa tête en guise d'oreiller. C'est à ce moment-là que son monde intérieur lui envoie un message, Jacob le prend au sérieux et, nous le savons, la promesse du songe s'accomplira magnifiquement.

L'importance de ce genre de rêve réside selon moi dans le fait que notre monde intérieur nous parle sans cesse, surtout quand nous traversons des crises dangereuses, débilitantes. Mais avons-nous encore la foi d'un Jacob ? Jung aimait raconter l'histoire d'un vieux rabbin à qui l'on posait la question : « Pourquoi Dieu ne nous parle-t-il plus aujourd'hui comme il le faisait dans l'Antiquité juive ?

– Dieu continue de nous parler, répond le rabbin, mais il n'y a plus personne pour se pencher assez bas afin de l'entendre... »

L'exemple qui suit, celui d'une jeune femme de la région de Montréal, illustre la grande compassion et l'immense tendresse de l'Inconscient. Il y a quelques années, son père a tué sa mère et son frère. Il voulait aussi la tuer, mais il n'a pu la trouver. Il s'est ensuite suicidé. Quand cette femme est venue me consulter après la tragédie, elle était nettement suicidaire, ce qui était d'autant plus grave qu'elle attendait un enfant. Eh bien ! cette dame a « reçu », nuit après nuit, les plus beaux rêves du monde. Elle se retrouva d'abord au ciel, où elle rencontra son père. Celui-ci la prit dans ses bras en lui disant combien il l'aimait. Par la suite, elle a été cordialement accueillie par des divinités et invitée à visiter différentes parties du Paradis. Elle s'émerveillait de scènes d'une beauté incomparable. Elle éprouvait des sentiments de grande joie et d'extrême bien-être. Peu de temps après, elle a donné naissance à un fils dans un état de consolation relatif.

Si les rêves peuvent quelquefois sauver la vie des individus, ils peuvent également protéger des pays entiers. Le plus bel exemple, bien connu d'ailleurs, est le rêve du pharaon que Joseph, onzième fils de Jacob, a interprété de façon prodigieuse. Sept vaches grasses et bien en chair sortent du Nil, suivies aussitôt par sept vaches maigres et laides qui les dévorent. Puis, le rêve se répète en quelque sorte : le pharaon voit sept épis pleins et beaux monter de la même tige, mais ils sont bientôt suivis par sept épis grêles et brûlés qui les dévorent. L'interprétation de Joseph, qui prédit sept années de bonne récolte suivies de sept années de disette, a évité à l'Égypte la famine et le désordre.

Le rêve de saint Joseph s'impose également d'emblée. Selon l'Évangile, le charpentier Joseph s'aperçoit un jour que sa fiancée est enceinte. Les coutumes de l'époque lui permettent de la répudier, voire de la tuer. Mais l'ange du Seigneur lui apparaît alors en songe et lui dit : « Joseph, fils de David, ne crains pas de prendre chez toi Marie, ta femme, car ce qui a été engendré en elle vient de l'Esprit Saint [...][51] » Bien entendu, Joseph obéit à la voix du songe. C'est qu'à l'époque, déjà, on prenait les rêves au sérieux. Que serait devenue notre civilisation si Joseph n'avait pas pris son songe au sérieux ? se demande Marie-Louise von Franz. Vaste et amusante question ! L'histoire d'une civilisation, d'un pays, d'un être humain ne tient en effet souvent qu'à un rêve.

Freud, le précurseur

La gloire de la redécouverte de l'importance des rêves dans les temps modernes revient à Sigmund Freud. Selon lui, le rêve est la « voie royale » vers la connaissance de l'Inconscient. S'inspirant de la tradition judaïque, il est d'avis qu'un rêve non interprété est comme une lettre que l'on a écrite, que l'on a envoyée, mais que personne n'ouvrira. D'après Freud lui-même, le rêve est la seule base solide de sa théorie psychanalytique. On peut paraphraser cette idée : pour Freud, le point d'appui qui permet de soulever le monde, c'est le rêve. Et l'importance qu'il a accordée au rêve lui a effectivement permis de soulever le monde. Grâce à Freud, l'être humain a une image beaucoup plus juste et réaliste de lui-même, et pas toujours pour le meilleur. La portée révolutionnaire de sa pensée pour l'évolution humaine n'a pas besoin d'être démontrée.

Ce qui nous intéresse ici, ce sont les théories de Freud sur le rêve. Une question se pose : si Freud est vraiment la grande autorité en la matière, pourquoi préférons-nous interpréter ou analyser les rêves selon la vision de Jung ? La réponse est simple : la méthode freudienne, extrêmement complexe et « dévoreuse de temps » (*time consuming*, dirait-on en anglais), ne peut expliquer qu'un pourcentage restreint de rêves. Considérant que le rêve est essentiellement un *accomplissement du désir*[52], Freud ne s'intéresse qu'à la vie instinctive de l'être humain. Cela est tout à fait utile pour un certain nombre de rêves. Mais que fait-on des autres ? Freud déclare qu'il n'a jamais entendu raconter de rêve prémonitoire ni l'un de ces songes, rêve marquant ou annonciateur, qui nous viennent de l'Antiquité.

La révolution révolutionnée

Pour Jung, et grâce à lui pour tous les jungiens, le rêve représente une manifestation multidimensionnelle qui informe, certes, par rapport aux instincts, mais également à propos des traumatismes de l'enfance, des questions relationnelles, de la créativité, des interrogations philosophiques, des quêtes spirituelles, etc. Les rêves constituent en effet la base essentielle de la psychanalyse jungienne. Voici ce qu'en dit Francine Saint René Taillandier :

> Dans l'activité onirique, libéré de la tyrannie efficace, mais nécessairement partiale et unilatérale de notre attention volontaire, notre esprit échappe pour un temps aux limites du monde quotidien, aux lois de la matière et de l'espace-temps. S'éveillant à un autre mode d'être, notre âme fait, chaque nuit, l'expérience de sa totalité. […] Le rêve ramènera alors le puritain vers sa condition animale, l'intellectuel vers le monde concret et quotidien, celui qui se surestime verra ses

défauts ou ses travers soulignés ou son contentement de soi ridiculisé, mais celui qui se sous-estime se verra par contre valorisé[53].

Ces précisions nous sensibilisent également à la thèse fondamentale de Jung selon laquelle la plupart des rêves *compensent* notre attitude consciente.

Bien des rêves vont pourtant au-delà de la fonction de compensation. Il existe des rêves *prospectifs* qui nous indiquent, souvent d'une manière dramatique, que notre attitude face à la vie est inadéquate. C'est à cette catégorie qu'appartiennent les cauchemars qui terrifient les humains depuis l'aube des temps. Et pourtant, les cauchemars sont, possiblement, les rêves les plus utiles. Ils peuvent littéralement nous sauver la vie en certaines occasions. Les rêves peuvent par ailleurs nous aider à faire des découvertes scientifiques. Ils nous « dictent » des romans, nous font entendre des musiques inconnues qu'il nous est possible de retranscrire, nous présentent des tableaux propres à inspirer nos toiles. La fonction initiatique des rêves prend la forme de visions insoupçonnées, transcendantes, cosmiques, pour celui ou celle qui pose *la bonne question*. Jung lui-même a découvert les archétypes à travers ce qu'il nomme un de ses « grands rêves ».

Le rêve et la santé

Pourquoi parler autant des rêves dans un ouvrage qui concerne une méthode d'autoguérison ? De fait, *Images de transformation* n'utilise pas et n'enseigne pas l'interprétation des rêves. Cela dit, il peut arriver qu'au cours d'un processus de rapprochement avec son Inconscient le consultant reçoive un rêve prodigieux ou une série de rêves intrigants. Il ne faut pas alors qu'il se sente pris au dépourvu. Les quelques notions présentées ici peuvent déjà, nous l'espérons, rassurer les novices peu ou mal renseignés. Quelqu'un qui a accès à un interprète compétent peut largement tirer profit des messages de son Inconscient. Pour les débutants plus hardis, nous incluons en annexe un texte intitulé « Les trente principes de l'interprétation des rêves » qui leur permettra de faire leurs premières armes. Je rappelle que même un rêve incompris peut nous aider si nous l'accueillons avec respect, si nous l'écrivons, si nous le racontons et si nous méditons son message pendant quelque temps.

L'importance particulière de la relation entre le monde des rêves et la méthode des *Images de transformation* vient du fait que les rêves nous parlent beaucoup de notre santé, qui plus est, ils tentent généralement de nous guérir. Hippocrate savait déjà que les rêves dévoilent des troubles corporels qu'aucun symptôme n'a encore révélés. Dans l'Antiquité, surtout en Grèce, l'incubation des rêves se pratiquait. Pour ce faire, les pèlerins se rassemblaient dans des sanctuaires où ils participaient à des rites de purification, à des jeûnes, à des processions nocturnes. Ils allaient ensuite dormir dans des temples et des grottes. Soudain, l'un d'eux poussait un cri, se réveillait et racontait son rêve. Les autres s'éveillaient à leur tour, criaient et se mettaient également à raconter ce dont ils avaient rêvé. Prêtres et prêtresses interprètes se tenaient prêts. Le moment venu, ils expliquaient le rêve, et la rêveuse ou le rêveur se sentait déjà mieux. Sur cette époque, nous possédons des documents qui décrivent fidèlement l'atmosphère des cérémonies d'incubation et font état d'un certain nombre de « guérisons miraculeuses ». La pratique de l'incubation s'est poursuivie dans les églises catholiques jusqu'au VIIe siècle. À cela près que ce n'était plus Asclépios, dieu grec de la santé, qui venait guérir les malades, mais des saints catholiques.

La médecine officielle contemporaine a complètement oublié les considérations d'Hippocrate. Et l'on ne fait plus le rapport entre la guérison et les pèlerinages qu'entreprennent les malades afin d'honorer leurs divinités. Pourtant, grâce à Freud et à Jung, par la mise en œuvre qu'ils ont réalisée des ressources du monde de l'Inconscient, un soleil nouveau se lève sur le monde de la santé. Nous savons tous, à notre époque, que le soma et la psyché fonctionnent main dans la main, c'est-à-dire dans une symbiose quasi totale. Ces connaissance et conscience nouvelles font du rêve une ressource inestimable pour la compréhension et le traitement des maladies. Même les puristes du monde scientifique s'éveillent à cet état de choses.

Science et intuitions

Récemment, des scientifiques affirmaient que les rêves peuvent permettre de résoudre certains problèmes. Une étude menée à l'Université d'Alberta (Canada), avec le concours de 470 étudiants, sous la direction de Don Kuiken, spécialiste des rêves et professeur de psychologie, montre en effet que les rêves peuvent aider à résoudre des questions problématiques datant de la veille, voire d'une semaine plus tôt, telles que des accidents, des crimes, des examens manqués, des querelles, etc. En fait, cette « découverte » scientifique ne fait que donner suite à une tradition millénaire.

Faisons appel à une métaphore : pour moi, cinéaste, il existe en chacun de nous un réalisateur de grand talent qui nous connaît et qui veut notre bien. Il nous parle dans un langage cinématographique de très haute qualité. Il fait des efforts désespérés pour nous aviser que nous sommes dangereusement coupés de notre nature profonde. Ses films veulent nous guider, nous amener vers ces dimensions intérieures où tout n'est qu'« ordre et beauté, luxe, calme et volupté », afin de nous guérir. J'irai jusqu'à dire que c'est probablement ceux qui étaient en contact avec leur monde intérieur grâce à leurs rêves qui sont arrivés à la constatation que *Dieu n'est que bonté*.

Nous savons que cette affirmation, concernant un Dieu cosmique, est fausse. Toutes les horreurs du monde ne peuvent en effet être imputées aux humains. Or, la nature humaine même n'est-elle pas, dans toute sa complexité, la création de ce soi-disant Dieu, ou de la Nature ? Par contre, en ce qui concerne notre nature intérieure, je dois affirmer qu'en vingt-cinq années de travail avec les rêves, je n'en ai pas encore vu un seul qui ait été négatif pour le rêveur ou la rêveuse. Bien sûr, je sais que nous attirons les rêves qui nous intéressent. Mais comme j'ai pu interpréter un minimum de 20 000 rêves, je sais de cette expérience qu'en nous vit *cet ami fidèle et fiable*, et c'est pour cette raison que j'ose vous le recommander. L'idée n'est pas nouvelle, mais vous proposer de la redécouvrir et d'en profiter pleinement est nouveau. Voici une autre définition révélatrice concernant le rêve, empruntée à Jung lui-même :

Le rêve est une porte étroite, dissimulée dans ce que l'âme a de plus obscur et de plus intime ; elle s'ouvre sur cette nuit originelle cosmique qui préformait l'âme bien avant l'existence de la conscience du moi et qui la perpétuera bien au-delà de ce qu'une conscience individuelle aura jamais atteint. […] Par le rêve […] nous pénétrons dans l'être humain plus profond, plus général, plus vrai, plus durable, qui plonge encore dans la pénombre de la nuit originelle où il était un tout et où le Tout était en lui, au sein de la nature indifférenciée et impersonnelle[54].

CHAPITRE 13

Les signes lumineux

Nous savons maintenant que nous rêvons toutes les nuits, qu'une bonne partie de notre sommeil est consacrée aux activités oniriques. Ce qui est moins connu, c'est que nous continuons à rêver durant le jour. L'Inconscient s'efforce en effet de nous informer, de nous aider et de nous inspirer pendant l'état de veille également. Mais ces messages ne parviennent à la conscience que dans de cas rares – à l'occasion de quelque sieste peut-être ? Généralement, ils passent inaperçus. On peut se servir ici de l'analogie avec le ciel étoilé : par une nuit claire, le scintillement des corps célestes est bien visible, mais quand le jour se lève, il est éclipsé par les rayons du soleil. De la même façon, les rêves sont effacés par l'éclat de la conscience éveillée. À cela près que l'Inconscient n'abandonne pas pour autant son œuvre protectrice, créatrice, initiatrice. Il choisit alors de transformer les rêves, signes de nuit, en événements synchronistiques, signes de jour. Mais pour percevoir ceux-ci et en tirer profit, il faut une fois de plus être averti. Il faut littéralement apprendre à identifier ces messages subtils et souvent sublimes.

Avant d'en venir à cette connaissance salutaire, je commencerai par donner une définition de base : la *synchronicité* est une coïncidence significative entre des événements intérieurs et extérieurs sans qu'existe entre eux de relation causale. Exprimé plus simplement, il s'agit d'événements qui se manifestent sans cause apparente et qui laissent des impressions étranges, mystérieuses, parfois miraculeuses. Les événements synchronistiques qui sont consciemment enregistrés soulèvent en général l'émerveillement, souvent l'inquiétude, quelquefois une réaction d'effroi.

Les maladies comme événements signifiants

Nous pouvons à présent revenir à la question que nous avons déjà posée par rapport aux rêves : pourquoi parler des occurrences synchronistiques dans un ouvrage consacré à la guérison ? La réponse est simple, évidente et multidimensionnelle.

Avant tout, nous pouvons dire que l'événement synchronistique le plus fréquent, c'est la maladie. Dans l'âme, dans l'Inconscient, il existe en effet très souvent des manques, des frustrations, des déséquilibres, des tensions propres à produire des coïncidences qui engendrent des états de santé négatifs sur le plan corporel. Je tiens cependant à souligner que dans ma compréhension personnelle toute maladie ne consiste pas nécessairement en un événement synchronistique.

Cela dit, nous savons qu'un grand nombre de maladies ont pour cause des états d'âme négatifs, des milieux familiaux malsains, des lieux de travail stressants, des conditions environnementales toxiques. Je n'ai pas besoin de donner de preuves. Des livres magnifiquement inspirés et documentés le font. Pensons à l'ouvrage de Michel Odoul, *Dis-moi où tu as mal. Je te dirai pourquoi*. Si donc la guérison nous intéresse, nous ne pouvons ignorer les coïncidences significatives. Pour commencer, il faut avoir conscience qu'elles existent ; par la suite, il faut pouvoir les reconnaître ; et pour finir, il faut savoir les interpréter et les comprendre. Commençons par nous familiariser avec certaines manifestations synchronistiques de notre quotidien.

Dans le domaine de la santé, nous avons tout intérêt à examiner les symptômes physiques dont nous souffrons. Le livre de Michel Odoul peut nous aider à découvrir les causes générales de nos malaises. Dans certains cas plus graves, toutefois, il est nécessaire de mener une investigation plus poussée. Ce travail demande souvent un véritable talent de Sherlock Holmes. C'est en effet dans les enquêtes de détective que l'imagerie réceptive, elle-même généralement inspirée par des coïncidences significatives, s'avère de la plus grande utilité. Prenons un exemple.

Avec un de mes clients, atteint d'un cancer, nous avons essayé de remonter à l'origine de son mal. Au cours de nos conversations, nous avons découvert que la mère de cet homme, à qui il était exagérément attaché durant son enfance, lui a souvent répété qu'il devait toujours se montrer très économe. Or, avant l'apparition de son cancer, cet homme venait de perdre 300 000 $ dans un investissement qu'il avait fait sur le conseil de « bons amis ». « Toute ma réserve pour mes vieux jours », me disait-il. Comme il a guéri par la suite, je ne peux m'empêcher de penser que la prise de conscience de ces données l'a aidé dans son processus d'autoguérison.

L'envers des accidents

Passons maintenant à un autre champ très vaste dans lequel la synchronicité se manifeste également à tout moment : le domaine des accidents. Freud a déjà amplement démontré que l'Inconscient s'exprime souvent par des actes manqués, des *lapsus linguae*, des comportements compulsifs, etc. À cette occasion, la pensée logique, rationnelle, éthique et l'attitude que l'on voudrait bonne, positive, magnanime se voient contredites, trahies par des actes irrationnels. La plupart de ces accidents synchronistiques ne sont pas très graves, comme le montre cet exemple parmi d'innombrables autres : lors d'une soirée entre amis, un homme renverse son verre de vin rouge sur la robe blanche d'une femme qu'il admire. Aurait-il voulu envahir le corps de cette femme d'une passion plus concrète ?

Malheureusement, bien des accidents synchronistiques ont une fin plus tragique. Au volant d'une moto, d'une automobile, le moindre geste peut facilement provoquer la déviation fatale. Un désir inconscient peut causer sa propre mort ou celle de quelqu'un d'autre. Un de mes clients a vécu le tragique événement suivant durant son enfance : il avait quatre ans quand sa mère a mis au monde son petit frère. Il n'aimait pas ce nouveau venu, car depuis sa naissance lui-même recevait moins d'attention, moins de caresses. Deux ans plus tard, il eut « sa revanche ». Ses parents lui avaient bien appris que la porte du jardin où se trouvait la piscine familiale devait toujours être soigneusement fermée. Mon client, qui avait six ans à l'époque, connaissait parfaitement la consigne. Un jour, pourtant, il a « oublié ». La porte du jardin est restée ouverte et son petit frère de deux ans s'est noyé. Une bonne connaissance de la réalité des coïncidences significatives ne pourra nous faire éviter tous les dangers de l'existence, mais elle peut nous donner une chance, un avantage que nous n'aurions pas autrement. Un certain nombre de mes clients ont décidé de me consulter à la suite d'accidents. Ils sentaient très fortement que la cause de la fatalité dont ils étaient l'objet se trouvait dans leur monde intérieur, un monde qui leur était inconnu.

Les événements synchronistiques se produisent souvent en concordance avec les rêves. Freud enseignait déjà que les rêves ont habituellement trait aux événements vécus la veille par le rêveur ou la rêveuse. Ce que l'on sait moins, c'est que souvent le contraire se produit également. En voici un exemple : une de mes élèves, au cours d'une retraite thérapeutique, a vu en rêve la fillette qu'elle était durant son enfance, mais sous la forme d'un petit oiseau faible et maladroit. Le lendemain matin, en ouvrant la porte qui donnait sur le jardin, elle a trouvé sur le seuil un petit oiseau mort. Elle a immédiatement compris que sa personnalité de petite fille était à présent morte, dépassée.

Une dimension controversée

La synchronicité s'opère souvent d'une manière télépathique ou prémonitoire. L'exemple classique est celui du mystique Swedenborg qui décrivit l'incendie de Stockholm à distance en 1759. Approfondir ce thème nous éloignerait un peu trop de notre sujet. Mentionnons cependant que les personnes qui voient dans leurs rêves ou dans des visions la mort de proches qu'ils aiment, des tremblements de terre, des catastrophes imminentes, sont souvent désespérées de leurs « dons prodigieux ». Je me fais régulièrement poser la question : comment faire pour me débarrasser de ce « cadeau empoisonné » ? Ma réponse est simple : je n'en sais rien. J'ajoute cependant, un peu pour consoler la personne déçue de ma réponse, qu'à mon avis il ne faut pas être trop malheureux de ces dispositions naturelles. Si vous les possédez, c'est que tout être humain les possède, au moins à l'état potentiel. Cela nous rappelle donc que nous sommes des êtres beaucoup plus complexes et plus doués que nous ne le croyons en général.

En évoquant l'utilité particulière des signes de jour, nous ne pouvons passer sous silence l'importance que jouent ces signes dans les arts divinatoires : l'astrologie, le tarot, le Yi-King. Bien entendu, nous ne parlons pas ici de la compréhension occulte, magique, mystifiée de ces « arts », mais bien de leur dimension tout à fait scientifique d'après Jung. Quel est leur rapport avec *Images de transformation* ? Voici mon hypothèse : les messages, ou images, reçus à travers ces « arts » peuvent souvent nous aider, nous transformer, nous guérir même. Chez les jungiens, les arcanes majeurs du tarot s'appellent les *archétypes de transformation*. L'astrologie est relativement bien connue du grand public. Le Yi-King, l'est beaucoup moins. Voici ce qu'en dit Hellmut Wilhelm, fils de Richard Wilhelm qui fut le premier traducteur compétent du Yi-King :

> La personne responsable a une influence sur le cours des événements, pour elle le changement cesse d'être un processus intangible, insidieux et devient un ordre organique correspondant avec la nature de l'homme. Ainsi, le rôle assigné à l'être humain n'est point petit. Entre des limites établies, il n'est pas seulement maître de sa destinée, il est également en position d'intervenir dans le cours des événements bien au-delà de sa sphère personnelle [...][55].

Si nous parlons de la synchronicité et du Yi-King dans ce livre, c'est que nous sommes tout à fait d'accord avec ce qu'affirme Hellmut Wilhelm ; c'est exactement ce que nous apprenons par notre contact avec les images intérieures. En effet, le rôle assigné à l'être humain n'est point petit. Dans sa préface à l'édition anglaise du Yi-King, Jung écrit :

> Le Yi-King [ne] se présente pas avec des preuves et des résultats : il ne se vante pas, il n'est pas d'un abord aisé. Constituant un élément de la nature, il attend, comme tel, qu'on le découvre. Il n'offre ni faits ni pouvoirs,

mais, pour les êtres épris de connaissance de soi et de sagesse – s'il en est –, il paraît être le livre juste[56].

Mais comment prendre au sérieux ces pensées élevées, quand on sait que pour consulter le Yi-King il faut jeter en l'air trois pièces de monnaie six fois de suite, puis construire un hexagramme qui livrera ses sages conseils ? C'est à ce moment-là que tout ce processus paraît complètement dépourvu de sens. Et pourtant, quiconque a fait l'expérience de consulter le livre en profondeur sait pertinemment que du sens s'y trouve ! Comment faire confiance à un processus aussi illogique ? D'autant plus que Michael Fordham nous dit :

> Jung a introduit l'idée de la synchronicité pour éliminer la fantaisie, la magie et la superstition qui nous entourent et qui sont provoquées par des événements imprévisibles et impressionnants[57].

La compréhension jungienne de ces signes

Jung a utilisé le terme de synchronicité pour la première fois dans l'oraison funèbre qu'il prononça à l'occasion du décès de Richard Wilhelm, en 1930, afin d'expliquer le fonctionnement du Yi-King. Le comble est que, selon Jung, l'« inexplicabilité [des synchronicités] ne vient pas du fait que leur cause est inconnue, mais plutôt du fait que leur cause ne peut même pas être représentée en des termes intellectuels[58] ». Faudrait-il en déduire, en adoptant un point de vue cartésien, que la synchronicité est une simple chimère ? Les données scientifiques les plus récentes font miroiter une réponse, mais celle-ci, au fond, reste assez évasive : la synchronicité a une cause, mais cette cause n'a pas encore été découverte de façon scientifique[59].

La théorie jungienne veut qu'il existe un *unus mundus*, une unité intrinsèque du Tout, où tout communique avec tout dans l'espace et le temps, cela d'une manière indéfinissable. Qu'en penser ? La réalité, paradoxale, est la suivante : les théories ne se tiennent pas, mais la synchronicité fonctionne. Elle est réelle. Nous en faisons l'expérience tous les jours. Je vais en donner un exemple représentatif.

Un exemple frappant

Un jour, j'ai visité une amie qui, du fait d'une enfance particulièrement tragique, avait une attitude négative et défaitiste face à l'existence. Au cours de notre conversation, plein de bonne volonté, j'ai essayé de lui être utile en lui offrant quelques conseils. Comme cela ne servait à rien, nous avons gardé un moment de silence tout en songeant à nos pensées respectives, plutôt sombres. À ce moment-là, un coup de tonnerre nous a brusquement secoués. Un vase ovale, en cristal, lourd, qui était placé sur la table près de nous a alors éclaté d'un coup en mille morceaux. Je fus sidéré en entendant, durant un bon moment après l'explosion, des sons stridents. Ils provenaient des parties du vase éparpillées sur le sol qui continuaient à se désagréger en éclats minuscules. Peu de temps après cet événement troublant, mon amie tomba gravement malade.

D'habitude, les signes de jour ne frappent pas à notre porte avec fracas. Ils se manifestent en douceur, surtout quand la situation n'a pas encore atteint un état de crise majeure. Mais ils accompagnent toute évolution personnelle. Ils nous poussent dans le dos à la manière d'un ange gardien avisé et tendre. Ils nous guident, nous encouragent : « Avance, élargis ta conscience, deviens ce que tu es ! » Ce n'est que si nous perdons complètement de vue nos objectifs humains que les « coïncidences » tentent brutalement un coup fatal : elles nous offrent alors une planche de salut, une dernière chance.

Une utilité insoupçonnée

L'utilité des coïncidences significatives suppose que l'on fasse mention d'un autre élément d'importance. Pour comprendre ce point, il faut avoir à l'esprit que la cause de nos souffrances psychologiques et corporelles se trouve souvent dans la projection, dans le transfert : nous projetons nos côtés négatifs comme nos qualités positives sur les autres. Si bien que nous ne voyons pas ces derniers comme ils sont. Au contraire, nous les dénaturons, nous les transformons afin de pouvoir les juger ou les admirer pour des traits de caractère qui, au fond, nous appartiennent.

Nous nous acharnons à les voir moins bons ou meilleurs qu'ils ne sont, c'est-à-dire à les violer psychologiquement, au lieu de nous occuper de notre patrimoine psychologique personnel. Il en résulte évidemment des conflits, de la violence et de la destruction, autant sur le plan personnel que collectif. La projection motive en effet souvent l'assujettissement de nations, des massacres raciaux et des actes de terrorisme effroyables. Face à cette violence aveugle et généralisée, la notion de synchronicité peut apporter une lueur concrète d'espoir.

La base de cet espoir réside dans le fait qu'un être humain avisé et volontaire peut transformer le processus de projection en synchronicité. Dans la projection, l'énergie est dirigée vers un objet, elle est ainsi perdue pour l'être qui projette. En prenant conscience du processus, l'individu peut arrêter cette perte, réorienter l'énergie vers lui-même et la mettre au service d'activités créatrices.

Essayons d'illustrer ce processus. Imaginons, par exemple, que je tombe éperdument amoureux d'une femme qui me fascine. Si tel est le cas, je peux en venir à lui laisser un pouvoir absolu sur mon destin. Je serai alors totalement dépendant d'elle, et s'il arrive qu'elle me prive de ses faveurs, je pourrais devenir agressif, que ce soit vis-à-vis d'elle ou vis-à-vis de moi. Si, par contre, en réfléchissant mûrement à la situation, j'en viens à réaliser qu'au fond cette femme représente en moi-même la belle féminité qui me fascine tant, dans ce cas, l'apparente fatalité est relativisée. Je serai à même de libérer ma propre féminité positive longtemps réprimée, ce qui m'aidera à évoluer vers des activités créatrices. Je pourrai alors aimer la femme réelle qui m'aura permis cette transformation, de façon plus réaliste, donc plus détachée et aussi plus profonde. Voici ce que Marie-Louise von Franz nous dit de l'être humain avisé :

> Tout en vivant en pleine harmonie avec le rythme de l'énergie psychique et son régulateur, le Soi, il n'a plus de projections. Il voit la réalité sans illusion et, dans une certaine mesure, lit constamment le sens de tous les événements synchronistiques qui surviennent autour de lui. Il vit dans le courant créateur du Soi, ou même, il est devenu lui-même ce flux[60].

Voilà l'objectif, au moins à long terme : voir les signes, être informé par eux, en être transformé, être « guéri » grâce à eux. Et pour que vous ne manquiez pas l'appel qui peut faire de vous un élu au grand festin de la vie, je vous livre le mot de passe du swâmi Prajnanpad à son élève, le grand yogi français Arnaud Desjardins : *La vigilance, c'est la voie.*

Intéressés, voire passionnés par la présence des événements synchronistiques, et informés à leur sujet, nous finissons par en percevoir en grand nombre. La personne avisée peut reconnaître jusqu'à sept ou huit de ces occurrences chaque jour, ce qui peut apporter du piment à son existence, une forme d'agrément, et lui conférer, à elle, inspiration et profondeur… Mais comme chaque grande réalité de la vie, la synchronicité a aussi son côté sombre : une personne à l'affût de la magie, du miraculeux, peut projeter son monde et ses désirs dans les signes de jour au point de finir par en voir partout. Il y a là un danger évident. Certains adeptes de la philosophie *New Age*, par exemple, utilisent ces signes pour justifier leurs positions absolutistes et leurs actions sectaires. Aussi, face à la synchronicité, comme face à tout ce qui concerne les messages de l'Inconscient ineffable, une attitude de prudence, de réalisme, de mesure et de discernement s'impose-t-elle.

CHAPITRE 14

L'imagination active, art du dialogue

Parmi les méthodes de communication avec l'Inconscient, il en est une qui est la plus importante, mais aussi la plus difficile. Jung l'a baptisée l'*imagination active*. Beaucoup croient qu'il en est l'inventeur. Cette croyance est erronée. Nous savons en effet que le dialogue avec l'âme se pratiquait dans l'Égypte ancienne[61]. La Bible comporte de nombreuses descriptions d'échanges entre Abraham, Jacob, les prophètes, et Yahvé. Naropa, le grand sage hindou particulièrement vénéré au Tibet, est initié à sa mission par un guide intérieur appelé Tilopa[62]. Socrate avait son *daïmôn* (démon) personnel. Le shamanisme recourt depuis bien longtemps au voyage intérieur. Sans compter les personnes qui découvrent l'imagination active spontanément, soit au cours d'une simple rêverie, soit encore pendant une méditation profonde. Les enfants, quant à eux, utilisent naturellement des fantaisies créatrices pour se consoler ou tout simplement pour s'amuser. Qu'est-ce qui fait que cette « découverte » de Jung est si importante pour notre époque comme pour notre livre ?

En fait, Jung a redécouvert une pratique ancestrale, il l'a renommée et réorganisée. Puis il l'a offerte à « l'être humain ordinaire » afin que celui-ci tire profit de la connaissance absolue pour s'enrichir, s'émanciper et, ce faisant, dépasser les limites habituelles de sa condition humaine. Ces propos peuvent sembler complètement démesurés et irréalistes, et pourtant… Voici l'opinion de Robert Johnson, auteur du seul livre qui enseigne en profondeur la pratique de l'imagination active :

> Je peux dire que l'Imagination Active est « plus réelle que le réel ». Elle n'est pas réelle uniquement dans le sens où elle a une valeur pratique et concrète dans nos vies physiques, elle nous met également en contact avec un monde de forces qui est suprapersonnel et transcendant […]. Elle nous affecte au niveau de réalités qui vont plus loin et nous influencent plus profondément que quelque autre événement que ce soit dans nos vies de tous les jours[63].

Qui peut, réalistement et honnêtement, soutenir des propos aussi fantasques et extrêmes ? La réponse est simple : la personne qui a amplement fait l'expérience de ce qu'elle affirme. C'est pour cette raison que Marie Lise Labonté et moi pouvons offrir cette méthode même à ceux et celles qui n'en ont jamais entendu parler. En la présentant, nous devons insister sur l'utilité exceptionnelle et révolutionnaire de l'imagination active. Si nous ne mettions pas l'accent sur les valeurs intrinsèques de cette méthode, nous ne pourrions faire comprendre clairement pourquoi elle est le second outil de base de la démarche *Images de transformation*.

Après avoir ainsi résumé la raison d'être de l'imagination active, couramment appelée IMAC par les praticiens, nous allons maintenant passer aux questions concernant sa pratique. Avant même de présenter les définitions de base et des données théoriques, j'aimerais dès maintenant proposer un exemple concret d'imagination active.

Un exemple parmi mille

Un jour, une dame souffrant d'une arthrite débilitante est venue me consulter. Les articulations de ses mains étaient gonflées et soudées à un point tel qu'elle pouvait à peine plier ses doigts. Elle était constamment en état de douleur aiguë et prenait des médicaments redoutables. Nous avons discuté pendant quelque temps, mais elle n'a pas voulu parler de son enfance, elle était tendue et quelque peu agressive. En désespoir de cause, je lui ai offert de faire un essai d'imagination active. Elle a accepté : « Au point où j'en suis ! » m'a-t-elle dit. Tout de suite après les préparatifs d'usage et le rite d'entrée, elle a commencé : « C'est drôle, je vois un hippocampe.

– Pourriez-vous me décrire ce poisson ? lui ai-je demandé.

– C'est bizarre, il porte un bouclier sur sa patte gauche et une lance dans la patte droite.

– Demandez-lui, s'il vous plaît, pourquoi il porte cet accoutrement. »

J'ai vu, à l'expression de son visage, que ma cliente trouvait tout à fait extravagante l'idée de converser avec un poisson. Mais tout de suite son expression a changé pour exprimer l'étonnement : « Il me dit qu'il doit se protéger, car le lapin est en train de le bombarder de boules de neige.

– Pouvez-vous voir d'où viennent ces attaques ?

– Je vois un palais de glace. Dans une des tours, il y a effectivement un lapin.

– Rapprochez-vous de lui. Demandez-lui pourquoi il s'attaque au pauvre hippocampe.

– Il ne le sait pas trop. Il a reçu un ordre d'un homme, mais ça fait très longtemps. »

Il s'avéra que le lapin ne se souvenait plus de qui était l'homme, mais mentionna la présence d'une jeune fille enfermée au sous-sol. J'ai alors suggéré à ma cliente d'aller voir la jeune fille. Effectivement, dans une petite pièce, au sous-sol du château, une jeune fille filait avec beaucoup d'application. Sur mes conseils, ma cliente lui demanda pourquoi elle faisait cela. « C'est tout ce que je sais faire », répondit la jeune fille. Nous lui avons demandé si elle ne voulait pas se reposer un moment, aller s'amuser un peu dans le monde extérieur. Mais elle était résignée et fâchée : « Laissez-moi tranquille. Je veux simplement continuer à filer », nous dit-elle.

Ainsi s'est terminée la première imagination active de ma cliente. À la suite de cette rencontre insolite, j'ai pu comprendre la cause tragique de sa maladie. Cette dame, à l'âge de dix-huit ans, avait voulu devenir danseuse, mais ses parents avaient trouvé que c'était une idée folle. Selon eux, leur fille devait apprendre une profession honorable. Ils l'avaient alors envoyée dans une école de secrétariat. Ils l'avaient aussi fortement poussée pour qu'elle épouse un prétendant qui, d'après eux, représentait un « bon parti ». Mais le mari a quitté le foyer familial au bout de quelques années et ma cliente a dû élever ses deux fils jusqu'à leur maturité en travaillant comme secrétaire. Après leur départ de la maison, l'arthrite est apparue, si bien qu'elle ne pouvait plus manipuler l'équipement informatique requis par son métier.

L'imagination active nous a dit tout cela : ma cliente de dix-huit ans, c'est-à-dire la danseuse refoulée, a transformé le château de sa féminité en un palais de glace insensible. La fileuse représente la femme qui tourne en rond sans fin, ses rêves qui ne se sont pas réalisés et sont restés dans les profondeurs de son Inconscient. L'hippocampe symbolise le « cheval de l'Inconscient », le guide instinctuel qui, avec sa lance, fait mal à la femme résignée pour éveiller en elle sa féminité encore jeune, créatrice, aimante et jouissive. Le lapin, au contraire, symbolise l'attitude de la femme prisonnière de son complexe paternel qui la maintient dans une attitude naïve et compulsive. Dans ce contexte, les boules de neige pourraient bien représenter les analgésiques. Après le premier essai, nous avons suivi la piste que l'imagination active nous avait permis de découvrir, mais il nous a fallu une dizaine d'autres séances pour que la jeune fille se décide à arrêter de filer et se risque à aller voir le monde réel. Ultérieurement, cette cliente a entrepris des études pour devenir psychothérapeute.

Au fond, qu'est-ce que l'imagination active ?

Une forme de méditation profonde, structurée, qui permet à celui qui la pratique d'établir un contact avec son Inconscient. Contrairement aux processus tels que l'imagerie réceptive, les rêves ou les signes de jour, au cours desquels les messages sont surtout *reçus* du monde intérieur, l'imagination active représente l'art du *dialogue* avec l'Inconscient. Pendant cet échange, le consultant est informé et conseillé par des dimensions intérieures sous-jacentes, soit les forces archétypales. Mais il peut protester, questionner, demander des éclaircissements. L'IMAC est la communion entre l'ego humain et cette dimension transcendantale intérieure que

Jésus appelle « le royaume des cieux » et qui, pour Jung, représente le savoir absolu.

Dans quel cadre pratique-t-on l'imagination active ?

À l'origine, la pratique faisait partie de la psychanalyse et de la psychothérapie jungiennes. Généralement, après une longue période de travail analytique – deux à trois années –, le consultant pouvait commencer à pratiquer l'imagination active avec le concours de son thérapeute. Plus tard, en fonction de son évolution personnelle, il était autorisé à la pratiquer seul. À compter de ce moment-là, l'IMAC devenait partie intégrante de sa thérapie. À la fin du processus analytique, la méthode prenait une importance particulière. Jung était en effet convaincu qu'elle pouvait beaucoup aider le consultant : à se réapproprier ses projections, à « retirer » son transfert et à se détacher définitivement de son analyste ou de son thérapeute. Mais le cadre de la pratique de l'imagination active s'est considérablement élargi aujourd'hui.

Peut-on pratiquer seul l'imagination active ?

Robert Johnson, le grand spécialiste de la méthode, inspiré lui-même par l'enseignement de Marie-Louise von Franz, répond clairement par l'affirmative : on peut pratiquer l'imagination active seul, sans aide. Il nous met cependant en garde ; il faut prévenir les débutants des dangers inhérents à la pratique de l'IMAC :

> Avant de commencer l'imagination active, assurez-vous qu'il y a quelqu'un de disponible dans votre entourage, que vous pouvez aller voir ou appeler au cas où vous seriez envahi par des fantaisies dont vous n'arriveriez pas à vous dégager[64].

Dans ma pratique personnelle, je préfère accomplir quelques mois d'analyse de rêves avant d'initier mes clients à l'imagination active. Je fais une exception pour les malades dont la vie peut être en danger. Dans ces cas exceptionnels, il m'arrive de recourir à l'imagination active dès la deuxième rencontre. Aux personnes extérieures à ma pratique qui me demandent mon avis, je conseille généralement de lire d'abord sur le sujet. Jung, von Franz, Johnson, Hannah sont des auteurs qui méritent d'être consultés en profondeur. À quelqu'un qui est bien préparé de la sorte, je conseille également de rencontrer un spécialiste trois ou quatre fois avant d'en entreprendre la pratique seul. Ces rencontres lui permettront de s'assurer que les premiers contacts avec son Inconscient se feront sans heurts et en toute sécurité.

Quels sont les dangers inhérents à la pratique de l'imagination active et comment les éviter?

Nous avons vu, au cours des chapitres précédents, que l'Inconscient est un monde incommensurable. Entrer dans ce monde, interagir avec ses dimensions inconnues peut faire que l'on s'y perde et que l'on ait des difficultés à en revenir. On sait aussi que l'IMAC peut activer une psychose latente chez les personnes prédisposées. Cette pratique peut également déclencher des abréactions somatiques troublantes : sanglots, vomissements, douleurs, tremblements du corps, etc. Pour toutes ces raisons, on ne plonge pas dans cette pratique sans une préparation solide.

Une règle de base précise qu'il ne faut pas inclure de personnes vivantes (père, mère, époux et autres) dans les fantaisies, parce que l'imagination active est un outil tellement puissant que la personne qui n'a pas été prévenue peut être emportée par ses émotions et faire du mal à ses proches. Pour comprendre cela, commençons par affirmer ceci : la magie est l'utilisation de l'imaginaire poussée à son paroxysme. Nous savons d'expérience que ce paroxysme, cette intensité maximale de la visualisation, peut sérieusement endommager le psychisme et le corps d'autrui. De plus, vouloir utiliser la puissance de l'Inconscient pour influencer les autres peut être préjudiciable au consultant manipulateur ou irréfléchi.

L'imagination active est un phénomène tellement saisissant et prodigieux que certaines écoles *New Age* **s'en sont emparées** et la proposent, sous des appellations diverses, à un public friand de méthodes miraculeuses. Certaines de ces méthodes sont dangereuses, particulièrement parce que ceux qui les pratiquent ne sont pas mis au courant des caractéristiques de l'Inconscient. J'ai dû, dans ma pratique, m'occuper de consultants qui avaient été vraiment déséquilibrés pendant quelque temps à cause de la pratique d'une forme d'IMAC diluée, rebaptisée et tout à fait approximative.

Comme je ne peux utiliser de matériel thérapeutique, je vais donner l'exemple de l'une de mes amies et collègues. Cette jeune femme a suivi un cours dans lequel on assurait aux participants qu'après trois week-ends intensifs de formation ils devenaient « maîtres » dans la discipline. Le côté spectaculaire de la méthode venait de ce que cette amie apprit à inviter, dans la cave de son domicile, toutes sortes d'entités et de guides imaginaires censés lui transmettre des enseignements secrets... Elle entretint ces relations imaginaires quelques semaines durant, nous faisant le récit de ses exploits d'une manière passionnée. Un matin pourtant, elle arriva au travail pâle et troublée. Elle nous a alors raconté qu'en rentrant la veille, chez elle, elle avait trouvé dans sa cave une « boule mauve » d'à peu près un mètre de large. Cette boule l'a d'abord émerveillée, mais quand elle a commencé à la poursuivre à travers la maison, elle s'est mise à fuir et a fini par « vivre la peur de sa vie ». Ce n'était pas un monstre terrible, mais une simple boule mauve. Si je parle de ce genre d'événement, ce n'est pas pour créer la controverse, c'est pour prévenir. Redisons-le, la prudence et la vigilance sont la bonne voie.

La pratique

Cette mise en garde étant faite, passons maintenant à la pratique individuelle. Robert Johnson décrit les quatre étapes de base que comporte, selon lui, la pratique de l'imagination active :
1. On invite l'Inconscient ;
2. On dialogue avec lui et on en fait l'expérience ;
3. On s'engage à respecter une certaine éthique ;
4. On concrétise la pratique par un rituel physique. Personnellement, je divise la démarche en huit étapes qui recouvrent celles de Johnson :
     1. Préparatifs et structure ;
     2. Rite d'entrée ;

3. Contact avec l'Inconscient ;
4. Dialogue et expérience ;
5. Conclusion de la rencontre ;
6. Rite de sortie ;
7. Évaluation éthique ;
8. Rituel d'intégration.

La description détaillée de ces étapes, qui suit, n'est pas un mode d'emploi, elle vise uniquement à donner une idée générale de la pratique de l'imagination active.

Préparatifs et structure

La pratique doit se dérouler dans un endroit bien aéré et silencieux. Elle se fait toujours en position assise et confortable, sauf si le consultant est malade ou dans un état de fatigue extrême. On ne pratique pas après un repas copieux ou après avoir consommé de l'alcool.

À moins d'être un expert dans cet art, la pratique de l'IMAC demande également une structuration approfondie. Il faut planifier la rencontre avec l'Inconscient en détail : on décide à l'avance de la durée approximative de la rencontre ; on prévoit la dimension intérieure que l'on souhaite explorer ; on précise les questions que l'on veut poser à ses personnages intérieurs ; on se rappelle enfin que, si l'Inconscient initie des modifications au cours du déroulement de la rencontre – en communiquant des messages inattendus, par exemple –, il conviendra de les accepter de bonne grâce et d'adapter son plan de travail en conséquence. Si la personne se fait accompagner durant l'exercice, il est souhaitable qu'elle partage dès le début ses projets, ses inquiétudes et ses attentes avec son thérapeute.

Rite d'entrée

La rencontre débute par une respiration calme et naturelle. En inspirant de façon consciente, on se rappelle que l'on absorbe l'énergie qui soutient toute vie. En expirant, au contraire, on se libère de ses toxines, de ses tensions et de ce qu'il peut y avoir de négatif en soi. Au bout de quelques respirations, une certaine détente s'installe. Les pensées automatiques se calment également quelque peu. On se souvient alors que, lorsque le cerveau est calme, « la porte s'ouvre » vers le monde intérieur, vers l'Inconscient. À ce moment-là, on prononce un mot de passe personnel, par exemple : « Salutations respectueuses à mes dimensions intérieures. » Cette sorte de phrase rappelle au consultant qu'il quitte son mode de fonctionnement mental habituel pour une courte période. Il est alors prêt pour la rencontre et adopte l'attitude de *laisser advenir*.

Contact avec l'Inconscient

En principe, le début de cette étape a déjà été planifié lors des préparatifs, quand la personne a décidé de rencontrer un guide puis de partir de telle image d'un rêve, d'une expérience traumatisante particulière ou d'un symptôme corporel donné. Mais il arrive qu'un départ précis ne soit ni prévu ni prévisible, et quelquefois même, pas souhaitable. Attendre calmement est alors recommandé. Au bout de quelques minutes, cette attente débouche généralement sur les images du premier contact. Le dialogue peut alors s'engager.

Certaines personnes éprouvent des difficultés, surtout lors des premiers essais, à voir, entendre ou sentir quoi que ce soit. Il faut alors les soutenir. Dans les cas relativement faciles, je suggère au consultant d'imaginer qu'il attend dans un *décor moderne* : une salle de cinéma privée, luxueuse. Le rideau commence à s'ouvrir, l'éclairage de la pièce s'estompe. Le film ne commence pas immédiatement ? Le projectionniste est peut-être un peu en retard. Mais il n'y a pas de raison de s'inquiéter, juste un peu de patience… Et généralement, les images surgissent spontanément.

Dans les cas plus difficiles, je suggère à la personne d'imaginer un *chemin* et de me donner autant de détails que possible sur sa fantaisie : quelle sorte de paysage entoure le chemin ? Fait-il beau ? Y a-t-il des arbres, des fleurs, des animaux ? Presque tout le monde peut imaginer un chemin. Cela fait, je demande à la personne de partir en promenade sur ce chemin. En principe, elle rencontre tôt ou tard quelqu'un ou quelque chose. Sinon, le contact ou la communication est remis à une séance ultérieure. On ne force jamais la porte de l'Inconscient.

Dialogue et expérience

L'imagination active réside dans l'art de dialoguer avec les contenus de l'Inconscient. On communique avec les personnages comme s'ils étaient de vraies personnes à qui l'on vouerait un profond respect. On les traite poliment, on les écoute attentivement, on les questionne avec confiance, en se rappelant que ces interlocuteurs, d'une façon ou d'une autre, représentent la *sagesse sublime*. On implique aussi toutes ses émotions naturelles. Si un lion se présente, par exemple, on ne peut rester insensible ! On ne panique toutefois pas face à des formes effrayantes. On se rappelle le paragraphe dix-huit des trente principes d'interprétation des rêves donnés en annexe : tout ce qui nous « court après » dans les rêves veut faire partie de nous. Ce n'est que lorsque les apparitions sont nettement menaçantes que l'on recourt à des « techniques de protection ». Voici quelques phrases types que l'on peut dire avec fermeté à un personnage dangereux : « Tu ne peux m'atteindre, je suis protégé par un bouclier invisible », « Mon guide n'est pas loin, tu ne peux rien contre lui », « J'ai le pouvoir de t'enfermer dans une cage dont tu ne sortiras pas de sitôt ». C'est seulement quand on est envahi par une peur incontrôlable qu'il est conseillé de « quitter les lieux », c'est-à-dire l'état de fantaisie, pour retrouver son niveau de conscience habituel. Il est cependant préférable d'avertir l'entité menaçante avant : « Je pars maintenant, tu es trop violent, mais ne t'en fais pas, je reviendrai mieux armé (ou bien accompagné), et nous réglerons alors notre conflit. » Naturellement, il faut tenir parole.

Dans certaines imaginations actives, le consultant doit faire face à un agresseur. Je pense à une patiente qui, au cours d'une séance, a dû affronter un énorme bourdon. Nous avons alors construit une enceinte solide de fils autour de l'insecte. Il était ainsi contenu, quoique extrêmement violent et vulgaire. La semaine suivante, nous l'avons « visité ». Il était encore tout à fait intraitable… Une semaine plus tard, il a changé de ton. Lors des rencontres ultérieures, la patiente a pu établir une négociation ;

c'est seulement quand le bourdon lui a solennellement promis qu'à sa libération il ne la piquerait pas qu'elle a accepté de le relâcher; il est alors parti, relativement apaisé.

L'imagination active est l'art du théâtre d'improvisation: on ne sait jamais ce que les secondes à venir vont amener d'inattendu, d'intriguant, de menaçant. C'est pourquoi il convient de garder une attitude à la fois méditative et vigilante. Graduellement, on apprend à réagir avec la vitesse de l'éclair, impliquant tous ses réflexes, tout son jugement, toute sa créativité et toute son intuition. Le patient qui agit de cette façon, tout en se protégeant face aux « contenus » envahissants, tirera profit des situations qu'il aura affrontées et des messages qu'il en aura reçus. Il m'est par exemple arrivé de rencontrer en début de séance un diable rouge et rugissant qui voulait ni plus ni moins détruire le consultant… Nous n'avons pas fui la scène. Nous avons plutôt emprunté la voie du questionnement socratique: qui es-tu? Pourquoi es-tu si en colère? Qui t'a fait mal? Quelle est ta vraie personnalité? Que pouvons-nous faire pour toi? Qu'aimerais-tu faire de ta vie maintenant? Qu'est-ce qui te ferait plaisir? Il arrive qu'à la fin de certaines de ces séances le diable intérieur pleure à chaudes larmes sur l'épaule de sa victime quelque peu ébahie mais surtout rassurée. En réalité, il s'avère que certains scénarios d'imagination active ressemblent à un combat d'escrime entre des samouraïs chevronnés. Le but, toutefois, n'est pas de tuer l'autre, mais de l'initier. Lors des communications et des actions de l'imagination active, ce n'est pas toujours le moi conscient du consultant qui bénéficie de la rencontre. Dans bien des cas, nous pouvons aider une dimension intérieure inconsciente à s'exprimer, ce qui peut prendre diverses formes: libérer une héroïne emprisonnée ou guérir un enfant intérieur malade.

Certaines séances d'imagination active se déroulent sous le signe du calme, de l'harmonie, du silence. Oui à l'art du dialogue, mais le verbiage est à éviter. Il faut pouvoir faire preuve de beaucoup d'écoute positive envers les dimensions refoulées ou inconnues de soi. Les laisser s'exprimer et les questionner d'une façon adéquate apporte des informations tout à fait révélatrices. On se souvient que, dans la légende du Graal, Perceval n'est pas censé fournir une réponse pour guérir le Roi Pêcheur malade, il est simplement tenu de poser une question. Ce mythe sublime nous rappelle que, pour faire refleurir le pays dévasté de l'existence, il faut surtout savoir et oser poser *la bonne question*. Alors, dans le château du Graal de notre Inconscient – sans nécessairement qu'une réponse absolue apparaisse –, le processus de guérison s'enclenche, la transformation tant souhaitée fait son œuvre, le pays dévasté refleurit. Et tout cela ne tient souvent qu'à une question, ou au silence. Il y a en effet des cas où il est préférable de ne pas poser de question, voire de ne pas en formuler.

Un jour, par exemple, un de mes consultants qui visitait régulièrement un guide en ma présence s'est montré perplexe dès le début de la rencontre. Il m'a dit : « Il est bien là, le vieux sage, mais il est assis face à la rivière, les yeux fermés. Il médite profondément. Nicolas, qu'est-ce que je fais, dois-je le déranger ?

– Je ne le pense pas, lui ai-je répondu. Asseyez-vous simplement à côté de lui, et méditez un peu aussi. »

Le corps de mon client s'est graduellement immobilisé, son visage était serein. Au bout d'un certain temps, il m'a dit doucement : « Nicolas, j'entends un chant, c'est comme si mon guide chantait. » Un peu après, il a ajouté : « Je pense qu'il chante, il répète un mantra, il affirme quelque chose. » Je lui ai conseillé d'entonner le mantra qu'il avait entendu, ce qu'il a fait, d'abord timidement, puis d'une voix forte. Tandis qu'il chantait ce mantra, qui parlait surtout de paix, de conscience, d'action et d'amour, le visage de mon client s'illuminait. Suivit un long silence… La séance était terminée. Alors j'ai risqué cette question : « Il est beau, votre nouveau mantra ?

– Ah ! oui, le mantra… J'étais dans un tel état de grâce. Les paroles du mantra, je les ai oubliées… »

J'ai alors tendu à mon client la cassette sur laquelle j'avais enregistré la séance. Il est reparti heureux avec le mantra qu'il avait reçu du « maître silencieux ».

Lorsqu'on pratique seul, il peut être judicieux d'utiliser un magnétophone. De cette façon, le consultant peut réécouter les dialogues et en tenir compte dans son processus d'évolution personnelle.

Conclusion de la rencontre

Avant de rompre la communication avec notre monde intérieur, il est important de conclure la rencontre comme nous le ferions avec des interlocuteurs en chair et en os. Nous remercions les entités d'être venues communiquer avec nous, nous leur demandons si elles ne souhaitent pas nous transmettre un dernier message, nous leur témoignons de la gratitude pour les informations qu'elles nous ont données et nous prenons rendez-vous pour une prochaine fois. Nous terminons en demandant à nos personnages intérieurs de nous accompagner, de nous protéger et de nous inspirer, même si nous n'entretenons plus de contact direct et conscient avec eux.

Rite de sortie

Une fois que le travail intérieur est terminé, le consultant retrouve son rythme conscient ; à cela près qu'il respire plus vite que d'habitude. Avec vivacité, il envoie de l'énergie, de l'oxygène, du prâna, dans tout son corps. Il s'étire, secoue ses membres, retrouve ses réflexes et le fonctionnement de sa conscience. Pour finir, il prononce son mantra personnel, quelque chose comme : « La communication est maintenant terminée, je retourne à mon niveau de conscience habituel. »

Évaluation éthique

Une fois la communication avec l'Inconscient terminée, le travail n'est pas fini pour autant. Il faut encore scrupuleusement revoir et évaluer les informations reçues et les émotions éprouvées. Cette phase est absolument incontournable. Les personnages représentent des forces archétypales qui sont souvent d'une brutalité animale et qui peuvent nous conseiller de façon tout à fait unilatérale. Ils peuvent par exemple nous pousser à quitter notre famille ou notre travail, à nous défaire de nos liens d'amitié, à vivre de façon égocentrique et sans le moindre scrupule. Accepter ce genre d'exhortation, souvent exprimée sur un ton agressif et absolutiste, peut facilement mener au désastre. Pour cette raison, nous devons faire passer toute information la moindrement suspecte par le filtre de notre éthique personnelle. Au besoin, il nous faudra affirmer notre point de vue avec fermeté : « Oui, je déteste mon travail, mais pour l'instant j'en ai besoin », « Oui, ma famille m'énerve, mais je continuerai d'assumer mes responsabilités envers elle », « Oui, mon Inconscient a raison, j'ai mis de côté ma jouissance, ma créativité… Je vais y remédier, mais dans le cadre des limites acceptables, sans que cela me rende destructeur vis-à-vis d'autrui ».

Selon Jung, le développement de la conscience ne peut se faire sans qu'il y ait conflit éthique. Il considère en effet que le rétrécissement de nos responsabilités nous prive de notre totalité et nous impose une fragmentation douloureuse[65]. Le travail de l'imagination implique donc toute la force et toute la clarté du moi conscient. Tirer profit du savoir absolu a un prix. Il faut faire sa part. En certaines occasions, il faut livrer un combat difficile. Il arrive que l'on en sorte blessé ou marqué tel Jacob dans sa lutte avec l'ange, mais l'on est aussi généralement enrichi et transformé.

Rituel d'intégration

Recevoir un conseil est valable, mais seulement si l'on peut en faire bon usage. Alors, comme lors d'un rêve important, il faut « accuser réception », avertir le donateur que l'on apprécie ce qu'il a dit et que l'on s'apprête à l'intégrer psychologiquement afin d'en tirer profit dans la mesure du possible. La fonction du rituel permet d'accomplir cette rétroaction.

Encore une fois, il faut se souvenir qu'il convient de ne pas inclure des personnes réelles, ni dans l'imagination active ni dans les rituels. Le danger vient du fait que si, dans certaines fantaisies, nous nous bagarrons avec nos personnages intérieurs, nous risquons de continuer les hostilités envers des êtres réels lors de notre retour dans la réalité tangible. Cela est à éviter, de même qu'entretenir des fantaisies prolongées au sujet de personnes réelles. Il est en effet possible d'influencer, voire d'incommoder nos proches à distance. Même les fantaisies positives d'amour ou d'affection peuvent avoir chez l'autre des effets tout à fait contraires à nos expectatives et qui agissent généralement au détriment de la relation.

Les meilleurs rituels sont simples, directs, spontanés. L'inspiration doit puiser à la même source que le message originel : on fait quelque chose avec son corps en restant proche de ses sentiments ; on marche, on danse, on chante, on fabrique un objet, on modifie son environnement, on s'engage dans une action positive. Un rituel bien exécuté permet de créer un *momentum synchronistique* propre à réunir les énergies dispersées par rapport à un questionnement ou à un événement ; ce faisant, il conduit la personne vers un niveau supérieur de conscience tout en créant des transformations dans les profondeurs de son Inconscient.

Thèmes

La pratique de l'imagination active étant à présent *grosso modo* clarifiée, il faut encore énumérer les thèmes les plus fréquemment abordés. Il existe bien sûr autant d'IMAC que de consultants et de situations.

Les symptômes corporels se manifestent souvent avant même que la séance d'imagination active soit entamée. Il peut s'agir d'une douleur à l'épaule ou d'une crampe dans le ventre qu'il est généralement possible d'explorer tout de suite, dès le début du travail. Le consultant peut également choisir de parler avec une tumeur ou tout autre symptôme, et demander, par exemple : d'où viens-tu ? Pour quelle raison ? Que veux-tu me dire ? Comment pourrais-je t'aider ? Les réponses sont souvent révélatrices…

Beaucoup d'imaginations actives ramènent directement le patient à ses traumatismes d'enfance les plus secrets, les plus refoulés : il revoit une scène terrible, où l'on crie, pleure… Et, graduellement, la libération commence. L'intégration se poursuivra au fil des rencontres ultérieures.

Très souvent, les imaginations actives nous aident à résoudre nos problèmes quotidiens : des difficultés au travail, une relation de couple chancelante, un conflit avec un enfant opiniâtre ou une adolescente rebelle… Nos images sont prêtes à répondre à nos questions. Mais il arrive aussi qu'elles nous introduisent dans un monde inconnu, fascinant et révélateur. D'autres nous soutiennent et nous réconfortent quand nous devons faire face à des crises difficiles. En voici un exemple : un jour, un homme âgé est venu chez moi pour une consultation unique. Il était atteint d'un cancer du poumon avancé et savait qu'il ne lui restait que trois ou quatre jours à vivre. Il ne se souvenait pas de ses rêves. Je ne savais pas comment lui être utile. Je lui ai alors proposé de faire l'expérience d'une imagination active, ce qu'il a accepté. Comme aucune image ne lui venait spontanément, j'ai proposé à cet homme de marcher sur le chemin imaginaire. Cela lui fut facile. En quelques minutes, il est arrivé au bord de la mer. Il contemplait l'eau tout en continuant à marcher. Il est bientôt arrivé à une falaise élevée à l'intérieur de laquelle courait un escalier. Je l'ai encouragé à monter les marches. Il a suivi mon conseil. Il a alors abouti dans une pièce creusée dans le granite, d'où il pouvait contempler la mer à partir d'une ouverture ovale que présentait le rocher. Au loin, il apercevait une île. Compte tenu de l'état de santé de cet homme, l'île m'intéressait : était-elle le symbole d'un « autre monde » ? J'ai dit à l'homme qu'il pouvait se procurer un télescope. Il en a alors installé un, sur un trépied, et a commencé à explorer l'île. « Qu'y a-t-il là-bas ? lui ai-je demandé.

– Je ne sais pas, me dit-il d'un ton hésitant, embarrassé. Je suis préoccupé par cet homme à côté de moi. Il a également un télescope et il regarde aussi dans la direction de l'île.

– Comment est cet homme ?

– Oh ! il est plutôt jeune, et porte une longue barbe. Ce qui est bizarre, c'est qu'il est vêtu d'une longue robe. »

Bien sûr, c'était une personnification de Jésus. Ce dernier a dit à mon patient qu'il savait ce qui le préoccupait et qu'il était au courant de ce qu'il allait traverser dans les prochains jours. Il lui a promis qu'il serait à ses côtés et que tout se passerait très bien. Il l'a serré sur son cœur… Mon client est reparti, plutôt rassuré.

Par cet exemple, je souhaite montrer que l'imagination active se nourrit aux valeurs culturelles et religieuses de la personne. La rencontre avec l'image du Christ ou de la Vierge est toujours très impressionnante. J'en ai été témoin une douzaine de fois. Cela arrive même à des personnes qui ne sont pas croyantes. L'apparition de personnages sacrés apporte toujours la paix, l'émotion, l'émerveillement et l'espoir.

Tôt ou tard, dans à peu près toutes les imaginations actives, les guides se manifestent. Ils sont généralement contents de rencontrer le consultant. Quelquefois, ils sont carrément enthousiastes : « Ça fait tellement longtemps que je t'attends ! » s'exclament-ils. J'invite alors le client à leur demander leur nom. La plupart portent des noms bibliques ou empruntés à la spiritualité orientale. Ils acceptent presque toujours de devenir un guide permanent. Ils disent au consultant qu'ils le connaissent depuis très longtemps, qu'ils connaissent également bien des secrets de l'univers et qu'ils sont prêts à les partager avec lui. Les guides sont rarement agressifs ou menaçants. Souvent, c'est un vieux ou une vieille sage, mais il peut aussi s'agir d'un animal, d'un cristal, d'une fleur, d'une voix… Jung lui-même a été guidé par trois personnages pendant quatorze ans. Le premier était le prophète Élie. Le deuxième s'appelait Philémon et avait une personnalité plutôt païenne. Voici comment Jung le percevait :

> Grâce aux dialogues avec Philémon, la différenciation entre moi et l'objet de ma pensée se clarifia […]. Lui aussi, Philémon, s'était en quelque sorte dressé objectivement en face de moi et je compris qu'il y avait en moi une instance qui pouvait énoncer des dires que je ne savais pas, que je ne pensais pas, voire des choses qui allaient à l'encontre de moi-même[66].

Le troisième de ses guides, Jung l'a appelé Ka. Celui-ci personnifiait l'âme incarnée de l'ancienne Égypte. Il était démoniaque, méphistophélique. L'apport majeur de Jung à l'humanité a été largement influencé par la présence et par les propos de ces trois guides. Il dit lui-même :

> Tous mes travaux, tout ce que j'ai créé sur le plan de l'esprit, proviennent des imaginations et des rêves initiaux […]. Toute mon activité ultérieure consista à élaborer ce qui avait jailli de l'Inconscient au long de ces années et qui tout d'abord m'inonda. Ce fut la matière première pour l'œuvre d'une vie[67].

La personne qui pratique l'imagination active se retrouve souvent dans des espaces merveilleux : jardin, forêt, caverne, montagne, île… Dans ces endroits, il n'y a généralement pas de personnages, pas de communication verbale. Le consultant s'y rend simplement pour jouir de la beauté et goûter le bien-être. Une fois qu'il a découvert ces endroits, il peut les visiter à sa guise pour se reposer, se ressourcer. Quelquefois, ces lieux n'ont rien de particulièrement beau ou agréable. Une de mes clientes, par exemple, a un jour eu la sensation, au cours d'une pratique, qu'elle chutait dans le vide. Finalement arrivée dans un endroit où le sol était de couleur dorée, elle s'est mise à me questionner : « Nicolas, il n'y a rien, qu'est-ce que je fais ?

– Je ne sais pas, mais puisque vous avez abouti là, restez-y un moment. »

Je l'entends alors respirer calmement pendant quelques minutes. Puis de grosses larmes commencent à couler sur son visage. Elle pleure et pleure tandis que son expression s'illumine de plus en plus… Elle se met à me parler doucement : « Nicolas, ne vous inquiétez pas. C'est de bonheur que je pleure… Jamais, jamais je n'ai été si bien, si heureuse de toute ma vie… » Au cours des mois suivants, cette cliente se plaignit à moi, par téléphone, de ses états dépressifs. « Combien de fois êtes-vous retournée dans votre "espace doré" ? » lui ai-je demandé. Naturellement, elle avait oublié ce lieu. C'est ainsi. Comme on dit dans mon pays d'origine : *Tout miracle ne dure que trois jours.*

Au cours de certaines imaginations actives, la personne aboutit dans des temps anciens, il y a des siècles ou des millénaires. Il lui arrive alors de penser qu'elle revit une « vie antérieure », et d'y voir une preuve de la théorie de la réincarnation. Je la déçois souvent quand, malgré une fantaisie très spectaculaire, je ne peux lui confirmer cette croyance : « C'est possible, dis-je habituellement, mais je n'en sais rien. » Par contre, dans le cas d'imaginations actives concernant des vies passées, j'ai quelquefois – pas toujours – pu suggérer que la scène était la dramatisation magistrale d'un traumatisme vécu durant l'enfance. En voici un exemple. Au cours d'une séance d'imagination active, une de mes clientes se retrouve devant un tribunal de l'Inquisition. Elle y est un homme, un jeune prêtre accusé d'hérésie. Les juges qui condamnent le jeune homme à mort portent des cagoules noires. Lors de notre séance, ma cliente revit la torture et son exécution. Une longue scène à laquelle il est assez dur d'assister. Mais ma cliente, « une fois morte », se sent soulagée. Elle me confie que, derrière la cagoule du président du tribunal, elle a reconnu les yeux de son père. Voilà le lien avec l'enfance : le père, supportant mal la féminité florissante de sa fille, jugeait et punissait sévèrement celle-ci. Ma cliente a alors préféré développer ses qualités masculines. Elle est littéralement devenue « un prêtre » ou, si l'on préfère, une prêtresse qui conteste les valeurs patriarcales anti-féminines et antivie. Aussi, à cause de sa « foi » féministe, continue-t-elle à être « torturée », voire « exécutée » par le père qu'elle porte en elle, père lui-même partiellement construit à partir du père autoritaire réel de sa jeunesse.

Un certain nombre d'imaginations actives concernent les grandes questions philosophiques et spirituelles de l'être humain et de l'humanité. Dans ces cas, le consultant aboutit souvent dans des espaces intemporels, interstellaires, transcendants. Ces expériences sont généralement très impressionnantes et il en ressort intrigué, troublé, métamorphosé. Ce que je dis peut sembler si exagéré et irréaliste qu'il me faut donner quelques illustrations pertinentes.

Une de mes clientes, une femme très bien enracinée dans son existence et qui ne s'intéressait aucunement aux questions philosophiques, s'est retrouvée un jour, au cours d'une imagination active, très loin de la terre. Elle s'est alors sentie inquiète : « Nicolas, vous êtes sûr que vous allez pouvoir me ramener d'ici ? » Je l'ai rassurée du mieux que j'ai pu. Dans cet espace infini, elle a rencontré un vieillard très beau, très digne et très triste. Tandis que nous l'interrogions selon la méthode, il nous a confié qu'il voulait mourir, mais qu'il ne le pouvait pas, car il n'existait pas de lieu où il pouvait être enterré dans cet espace vide. Ma cliente, émue par le chagrin du vieillard, lui a confectionné un linceul épais qui pouvait servir de tombeau. Le vieil homme l'a remerciée et s'est entouré du linceul. Avant de disparaître dans l'infini, il lui a toutefois remis un livre lourd à la reliure dorée. On reconnaît dans ce travail, sur le plan symbolique, une *imago Dei* devenue désuète. Ma cliente ne pratiquait en effet plus sa religion catholique, mais cherchait néanmoins une base spirituelle pour sa vie.

Elle est alors devenue, grâce à cette rencontre lointaine et intérieure, la dépositaire de sa propre tradition spirituelle. C'était à elle, désormais, d'interpréter les Écritures.

Des exemples convaincants

Une autre cliente est arrivée « par accident » dans un château immense et somptueux, du style de Marienbad. Elle se promenait dans les salles fastueusement meublées, mais elle ne rencontrait personne. Elle examinait, admirative, les tableaux précieux, et finit par aboutir dans une large pièce où se trouvait, à sa surprise, un ordinateur gigantesque et ultramoderne. Ma cliente avait l'impression que toute la terre était reliée à cette machine. Tout à coup, un homme a surgi « de nulle part ». Il était plutôt âgé, très élégamment vêtu, et avait une expression très digne et sérieuse. Sur un ton plutôt brusque, il a interpellé ma cliente : « Que faites-vous ici ? » Elle était très émue face à ce personnage et ce n'est qu'avec difficulté qu'elle a répondu : « Je… je ne sais pas. » L'homme l'examina alors et finit par adopter un air plus magnanime : « Bien, mais puisque vous y êtes, voulez-vous me dire comment devrait être, selon vous, le prochain siècle de l'humanité ? » Ma cliente, complètement abasourdie, restait muette. Je l'encourageai à répondre : « Vous êtes une femme blessée, révoltée, lui dis-je. C'est une occasion de faire valoir vos idées. » Il n'y avait rien à faire, elle restait pétrifiée, silencieuse. L'homme lui sourit alors puis la reconduisit à l'extérieur du château. Jamais ma cliente n'osa retourner dans ce lieu.

Une femme très malade, proche de la mort, a assisté à la scène suivante au cours de son imagination active : dans un vaste paysage, elle a vu apparaître un monstre énorme, un genre de King Kong, démesuré. Celui-ci avançait à grands pas et détruisait tout sur son passage. Il piétinait les récoltes, balayait les maisons, déchiquetait les animaux, dévorait les humains. Inlassablement, il continuait son chemin. Ma cliente tremblait de terreur, elle était en état de choc, lorsque tout à coup un autre monstre apparut dans le paysage. Il essayait de redresser les épis broyés, il retapait les maisons détruites, il guérissait les humains blessés et défigurés, il rassurait les survivants affolés… Ce géant aussi poursuivait inlassablement son chemin. Une voix autoritaire dit alors à la femme ahurie : « Ne te méprends pas, ces deux monstres que tu as vus ne font qu'une seule entité. » Cette vision illustre bien l'idée selon laquelle Dieu, la Nature cosmique, est une antinomie, c'est-à-dire une réunion de contraires, à la fois extrêmement dure et infiniment bonne.

Voilà quelques-uns des thèmes d'imagination active les plus fréquents. Pour les non-initiés, ces scénarios peuvent apparaître comme le comble de l'obscur, du futile, de l'insensé. Et pourtant ! Pour l'explorateur averti qui a déjà apprivoisé le langage symbolique élémentaire, qui cherche un remède, une solution, du sens en se tournant vers son monde intérieur, l'imagination active reste l'outil par excellence. Pour autant que la personne tienne compte des mises en garde faites, respecte les préceptes éthiques fondamentaux et reste enracinée dans son quotidien, elle peut ouvrir en grand la porte qui cache les mystères de l'existence. Ce faisant, elle ira au-delà des vœux pieux que ses parents avaient faits pour elle, et dépassera les embrigadements et les endoctrinements sectaires.

Là, dans cet espace illimité, chacun de nous peut livrer bataille à ses monstres intérieurs, bénéficier de la sagesse ultime de ses guides, puiser de la force dans sa richesse intérieure afin de pouvoir ensuite partager le meilleur de ce qu'il est avec les autres.

CHAPITRE 15

Le chemin de la transcendance

Au fil des chapitres précédents, nous avons vu comment l'Inconscient nous adresse des messages par le biais des rêves, des signes de jour, de l'imagination active. Il nous faut encore préciser à quoi peut servir cette grande quantité d'information qui, pour la personne non avisée, peut paraître complètement dépourvue de sens. Pour une spécialiste comme Marie-Louise von Franz, par contre :

> Si l'on examine les sinuosités de cette courbe pendant une période de temps assez longue, on y découvre l'action d'une sorte de tendance régulatrice ou directrice cachée, qui engendre un processus de croissance psychique lent, presque invisible, le *processus d'individuation*[68].

Pour les tenants de la méthode *Images de transformation*, définir et comprendre ce processus est de la plus haute importance. La raison en est la suivante. Nous ne prétendons pas avoir le pouvoir de guérir quiconque, tout au plus pouvons-nous mettre la personne souffrante en contact avec ses images intérieures. Mais, à notre sens, la bonne compréhension de ces images déclenche et soutient le processus d'individuation qui, pensons-nous, est le *facteur principal de guérison*. Cela étant dit, continuons en faisant les précisions qui s'imposent. Voici la définition de ce processus donnée par Jung lui-même :

> Il s'agit de la *réalisation de son Soi*, dans ce qu'il a de
> plus personnel et de plus rebelle à toute comparaison.
> On pourrait donc traduire le mot d'« individuation »
> par « réalisation de soi-même », « réalisation de son
> Soi »[69].

Cette idée nous oblige à définir le concept du Soi qui, selon Jung, comprend tout le conscient et l'Inconscient de la personne. Le Soi est donc le symbole, l'archétype de la totalité humaine. On comprend facilement de ces données que la réalisation de son Soi ne puisse être qu'un processus long et exigeant. Cette réalisation comprend deux aspects très différents : intégrer graduellement sa dimension inconsciente, d'une part, et se libérer du carcan des valeurs collectives, d'autre part. Commençons par l'apprivoisement de l'Inconscient. Il est possible de schématiser les archétypes concernés de la façon suivante :

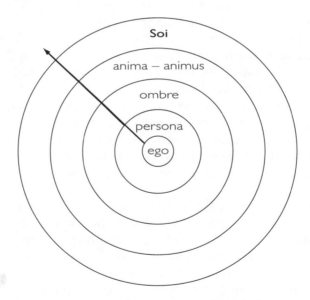

Ces couches, ces dimensions, il nous faut aller à leur rencontre, il nous faut les apprivoiser au cours du processus d'individuation. L'assimilation des couches diverses ne se fait pas selon un ordre linéaire, mais en parallèle. Par ailleurs, chaque processus d'individuation est unique, car il dépend des prédispositions naturelles de la personne et de l'utilisation que celle-ci fait de son libre arbitre au cours de la démarche.

L'ego et son masque

Concernant le premier archétype, celui de l'ego, nous n'avons pas besoin de le définir longuement. C'est notre moi conscient. Nous le connaissons bien. Il mérite quand même que l'on dise de lui qu'il se prend généralement pour la totalité de la personne, ce qui est évidemment une illusion. L'importance de l'ego vient du fait que c'est grâce à lui que le dialogue avec les parties intérieures de soi peut être engagé et poursuivi. Pour cette raison, nous avons besoin d'un ego à la fois fort et souple, capable de contenir et d'intégrer les éléments qu'il reçoit de l'Inconscient.

L'ego est, pour ainsi dire, entouré par la persona, le masque à travers lequel nous allons à la rencontre du monde. La persona représente le rôle, le « paraître », le collectif. Le jeune enfant n'a pas beaucoup de persona. Pensons à la petite fille qui se trouve au salon quand arrivent des invités et dit naïvement à sa mère : « Ah, c'est lui, l'oncle que tu n'aimes pas ? » Et c'est le début de la fin de l'innocence… Nous apprenons assez tôt que nous ne pouvons nous montrer aux autres tels que nous sommes, et c'est normal. Nous avons besoin de façades, de plusieurs même, en fonction des circonstances. La persona ne devient dangereuse et destructrice que lorsque nous nous identifions à elle inconsciemment. Alors nous sommes fiers de nos vêtements, de nos titres, de nos diplômes, de nos singeries, mais nous ne savons plus être vrais. Ce n'est qu'en faisant preuve de vigilance face à nos illusions et en en libérant notre conscience que nous nous rapprochons de nous-mêmes.

Pas de lumière sans ombre

La dimension intérieure qui nous empêche le plus souvent d'être nous-mêmes, Jung l'a appelée l'ombre. Elle constitue une grande partie de nous-mêmes. Elle est composée des contenus refoulés et de ceux qui ne sont jamais parvenus à la conscience. Nous trouvons généralement déplaisant de rencontrer l'ombre dans nos rêves, car nous voyons en elle nos défauts, nos désirs inavoués et nos potentialités inassouvies. Nous avons pourtant tout intérêt à la côtoyer et à en intégrer des parts de plus en plus grandes, car elle représente notre énergie vitale primordiale. Jung dit qu'on ne peut tuer l'ombre sans se tuer soi-même, pas plus qu'on ne peut lui céder sans régresser vers une animalité infantile. La seule voie est le dialogue, la négociation. Ce qui peut être largement facilité par la pratique de l'imagination active.

Dans les rêves de femmes, presque tous les personnages féminins représentent l'ombre. L'inverse est également vrai pour les hommes. L'ombre se projette également : avant d'en arriver à être nous-mêmes, nous préférons apercevoir nos défauts et nos qualités chez les autres. Nous rapprocher de notre identité profonde est un travail à long terme, mais il nous permet de nous défaire de nos illusions et libère les autres de nos jugements et de nos attentes. Comme le disait Jung : on ne devient pas illuminé en imaginant des figures de lumière, mais en rendant l'obscurité consciente.

L'anima : l'ensorceleur

Une autre dimension intérieure importante dont il faut prendre conscience s'appelle l'anima. Il représente la féminité inhérente à l'homme, que ce dernier ne soupçonne souvent pas. L'anima inconscient est un ensorceleur, un manipulateur et peut même devenir un démon de la mort. Il entraîne l'homme dans des fantaisies sexuelles sans fin, dans des crises sentimentales et émotionnelles, voire, à l'occasion, dans un comportement tout à fait hystérique. Pour ces raisons, l'anima fait peur aux hommes. Aussi, espérant s'en défaire, le projettent-ils sur les femmes réelles, ce qui se traduit, depuis des millénaires, par la peur et la haine de la femme, sa dépréciation et une volonté de la dominer. L'anima serait-il le grand responsable de la condition féminine ?

Il peut pourtant être approché et apprivoisé. Comme il représente également les sentiments profonds, la sensualité et la capacité de maternage, l'homme a tout intérêt à dialoguer avec lui pour en faire un allié, un guide. C'est possible, mais il lui faut pour cela savoir lui tenir tête tout en l'honorant. C'est une des tâches majeures du processus d'individuation : transformer graduellement ce grognon acariâtre en un bon protecteur. Et cela est possible, car l'anima ne demande pas mieux. Mais pour cela, il exige de l'homme de se comporter en *vrai homme*, pas en enfant enjôleur, en adolescent fantasque ou en guerrier vantard. En fin de compte, par les supplices qu'il lui inflige, l'anima veut pousser l'homme vers une masculinité mature et consciente. Dans ce but, il lui fait faire bien des détours qui peuvent cependant être très instructifs.

L'image de l'anima pleinement intégré s'offre comme un rêve à l'homme moderne. Dans sa *Divine Comédie*, Dante le décrit merveilleusement sous les traits de Béatrice. L'affirmation du yoga tantrique, dans laquelle l'homme initié, c'est-à-dire individué, déclare : « Qu'ai-je besoin d'une femme extérieure alors qu'il y a en moi une femme intérieure qui me fait jouir tout le temps[70] ? » me paraît également très juste. Dans *Faust*, Goethe évoque son anima par ces mots :

> Reine suprême du monde,
> Fais qu'en l'azur éthéré
> De ce ciel, tente profonde,
> Je contemple ton secret !
> Accorde ce que réclame
> Un cœur d'homme tendre et lourd
> Et que t'apporte son âme
> En un pur désir d'amour[71].

L'animus : l'enchanteur

Si l'anima n'est pas toujours un ange pour l'homme au début de son cheminement psychologique, l'animus n'est pas non plus un enfant de chœur pour la femme. L'animus représente la masculinité intérieure de la femme. Contrairement à l'anima, qui vit dans le corps et le cœur de l'homme, l'animus vit dans la tête de la femme. Il se compose des opinions toutes faites, des jugements destructeurs, des idéaux absolus. Il est difficile de contredire une opinion de l'animus, parce qu'il y a toujours un fond de vérité dans les dires de celui-ci. Mais au fond, les idées de l'animus ne sont qu'un prétexte dont il use pour se faire prendre au sérieux et mieux pouvoir attaquer la femme par la suite.

Au début d'un cheminement psychologique, l'animus se présente souvent comme un cambrioleur, un tueur, un démon. Il chuchote régulièrement à l'oreille de la femme : « Tu vois, tu ne vaux pas grand-chose », « Tes efforts ne mènent à rien, tu ne seras jamais comprise, jamais acceptée », « À quoi bon essayer, la vie ne vaut pas la peine d'être vécue ». Ces insinuations de l'animus découragent, désespèrent et détruisent beaucoup de femmes modernes. La voix intérieure masculine des femmes est pourtant très écoutée aujourd'hui en regard des siècles durant lesquels elle a été muselée. Le resurgissement de l'animus peut donner des ailes à la femme contemporaine.

Le problème vient de ce qu'en échange de ses bons services l'animus demande à la femme de déprécier sa féminité. C'est ce qui explique pourquoi tant de femmes de quarante à cinquante ans se présentent en thérapie : elles ont très bien réussi sur le plan professionnel, en politique ou dans les affaires, mais elles se retrouvent souvent sans compagnon, sans enfants, sans amour.

Si la femme veut se libérer de l'emprise de l'animus négatif, elle doit se rappeler que son animus veut qu'elle ne vive que dans sa tête. Dans les rêves et les visions, l'animus attaque la femme au cou, à la gorge, ce qui fait dire à Marion Woodman, analyste jungienne de Toronto, que « si la femme ne veut pas être dominée par l'animus, elle doit rester proche de son corps et de son cœur ». La femme doit aussi reconnaître la voix de l'animus négatif et apprendre à lui *dire non*.

C'est seulement dans ces conditions que l'animus commence à se transformer. Dans un processus d'individuation continu, l'animus devient graduellement un partenaire, un soutien, un guide intérieur, qui représente pour la femme le courage, l'initiative et la réalisation spirituelle. Dans les termes de Marie-Louise von Franz :

> La femme doit trouver le courage et la largeur d'esprit nécessaire pour mettre en question le caractère sacré de ses convictions [...]. C'est seulement alors que le Soi peut se manifester, et qu'elle devient capable de comprendre ses intentions[72].

Les personnes qui rencontrent pour la première fois les archétypes de transformation intérieure se demandent pourquoi
l'anima et l'animus se présentent souvent sous des traits négatifs,
démoniaques, destructeurs. La réponse de Jung à cette question
évoque un passage du *Faust* de Goethe, quand Méphistophélès
déclare : « Je suis celui qui fait le mal, mais qui sert le bien. » On
comprend mieux cette réplique si l'on se rappelle qu'il ne s'opère
pas de développement de la conscience sans conflit ni souffrance.
Aussi ne s'y risque-t-on pas volontairement. En même temps, la
volonté d'individuation représente une des plus grandes aspirations de l'être humain. C'est pour pouvoir honorer cette poussée
intérieure que l'anima et l'animus nous donnent « un coup de
main ». Au fond, c'est une très longue série de luttes, de découvertes et de transformations qui nous rapproche graduellement
du Soi.

Une totalité retrouvée

Le Soi, nous l'avons déjà défini dans ses grandes lignes au début
du chapitre. Les symboles qui représentent le plus fréquemment
cette totalité personnelle sont la vieille femme et le vieil homme
sages, moins souvent une jeune personne pleine de vie, un *trickster*,
un animal extraordinaire, une pierre précieuse, le cercle, la sphère,
le carré, le chiffre quatre, un mandala… On peut également rencontrer le Soi dans tout symbole réunissant des contraires qu'il
harmonise et transcende (un carrelage noir et blanc, un soleil-
lune, un hermaphrodite).

L'être humain ordinaire, normal, ne peut rencontrer son Soi
qu'à travers des symboles. La conscience de l'ego ne peut en effet
embrasser et contenir la totalité cosmique que le Soi représente.
Il y a des exceptions : les grands prophètes de l'humanité tels que
Zoroastre, le Bouddha, le Christ. La religion catholique parle
d'illumination, la spiritualité orientale du nirvâna, du satori,
mais tout cela relève de la théologie ou du mysticisme. Un psychiatre canadien, Richard Maurice Bucke, plus proche de la pensée scientifique, a publié, au début du vingtième siècle, un
ouvrage dans lequel il étudiait le phénomène de l'illumination[73].
Il dressait une liste de cinquante cas d'illuminations connues.

Dans son étude, il s'efforçait de démontrer que l'évolution continue du cerveau permettra que le phénomène se généralise.

On sait que tel est également le but du processus d'individuation : faire non seulement que nous nous distanciions des animaux, mais aussi que nous réalisions notre dimension divine. Alors surgit le paradoxe : le Soi est le but, même s'il est inatteignable, car évoluer dans sa direction nous transforme. Pour Jung, l'accès au numineux, c'est-à-dire au Soi ou à la dimension divine de l'humain, constitue la véritable thérapie ; c'est dans la mesure où l'on atteint le contact avec le Soi que l'on est délivré de la malédiction que représente la maladie. En cela réside le sens profond du travail ardu avec les archétypes de transformation.

Les prisons de la conformité

L'autre aspect du travail, dans le processus d'individuation, consiste à nous détacher, à nous libérer des valeurs collectives pour devenir un individu unique. Mais comment définir les « valeurs collectives » ? Pour moi, elles consistent notamment dans les commandements de la tradition judéo-chrétienne, dans nos lois et nos conventions sociales. Jung nous dit pourquoi nous en avons tellement besoin :

> [...] l'humanité dans sa part la plus considérable en est encore, psychologiquement parlant, à un état d'enfance [...]. L'immense majorité des hommes ont de nos jours encore besoin d'autorité, de directives et de lois[74].

Par ailleurs, les sociétés humaines inventent et nous imposent insidieusement, par le biais des médias, des valeurs standardisées qui ont pour effet de nous limiter et de nous rendre uniformes. Ainsi, nos sociétés occidentales nous suggèrent-elles de fonder une famille, de donner une « bonne » éducation à nos enfants, d'acheter une maison et de posséder deux voitures, trois télévisions et quatre ordinateurs ; elles nous invitent également à rechercher le confort et le plaisir, à prendre notre retraite à cinquante-cinq ans et à acheter à l'avance une place dans un cimetière huppé. On ne nous dit pas qu'un tel programme crée des inégalités sociales, justifie l'agressivité dans la compétition, cause une détérioration dramatique de l'environnement... Sans compter qu'il oblige les humains à vivre en refoulant une bonne partie de leurs instincts sains, aussi bien que de leurs aspirations créatives, artistiques et spirituelles. Les effets sont divers : stress, tension, névrose, tendances destructrices et suicidaires inconscientes autant que conscientes. Voilà pourquoi les valeurs collectives doivent être transformées, voilà pourquoi, également, cette transformation constitue le second objectif primordial du processus d'individuation.

Notre monde ne pourra continuer d'exister ni les humains de coexister harmonieusement si les valeurs collectives sont inaccessibles pour la majorité. Heureusement, des êtres humains possédant une personnalité solide et un niveau de conscience plus élevé que la moyenne commencent à prendre leur destinée en main, entreprennent des thérapies, voire des psychanalyses. Les messages du monde intérieur sont alors écoutés : rêves, signes de jour, symptômes, visions, intuitions. La grande entreprise qui consiste à devenir soi est en cours. Ce travail révèle souvent des écarts prononcés entre ce que la collectivité nous propose et ce que nous voulons vraiment vivre et vraiment être. Nous découvrons alors que nos maladies, nos assuétudes, même nos psychoses sont une révolte désespérée afin de ne pas devenir des morts-vivants inconscients et nous laisser engloutir par la foule de zombies anonymes qui nous entoure. Cette prise de conscience graduelle, parallèle au rapprochement avec le Soi, nous conduit vers ce processus exigeant mais exaltant qui vise la transformation et la guérison. Avant de quitter ce chapitre, citons l'opinion de Francine Saint René Taillandier :

> L'individuation n'est pas un luxe réservé à des « belles âmes », ou des gens particulièrement doués, et encore moins instruits. Elle est une nécessité vitale pour l'équilibre de l'individu et son épanouissement [...]. Nous irons plus loin en affirmant que l'individuation est, actuellement, la condition *sine qua non* de la survie de l'espèce[75].

CHAPITRE 16

Le yoga psychologique

Dès l'introduction de cet ouvrage, nous avons vu qu'un des constituants de base de notre méthode se dénomme le *yoga psychologique*. J'aimerais expliquer en quelques mots d'où l'idée de ce yoga m'est venue, et pourquoi et comment il se pratique. Avant même de commencer ma formation, en 1984, à l'Institut C.G. Jung de Zurich, une question me préoccupait avec insistance : comment rendre accessibles les révélations de Jung à un plus grand nombre de personnes ? Jusqu'à maintenant, c'est surtout une élite restreinte, économiquement à l'aise, qui a pu en profiter. L'analyse jungienne, en effet, s'étend sur plusieurs années et est extrêmement onéreuse. Par ailleurs, je savais que même la psychanalyse freudienne, avec la bénédiction du maître, pouvait être remplacée par une sorte d'autoanalyse. Enfin, comme le travail analytique jungien constitue une démarche spirituelle, j'ai pensé la rapprocher du yoga hindou. Faisant cela, je souhaitais créer une discipline qui permettrait à la personne fortement motivée de disposer d'une *méthode moderne d'autodélivrance*.

Le yoga jungien

Au début de ma recherche, j'ai d'abord été découragé par l'attitude négative de Jung vis-à-vis du yoga. Il dit, entre autres : « En ma qualité d'Européen, je me sens incapable de souhaiter à l'Européen plus de "contrôle", plus de pouvoir sur la nature en nous et autour de nous[76]. » Jung est sans doute influencé ici par la définition même de Patanjali, un des plus grands théoriciens du yoga, quand celui-ci déclare : « Le yoga, c'est le contrôle des ondes-pensées dans le mental[77]. » Jung déconseille le yoga pour une autre raison : il estime en effet qu'au lieu d'apprendre les techniques spirituelles de l'Orient l'homme occidental devrait construire une méthode apparentée à ces techniques, mais qui lui corresponde[78].

Cette idée était déjà beaucoup plus encourageante. J'ai également trouvé une opinion stimulante dans l'œuvre de Joseph Campbell[79]. Selon cet auteur, trois constats nous permettent de parler de la psychologie des profondeurs dans un contexte identique à celui du yoga :

- c'est l'être humain lui-même qui produit les vicissitudes qui semblent lui « tomber dessus » ;
- les figures mythologiques et religieuses sont des projections et des fantaisies de la psyché : les dieux et les démons se trouvent en nous ;
- la disposition psychologique de la personne peut être transformée par la prise de conscience des rêves et des événements synchronistiques.

Une pensée de Marie-Louise von Franz vint par ailleurs confirmer mes intuitions. Parlant du yoga, elle écrit :

> […] nous ne faisons qu'y hériter la sagesse des Hindous ou des Chinois, sans avoir de contact direct avec notre centre psychique individuel […]. Jung a mis au point une méthode pour accéder à ce centre intérieur, et établir le contact avec le mystère vivant de l'inconscient, seul et sans aide[80].

Une voie de synthèse

L'expression « seul et sans aide » m'a particulièrement touché. Elle voudrait dire que, selon la grande autorité que représente madame von Franz, il est possible de faire un travail jungien en dehors de l'analyse classique. Si tel est vraiment le cas, un engagement à long terme me paraît absolument nécessaire. À mon sens, c'est exactement ce que réalisent les yogis véritables. Dans les pays occidentaux, le yoga n'est la plupart du temps qu'une méthode pour améliorer sa santé et parvenir à une certaine tranquillité d'esprit. En Orient, le but et le sens du yoga sont tout autres. En fait, le mot yoga dérive de la racine du verbe sanskrit *yuh* qui signifie « joindre ». En français, nous pourrions le traduire par les mots « joug » ou « joint ». En principe, ce qui doit être joint (comme les deux bœufs sous le joug), c'est le corps et l'esprit, c'est l'ego et le Soi, autrement dit le moi conscient et sa source transpersonnelle. Cet objectif du yoga équivaut parfaitement au but du processus d'individuation jungien.

Mais alors, pourquoi ne pas simplement nous en tenir à ce processus que nous avons défini précédemment ? La réponse est simple. À mon avis, il est à peu près impossible de réaliser le contact avec le « mystère vivant de l'Inconscient » de façon profonde et sans danger, sans apprendre à se détendre, à bien respirer et à méditer. Cela ne se fait pas, non plus, sans une discipline solide et une assiduité indispensable caractéristiques des pratiques orientales. Ce sont ces considérations qui m'ont amené à garder le mot *yoga* pour identifier ma méthode. Quant au qualificatif de *psychologique*, je l'entends dans le sens strictement jungien, non dans le sens qu'il a acquis communément dans le contexte de l'enseignement universitaire contemporain, soit l'étude des fonctions biologiques du cerveau humain. En voici une définition courante : « La psychologie, branche de la philosophie jusqu'à la fin du XIXe s., s'est affirmée comme science spécifique en recourant à la méthode expérimentale, aux statistiques et aux modèles mathématiques[81]. » Selon Jung, au contraire, « […] la psychologie n'est ni la biologie, ni la physiologie, ni aucune autre science que la connaissance de l'âme[82] ». Pour lui, comme pour nous, le mot évoque Psyché, l'héroïne et la déesse de la mythologie grecque, l'épouse d'Éros, qui représente l'âme humaine et l'âme du monde dans sa complexité intemporelle et infinie.

Les composantes du yoga psychologique

Après ce bref résumé des motivations et des principes qui sous-tendent le yoga psychologique, je vous parlerai de ses composantes essentielles. Cette méthode fait appel à une ving-taine de méthodes différentes inspirées de la psychologie jun-gienne et du yoga traditionnel, ainsi qu'à certaines considérations personnelles. Citons quelques exemples tirés de la liste complète figurant en annexe : la lecture, le journal, l'art de la respiration (aussi appelé art du souffle), la méditation.

L'énumération des composantes majeures du yoga psycho-logique montre que ce dernier vise essentiellement un bon équi-libre du corps, de l'âme et de l'esprit en favorisant un dialogue à long terme avec l'Inconscient. Il apparaît par ailleurs que per-sonne, à moins de se consacrer à temps plein à cette démarche, ne saurait couvrir tous les aspects de la méthode. Chacun est donc appelé à créer sa méthode personnelle selon ses affinités, et à l'en-richir de ses propres découvertes. Compte tenu des possibilités quasiment infinies de combinaisons des éléments et des varia-tions possibles dans l'importance conférée à chacun, le chemine-ment est toujours unique. Au fil de l'élaboration de cette méthode personnelle, il est bon de se rappeler les principes suivants :

- Il faut éviter de surcharger notre agenda en voulant faire trop de choses en même temps, car cela conduit à l'agita-tion, à la dispersion et à la fatigue ;
- Il est cependant important d'établir une autodiscipline solide sans se faire violence : devenez votre propre disciple ;
- Il faut une bonne dose de volonté et de patience pour tirer vraiment profit de la méthode ; l'assiduité et la régularité sont les clés du succès. Marion Woodman avait l'habitude de nous dire : « Si vous n'investissez pas une heure par jour dans votre vie intérieure, ne venez pas me voir, vous me faites perdre mon temps et vous perdez le vôtre » ;
- La méthode favorise le processus de croissance intérieure piloté par le Soi, et non pas des résultats spécifiques ; sa réalisation n'est pas le fruit d'un effort, mais nos efforts peuvent faciliter son évolution. Un proverbe zen l'exprime bien : *L'illumination est un accident, la pratique favorise les accidents.*

On a demandé à Jung si côtoyer l'Inconscient est dangereux, à quoi il a répondu qu'il y a certainement des dangers dans la démarche, mais qu'il convient surtout d'éviter de paniquer si l'Inconscient se montre menaçant. Un danger majeur consiste certainement dans l'identification avec des figures archétypales et dans l'inflation qui pourrait en découler ; c'est dans ces circonstances que l'échange avec des compagnons de route non complaisants peut s'avérer un soutien des plus précieux. Il faut se garder de s'enfermer dans un isolement qui peut conduire à perdre le contact avec la réalité. Il est essentiel d'avoir une bonne « prise de terre », de s'enraciner dans son corps ainsi que dans sa vie concrète, familiale et professionnelle. Répétons-le, la vigilance est la voie !

Les applications aux images intérieures

Voilà l'essentiel de la démarche. Il nous faut maintenant revenir à notre question initiale : comment le yoga psychologique se pratique-t-il dans le cadre de la méthode *Images de transformation* ? En fait, il y participe à trois niveaux distincts.

La première utilité de ce « yoga de l'âme » réside dans son application : il *complète* la démarche du voyage intérieur proposée par Marie Lise Labonté. Le consultant, tout en évoluant par rapport aux images qu'il reçoit au cours de son voyage, notamment lors des stades de réceptivité et de programmation, peut recourir à la pratique d'une ou de plusieurs composantes du yoga psychologique que je viens d'énumérer ; il y trouvera un soutien qui l'aidera physiquement ou psychologiquement dans son travail d'imagerie. Il peut par exemple se laisser guider par ses rêves, faire des mandalas afin de se centrer sur lui-même, s'efforcer de mieux respirer pour se donner de l'énergie, etc.

La deuxième application concerne surtout l'*utilisation de l'imagination active*. Quand la personne a accompli les premières étapes de son voyage intérieur tel que Marie Lise Labonté l'a décrit – quelquefois même plus tôt –, elle peut recourir à l'imagination active pour sonder son Inconscient et en recevoir des informations supplémentaires, plus précises. De cette façon, en s'appuyant sur l'imagination active, elle est à même, si nécessaire, de compléter l'étape décisive de la programmation. Enfin, quand elle aura terminé toutes les étapes de son voyage intérieur, la personne peut encore poursuivre son processus de guérison grâce à l'imagination active, ce qui lui assurera un contact continu avec son monde intérieur.

La troisième façon de tirer avantage des propositions du yoga psychologique consiste à en *poursuivre la pratique* quand la démarche de base est terminée. En effet, la plupart des autres méthodes de guérison, une fois les symptômes disparus, renvoient les consultants dans leur monde habituel. Au contraire, le yoga psychologique permet à la personne intéressée de poursuivre son processus d'individuation. En créant et en pratiquant notre yoga, la « personne guérie » préserve sa bonne forme, fait le nécessaire pour prévenir une rechute et, ce faisant, se donne la possibilité de réussir sa vie.

Voilà ! J'aimerais terminer en établissant la différence entre les yogas oriental et occidental. Le but du vrai yogi oriental est le samadhi, le nirvâna, le satori – soit l'Illumination – ce qui suppose une transformation radicale, l'union avec le Divin. Le « yogi jungien » ne poursuit pas cet objectif absolu. Pour moi, dès que l'on parvient à l'idée claire que la transfiguration de l'être est potentiellement possible, on n'est plus pressé d'y arriver. À partir de ce moment-là, toutes les étapes du cheminement, même les plus difficiles, acquièrent une autre valeur. Dès lors, « tout est guru » ou, comme le dit Jung : *Si on est sur le chemin, on a déjà atteint la cible.*

QUATRIÈME PARTIE

L'utilité de la méthode
Images de transformation

CHAPITRE 17

Guérisseur, guéris-toi

Au fur et à mesure de ce livre, il est devenu clair que la méthode *Images de transformation* vise principalement à aider des personnes souffrant de maladies somatiques à guérir. Pour les malades évoluant vers la guérison, le premier pas consiste à se rappeler cette réalité élémentaire que *les symboles incompris deviennent des symptômes*. À partir de là, leur intérêt peut s'éveiller pour les images qui émergent de leur monde intérieur autant que de la vie extérieure, et qu'ils ont jusque-là largement ignorées. Ils commencent alors à les accueillir avec gratitude, à les côtoyer avec sollicitude, à les interpréter avec curiosité, à les intégrer avec enthousiasme. Pour cette raison, l'imagerie réceptive et programmée ainsi que l'imagination active leur apportent rapidement espoir, amélioration et mieux-être.

Il est un autre énoncé de base qu'il convient de connaître : *je ne peux me guérir moi-même, mais un pouvoir en moi peut le faire, encore faut-il que j'en fasse la demande.* Cette idée nous rappelle que, si nous voulons nous guérir, nous devons cultiver la relation que nous avons avec notre Inconscient. Le rapport respectueux, déférent, confiant envers le Soi permet, généralement, de profiter d'un allié sans égal dans le processus d'auto-guérison.

Un cas holistique exemplaire

J'aimerais maintenant vous présenter un cas concret plutôt révélateur afin d'illustrer comment les images peuvent participer à l'histoire d'une guérison. En 1989, une ancienne voisine est venue me rendre visite pour me demander conseil. Son mari, appelons-le Jean-Claude, venait de subir une opération pour un cancer du côlon dans un grand hôpital de Montréal. L'opération avait parfaitement réussi, mais les médecins se sont rendu compte que le cancer s'était propagé à son système lymphatique. Ses chances de survie étaient donc minces, si bien qu'ils ne lui ont pas proposé de chimiothérapie. L'épouse de Jean-Claude, qui connaissait ma formation à l'Institut Jung de Zurich, m'a demandé si je pouvais intervenir et faire quelque chose pour son mari. J'hésitais. Je l'ai tout de même questionnée pour savoir si son mari se souvenait de ses rêves. Elle me répondit que non, qu'il ne retenait jamais ses rêves. Ne sachant trop quoi dire, ni comment faire, j'ai au moins promis à cette dame que je rendrais visite à son mari. Le lendemain, en arrivant à leur domicile, j'appris avec étonnement que Jean-Claude avait fait un rêve la nuit précédente. Son « message de la nuit » était non seulement significatif, mais rassurant.

Jean-Claude se retrouve dans sa ville natale, à Saint-Félicien, dans la région du Lac-Saint-Jean. Il est devant une colline escarpée. Le chemin qui mène au sommet est étroit et en mauvais état. Jean-Claude sait qu'il doit le réparer et utiliser de la machinerie lourde pour ce faire. Il travaille longtemps, le travail est exigeant, mais il réussit. Une fois qu'il a terminé, il s'installe dans sa voiture, emprunte la nouvelle route et atteint le sommet où il aperçoit un hôtel. À l'entrée, son épouse et sa fille l'attendent. Il les rejoint. Dans ses mains, il tient un joli objet artisanal en bois qu'il leur offre. C'est un voilier.

Mon interprétation de ce rêve m'a amené à dire à Jean-Claude qu'il allait guérir; que s'il mettait à contribution toutes les ressources médicales et holistiques disponibles – la machinerie lourde – il finirait par remonter la pente – la colline –, par rejoindre les siens qui l'attendaient dans une situation de transition – l'hôtel – et leur offrirait le fruit de son processus d'individuation – le voilier.

Jean-Claude a été touché par cette interprétation. Mais je dus conclure que son Inconscient avait également été touché par l'intérêt que Jean-Claude lui avait porté, car la nuit suivante Jean-Claude fit sept autres rêves. Tous lui parlaient de son état de santé. Encouragé par ces messages, il a demandé à la direction de l'hôpital de lui accorder des traitements chimiothérapiques, même si le diagnostic officiel ne les avait pas jugés appropriés quelque temps auparavant, ce qu'il a obtenu. Parallèlement à ces traitements, Jean-Claude a commencé à pratiquer l'imagerie, a apporté des changements à son régime alimentaire, s'est donné un programme d'exercice physique, a commencé à méditer… Je continuais pour ma part à interpréter ses rêves. Au cours de cet échange, nous avons identifié certaines des causes qui étaient probablement à la source de son cancer. Comme en témoigne le rêve suivant, Jean-Claude a été littéralement « guidé » pour surmonter son désespoir et dépasser les émotions négatives qu'il entretenait face à sa maladie : Jean-Claude rentre chez lui après une visite à l'hôpital. Il est découragé, défait. Résigné, il rédige son testament. Il est envahi par la tristesse et le désespoir. Tout à coup, la pièce commence à se rétrécir autour de lui. Les fenêtres disparaissent, le plafond descend vers lui et les murs sont couverts de coussinets blancs, soyeux. Jean-Claude étouffe, crie.

Ce rêve n'a presque pas besoin d'interprétation. Comme je l'ai dit à Jean-Claude : « Que tu sois inquiet par rapport à ton état de santé, c'est compréhensible. Qu'en tant que père de famille responsable tu rédiges ton testament, c'est normal. Mais le rêve te prévient que, si tu continues à broyer du noir, tu fabriques fatalement ton propre cercueil. » Jean-Claude a persévéré dans sa démarche. Six mois plus tard, les examens médicaux ne décelaient plus aucune trace de cancer dans son organisme. Par la suite, à cause d'un accident, il a dû subir une autre intervention chirurgicale. Celle-ci a montré que son système lymphatique était parfaitement sain. Dès la réception de son rapport médical, il m'a téléphoné : « Nicolas, je suis l'homme le plus heureux de la terre ! » Cela fait maintenant quinze ans et nous sommes devenus de bons amis entre-temps.

L'exemple de Jean-Claude, en plus d'être un cas individuel bien instructif, montre aussi jusqu'à quel point les traitements formidables qu'offre la médecine officielle peuvent être utilement complétés par la démarche holistique.

Au-delà de la « machine brisée »

Relativement à la maladie et à ses causes, je tiens à préciser ma pensée : toute maladie n'est pas psychosomatique. Dans bien des cas, des parties de la machine corporelle ont été endommagées avant ou après la naissance. Certaines se sont détériorées au cours de l'existence ou ont été abîmées par un mode de vie malsain. Dans ces cas, notre méthode ne peut généralement pas offrir grand-chose. La chirurgie sait merveilleusement remplacer un rein, un foie qui ne fonctionne plus. Cela est évidemment en dehors de nos préoccupations et de nos expectatives. Il n'en reste pas moins que certaines personnes ont mené à bien des processus d'autoguérison tout à fait improbables et stupéfiants. Ne serait-ce que pour cette raison, je considère que toute personne, même si elle est atteinte d'une maladie incurable, peut quelquefois tirer profit de notre méthode.

Il est également intéressant de remarquer que même les personnes qui ne survivront pas auront pu, grâce au travail d'imagerie, développer une nouvelle attitude face à leur souffrance et à leur désespoir. Ma cliente Louise, dont je vous ai déjà parlé, qui a réussi à survivre trois ans après sa première chimiothérapie, m'a confié un jour : « Nicolas, je n'ai jamais été si heureuse que depuis que je suis malade. Je pars tous les matins au bureau joyeusement. Je regarde les gens dans les yeux. Je leur souris. Je les aime. Je profite intensément de tous les moments que la vie m'offre. » Ce genre de témoignage, nous l'entendons souvent de la part de nos clients. Chez moi, ils produisent un certain soulagement, mais aussi une grande tristesse. Quel dommage, *pourquoi seulement maintenant* ? me dis-je intérieurement.

Dépassons notre analogie avec une « machine brisée » pour revenir à notre conviction fondamentale : la plupart des maladies sont le résultat d'une détresse de l'âme, d'une démission devant la vie, d'une attitude suicidaire inconsciente. Dans ce livre, nous avons évoqué, de façon sommaire, les causes de cet état de choses aberrant : le refoulement de nos instincts et de notre capacité de jouissance, l'élimination de notre dimension potentiel-lement divine et l'acceptation docile et impuissante des condi-tions de la vie moderne. Je conclurai mon propos en atténuant ce ton dramatique par une touche poétique : *Nos corps sont des tablettes d'argile sensibles sur lesquelles l'âme contemporaine grave insidieusement ses cris de détresse ignorés.*

CHAPITRE 18

Vive la névrose !

Une deuxième catégorie d'afflictions dont nous essayons d'aider nos clients à guérir ne concerne pas le corps, mais plutôt le psychisme ou, si l'on préfère, le mental. Un certain nombre de ces maladies font partie des psychoses : la paranoïa, la psychopathie, la schizophrénie, etc. Face à ces pathologies graves, *Images de transformation* ne peut offrir d'intervention. Tout ce que l'intervenant peut faire, c'est diriger le malade vers des psychologues ou des psychiatres. Mais la plus grande partie des infirmités psychologiques résultent de névroses et des symptômes que celles-ci produisent : les phobies, l'anxiété, les obsessions, certaines formes de dépression, etc. Là encore, toute personne souffrant d'une névrose identifiée doit être orientée vers un spécialiste compétent. Cela dit, si dans la pratique de notre méthode nous rencontrons régulièrement des personnes névrotiques, c'est qu'il est bien des cas de névrose que la médecine officielle ne connaît pas. Bien entendu, il ne s'agit point ici des lourds cas pathologiques, mais de ceux qui supportent néanmoins beaucoup de souffrance psychologique et qui, avec le temps, peuvent se retrouver atteints d'une véritable maladie mentale ou physique. C'est pour cette raison que nous nous occupons de ces cas, c'est pour cela que dans la pratique de l'imagerie nous offrons aux personnes d'explorer les *aspects psychiques* de leurs symptômes et de leurs souffrances, comme Marie Lise Labonté l'a montré précédemment.

Quelques notions rassurantes

En parlant de la névrose dans cette partie pratique de notre livre, j'aimerais rappeler certaines réalités susceptibles de nous réconcilier avec nos dimensions névrotiques. Tout d'abord, rassurons-nous, *tout le monde est quelque peu névrosé*; encore et toujours, l'exception confirme la règle! En ce sens, fumer ou boire un verre de trop n'est pas considéré comme une maladie. Ces activités, souvent causées par l'anxiété, sont pourtant de nature obsessionnelle ou hystérique. De plus, toutes les émotions qui ne sont pas devenues conscientes après leur éruption première nous rendent inévitablement névrotiques : elles suscitent en nous de la peur, de la colère, de la jalousie, etc. Connaissez-vous ce dicton : *Dieu merci, je suis névrotique!* Il paraît qu'il vient de Jung. C'est très rassurant! Ce n'est pas parce que je fume, que je bois un peu trop ou que je souffre de claustrophobie que je ne suis pas un individu respectueux, dévoué, utile, aimant, etc. Évitons de porter des jugements sur nos attitudes névrotiques, car cela peut créer des traumatismes supplémentaires.

La névrose est également considérée comme l'expression d'un *défaut d'adaptation à la réalité de la vie*; celui-ci peut être engendré par la paresse, un sentiment d'infériorité, un refus de la maturité, etc. Mais l'adaptation défectueuse peut aussi venir d'une résistance aux injustices de l'ordre social (la discrimination raciale, par exemple) ou avoir été provoquée par une série de traumatismes subis durant l'enfance, comme le montrait si bien le film *Le Tambour*. Il faut avoir accompli une évolution personnelle avant de pouvoir mettre en pratique le précepte bouddhiste : *Participation joyeuse aux misères du monde*.

Stanislas Grof, psychiatre américain d'origine tchèque et l'un des pères fondateurs de la psychologie transpersonnelle, a une attitude tout à fait originale face à la catégorisation des maladies névrotiques. Il les appelle *crises spirituelles* ou *tension spirituelle*. Le « traitement » qu'il propose est l'*extension spirituelle*. C'est une vision entièrement nouvelle que je ne peux présenter en détail. À mon sens, elle représente une lueur d'espoir au-delà du monde des électrochocs et des neuroleptiques.

Grof et Jung s'entendent d'ailleurs pour affirmer que les névroses sont aussi des *tentatives d'autoguérison*. Cette affirmation peut sembler déroutante : quel bien peut-il résulter d'états d'âme débilitants et de souffrances insupportables ? Il est un fait pourtant que nous ne pouvons nous libérer des symptômes douloureux qui minent nos vies et nous empêchent d'accéder au bien-être sans laisser émerger nos traumatismes refoulés. Tout se passe comme s'il existait en nous une intelligence ne permettant pas que nous restions ignorants de notre réalité essentielle. Cette intelligence cherche alors et trouve toutes sortes de motifs pour nous torturer, nous éveiller, élargir notre conscience. Nous avons désormais le choix de fuir ou d'accueillir l'*intrus inconnu*. Mais comme nous n'aimons pas l'inconnu, nous choisissons généralement de fuir dans l'alcool, les drogues, la nourriture, la télévision, et j'en passe… Jusqu'au jour où nous n'avons plus le choix, où, affligés d'une phobie, forcés par un accident ou condamnés par une maladie, nous disons « Oui » et nous tendons la main. Une nouvelle étape commence alors.

La transformation et la guérison débutent le plus souvent par la réception favorable des images intérieures et par leur interprétation. Celles-ci commencent à nous guider, elles nous dévoilent des parties obscures de nous-mêmes, elles démystifient nos peurs, elles nous permettent de prendre conscience de nos projections. Elles nous amènent aussi à notre Shangri-La, dans la vallée de la paix et du bonheur. Oui, les images nous ouvrent un horizon nouveau : grâce à elles, nous pouvons au moins entrevoir notre totalité. Et à partir de là, les névroses perdent leur apparence hideuse. Désormais, nous ne les abordons plus comme des ennemis mortels, mais comme des messagers loquaces. Au cours d'un atelier, Joseph Campbell nous a dit : *Si vous êtes déprimé, qu'au moins cela vous amuse…*

CHAPITRE 19

Enfant blessé, enfant divin

L'image que nous observons le plus fréquemment dans l'imagerie réceptive, les rêves et les imaginations actives est la maison familiale, celle où nous avons passé notre enfance et où nous rencontrons notre *enfant intérieur*. Les visites en ce lieu signifient souvent découvrir des événements douloureux, des secrets troublants, des émotions enfouies, ou des retrouvailles avec des parties clivées de notre personnalité. Au début d'un cheminement thérapeutique, ces retours vers les années d'enfance sont plutôt pénibles, dérangeants. Leur importance dans un processus de guérison est cependant primordiale. Nous devons quelquefois littéralement *sauver* notre enfant intérieur qui est souvent emmailloté dans des langes étouffants, laissé seul, enfermé dans une armoire, rejeté, battu, agressé. Une de mes clientes rêvait régulièrement qu'elle se rendait au bord de la mer avec son bébé dans les bras ; là, elle le jetait dans les flots depuis une falaise…

Un cas de traumatisme insolite

Se retourner vers l'enfant que nous étions, que nous sommes encore, n'est donc pas toujours une aventure attrayante. Le traumatisme périnatal est souvent la première peur qui nous retient de le faire : naître, c'est un peu mourir, et ce moment se passe toujours dans la souffrance et dans l'angoisse. De façon générale, il est traumatisant pour l'enfant de se retrouver soudain dans le monde extérieur. Cela l'est encore plus quand, à cause d'une infirmité, par exemple, il doit quitter ses parents pour un long séjour à l'hôpital ; ou encore quand il a l'impression que ses parents ne se sentent pas capables de l'élever. Les imageries et les rêves de ces « enfants abandonnés » devenus adultes témoignent fidèlement de la souffrance engendrée par ces séparations précoces qui marquent presque toujours leurs victimes pour toute la vie.

À titre d'exemple, je citerai un cas dans lequel un trauma grave a précédé la naissance. Une femme d'une quarantaine d'années, occupant un poste important dans une organisation socioculturelle, m'a consulté parce qu'elle n'arrivait pas à faire de l'imagination active avec son thérapeute. Lors de notre premier essai, après les étapes de préparation, elle a commencé à sangloter dès qu'elle a eu les yeux fermés. Il s'est avéré qu'elle revivait une tristesse et une angoisse incontrôlables qui la poussèrent à une catharsis révélatrice : elle se retrouva dans l'utérus de sa mère quand elle était fœtus. Là, elle vit une main gantée se diriger vers elle. Elle ressentait une peur atroce. Elle essayait d'éviter la main du mieux qu'elle pouvait. Finalement, « l'idée lui est venue » de se coller à la partie supérieure de l'utérus : ainsi, la main ne pourrait la trouver. La cliente venait de revivre la tentative d'avortement exécutée à la demande de sa mère, mais qui avait échoué – et pour cause ! Après ce « travail », cette cliente a retrouvé une détente et un bien-être qu'elle n'avait encore, m'a-t-elle dit, jamais ressenti. Cette catharsis permise par l'imagination l'a littéralement transformée.

Parents tortionnaires, parents dévoués

La seconde source de difficultés majeures après la naissance réside dans l'interaction avec les parents et plus particulièrement avec la mère. *La mère est destinée,* au sens où sa manière de nous traiter et de nous aimer nous marque pour la vie. Mais même face à la meilleure des mères, des conflits se présentent tôt ou tard. Aucune mère ne peut donner à son enfant tout l'amour qu'il voudrait recevoir. Une certaine frustration est donc inévitable et normale. Cela dit, et nous le savons par notre travail thérapeutique, beaucoup de parents ne sont pas à la hauteur par rapport à leurs responsabilités. Nombre de personnes que nous rencontrons ont été jugées, infériorisées, voire sauvagement battues ou sexuellement agressées au cours de leur enfance. On comprend que leurs rêves concernant leur enfant intérieur ne soient pas très joyeux.

Prenons un exemple. On m'envoie une dame qui a eu un rêve inquiétant. Elle a déjà fait le même rêve vingt ans auparavant. Dans ce rêve, elle entre au cours de la nuit dans la chambre de ses deux filles qui dorment paisiblement. Celles-ci ont sept et huit ans. La dame se jette alors sur ses enfants, les poignarde et les tue. Elle va par la suite dans la chambre où dort son mari et le poignarde également. Quand cette dame a fait ce rêve la première fois, elle s'est présentée à l'hôpital psychiatrique, croyant qu'elle voulait tuer ses enfants. On ne l'a pas gardée longtemps, car elle était parfaitement saine d'esprit. Vingt années sont passées ; depuis lors, ses enfants sont adultes, elle-même est divorcée. Elle vit proche de la maison de son père avec qui elle a un rapport cordial. Pourquoi donc ce rêve lui revient-il maintenant ? Parce qu'il demande à être interprété. Pour ce faire, une seule question m'a été nécessaire : « Que viviez-vous quand vous aviez sept ou huit ans ?

– J'ai été souvent battue et violée à cette époque de ma vie. »

J'ai alors expliqué à cette femme que ce qu'elle avait voulu « tuer », ce n'était pas ses fillettes, mais bien « l'enfant traumatisé » qui vivait en elle. Quant à son mari, qu'elle tuait également dans le rêve, il était le père de ses enfants, et donc, symboliquement, le père agresseur. Par son rêve, elle avait en fait voulu mettre un terme à cette période tragique de sa vie. J'ai revu cette dame fortuitement un an après l'interprétation de son rêve. Elle se portait très bien et ne faisait plus de rêves macabres.

Fort heureusement, la majorité des parents adorent leurs enfants et se comportent de façon tout à fait responsable. Il faut aussi préciser que la perception qu'un enfant a de ses parents ne correspond pas toujours à l'attitude parentale réelle de ceux-ci. Par ailleurs, on sait que les parents se projettent sur leurs enfants et que ce qu'ils ont manqué dans leur vie influence insidieusement la destinée de leurs enfants. Ceux-ci « héritent » alors de parents intérieurs très différents de leurs parents réels. Quand nous rêvons que nos parents meurent, voire que nous les tuons, il s'agit, bien sûr, de nos parents intérieurs, tout à fait symboliques.

En général, les enfants ressentent parfaitement l'état d'âme réel de leurs parents. Voici un rêve qui en témoigne. Une dame de soixante ans, qui a beaucoup souffert pendant son enfance, revoit cette partie de sa vie dans le miroir que lui offre son Inconscient. Dans son rêve, ses parents rassemblent leurs quatre enfants et leur annoncent qu'une catastrophe incontournable est sur le point d'arriver. C'est la mort assurée, leur disent-ils, après une période de souffrance intense. Mais les parents ont trouvé *la bonne solution*. Ils expliquent aux enfants qu'ils vont tous se suicider ensemble en absorbant un poison qui agit instantanément. La rêveuse n'est pas d'accord, mais la décision parentale est prise. Commence alors une longue attente angoissée : quand et comment vont-ils devoir avaler le poison ? Les repas font désormais peur aux enfants, même l'eau du robinet leur paraît louche… Le rêve se termine ainsi. D'après moi, le poison n'était pas un poison à action instantanée. J'ai tendance à penser que ma cliente a dû avaler goutte à goutte, et pendant de longues années, l'attitude négative de ses parents, jusqu'à ce qu'elle se libère enfin de cette influence et adopte un style de vie totalement différent du leur.

Des voies de dépassement

En tant que praticien, cette question est constamment présente à mon esprit : que pouvons-nous faire, concrètement, pour les personnes qui souffrent de figures parentales pauvres et déficientes ? Je propose habituellement deux approches. Pour illustrer la première, je prendrai le cas d'une femme dont la mère a été malheureuse, malade, peu aimante. Je suggère alors à cette femme de *chercher une figure* de femme susceptible de représenter pour elle la mère *positive idéale*. Il peut s'agir d'un personnage historique, d'une personnalité du monde des arts, de quelqu'un de son entourage, ou simplement d'une figure de son monde intérieur. L'important est de garder cette image présente dans sa vie, d'en faire un yantra, une affirmation visuelle, de se laisser imprégner par ses qualités et ses énergies. Cette pratique peut aider à surmonter les effets d'une image maternelle peu inspirante. Un homme peut faire une démarche semblable avec une image paternelle valorisante.

J'appelle ma seconde proposition, dans le cas d'une souffrance causée par des parents peu adéquats, l'*intégration philosophique*. Elle se pratique à peu près de la façon suivante : quand quelqu'un se plaint à moi de ses parents qui auraient été terribles, violents, abuseurs, je commence par lui rappeler que *les bourreaux sont eux-mêmes des victimes*. Si un parent agit mal envers son enfant, c'est qu'il est lui-même perturbé, perdu. Il a généralement hérité de cet état de son propre milieu familial. Faut-il en ce cas blâmer les grands-parents ? On ne le peut pas non plus, car ils étaient déjà eux-mêmes des victimes. De qui, de quoi ? De leur éducation, de leurs conditions de vie, de leur culture, en un mot de la société. La société est-elle donc le vrai bourreau ? C'est possible, mais la société n'est au fond qu'un produit de la Nature. La faute et la souffrance viendraient-elles de la Nature ? Apparemment. Tout dépend si nous considérons la Nature comme la réalité ultime, ou si nous pensons qu'un créateur quelconque la contrôle. Dans ce dernier cas, cela voudrait dire que la cause du mal est Dieu lui-même ? Je n'en sais rien ! Tout ce que je soutiens, c'est qu'au-delà du conflit avec les parents toute une série de facteurs interviennent. Les prendre en considération ne me permet peut-être pas de comprendre « l'ordre des choses », mais peut m'aider à développer une attitude plus tolérante et plus détachée par rapport à mes parents. Disculper l'autre à l'aide d'un raisonnement logique nous permet non seulement de nous réconcilier avec lui, mais aussi de nous libérer de nos propres colères et sentiment d'infériorité, ce qui favorise évidemment notre guérison.

De la blessure à la rédemption

Revenons maintenant à notre thème de base : l'enfant intérieur. Il faut avoir à l'esprit que chaque vie d'enfant comporte une brisure, un drame, une perte irrévocable. Marie Lise Labonté l'appelle la *blessure fondamentale*. Pour les jungiens, cette blessure consiste en la perte du sentiment de totalité qui se produit tôt ou tard à l'occasion d'un événement plus ou moins dramatique. Une agression terrible n'est pas nécessaire pour détruire notre sentiment de totalité originelle. Une de mes amies s'est rappelé qu'à cinq ans elle avait fait un dessin pour son père en guise de cadeau d'anniversaire. Quelques jours après la célébration, elle avait retrouvé son dessin dans la poubelle. À partir de ce moment-là, son monde de fillette heureuse avait éclaté : « Mon père ne m'aime pas », se disait-elle. À la suite de cette sorte de trauma, nous nous efforçons de retrouver notre plénitude toute notre vie, souvent par des moyens illusoires ; encore et toujours : l'alcool, les drogues, les sectes, etc. C'est une quête qui est très longue et qui n'a de chance de succès que si nous menons un travail soutenu sur nous-mêmes, car seul ce travail est capable de nous permettre de réintégrer cette dimension de nous que constitue l'enfant retranché dans sa blessure fondamentale.

Que pouvons-nous concrètement faire pour cet enfant, garçonnet ou fillette, abandonné, perdu, en colère, que nous retrouvons dans nos imageries, nos rêves et nos imaginations actives ? Il nous faut, pour commencer, l'accueillir, lui montrer notre affection, nous réconcilier avec lui. Cela n'est pas toujours facile. L'enfant abandonné est souvent coléreux, démissionnaire. Dans le rêve que me raconta une femme, une petite fille démoniaque arrive brusquement dans sa maison. Elle est terriblement agitée et commence à démolir l'intérieur de l'appartement. La femme court chercher de l'aide. Avec le concours de ses voisins, elle réussit à maîtriser l'enfant. Elle appelle la police. L'enfant hurle : « Vous avez tort de me traiter ainsi, car c'est moi qui amène le changement ! »

Dans nos visualisations, il nous faut trouver un endroit agréable où notre enfant intérieur peut vivre, jouer. Dans la réalité quotidienne, il est important de ritualiser nos retrouvailles avec lui. En créant par exemple un photomontage de nos images d'enfance que nous plaçons à un endroit bien visible dans notre demeure. Cela nous permet de nous rappeler tous les jours que, désormais, cet enfant est ressuscité et participe à notre vie.

L'enfant symbolise, entre autres, notre capacité d'émerveillement et nos potentialités, notamment celle d'évolution spirituelle. Nous le recherchons, nous l'adorons secrètement et souvent inconsciemment. Les hommes les plus désabusés ne peuvent garder leur sang-froid devant le sourire d'un enfant. *L'enfant est l'espoir et l'avenir de l'humanité.* La majorité des êtres humains ne vivent que pour et à travers leurs enfants. Beaucoup sacrifient littéralement leur vie pour le bien-être de ces derniers. Dans notre culture, l'enfant divin est la représentation la plus touchante, la plus acceptable de Dieu. Aucune fête chrétienne n'est célébrée avec autant d'ardeur que Noël. Même ceux qui ne pratiquent pas pendant l'année se retrouvent systématiquement à la messe de minuit. La recherche du cadeau voulu – je ne parle pas de la grotesque compulsion collective – cache une volonté d'honorer l'enfant qui vit en nos proches autant qu'en nous-mêmes. Nous pourrions facilement écrire sur nos cadeaux : « Je salue l'enfant divin en toi ! »

Un exemple très personnel

Il y a de longues années, quand j'ai commencé mon évolution psychologique et spirituelle, j'ai fait le rêve suivant.

J'habitais une grande ville comme New York, je vivais avec une femme, nous n'avions pas d'enfant. Un soir, dans notre appartement, j'écoutais distraitement une émission de radio. On y disait que quand l'enfant paraît, c'est un grand pas en avant dans l'évolution spirituelle. Cette idée m'impressionna. Un peu plus tard dans la soirée, je voulus entrer dans notre chambre à coucher. En ouvrant la porte de la chambre, je vis un petit garçon aux longs cheveux en train de jouer par terre. J'étais inondé de joie. Ah ! me dis-je, c'est de cela dont on parlait à la radio. J'entendis alors la porte de l'antichambre qui s'ouvrait. C'était ma femme qui arrivait. Je la saluai chaleureusement et lui dis : « Viens vite, je vais te montrer quelque chose. » Je la conduisis vers la chambre à coucher, ajoutant en arrivant : « Regarde », mais elle eut beau regarder la chambre, elle ne vit rien d'inhabituel. Elle eut un air bizarre en me disant : « Qu'est-ce que c'est que cette folie ? » Tout embarrassé, je lui donnai une explication bête : « Oh, je voulais juste te jouer un tour ! »

À l'issue de ce rêve, je compris qu'au fond cet enfant n'existait que pour moi. De ce rêve, j'ai fabriqué un synopsis de long métrage. Le héros est un homme heureux interagissant constamment avec un enfant que personne ne peut voir.

CHAPITRE 20

Les images à l'œuvre

De l'enfance à la mort, notre monde intérieur nous accompagne et nous guette sans cesse. Dès que nous nous mettons le moindrement à son écoute, il réagit : il nous dispute, nous conseille, nous inspire. Les informations que nous recevons de notre Inconscient nous laissent souvent songeurs, incrédules. Seule une analyse approfondie, une réflexion soutenue, peut nous permettre de réaliser qu'une nouvelle parcelle de l'essence des choses nous a été révélée. Chaque imagerie ou imagination active nous offre un fragment significatif de l'existence. J'aimerais vous en donner quelques exemples qui touchent des étapes et des dimensions majeures de nos vies.

La rédemption du passé

Nous avons vu précédemment jusqu'à quel point nos parents influencent nos destinées. Nous savons que c'est également vrai de nos ancêtres plus lointains, que j'appelle souvent, à l'intention de mes clients, les « générations sacrifiées ». Une de mes clientes reçut ce message bouleversant dans un rêve : « Si tu as le cancer, c'est que tes ancêtres n'ont pas pleinement vécu. » Qu'en penser ?

Ce qui est beaucoup moins connu, c'est que le vécu des gens d'aujourd'hui influence des êtres depuis longtemps disparus.

Les visions et les rêves nous le disent. Attention cependant, mon propos ne concerne pas les nombreux rêves dans lesquels des personnes mortes s'adressent aux vivants, un sujet intéressant en soi, mais qui n'est pas celui qui me préoccupe. Ce qui m'intéresse ici, c'est qu'à l'occasion de certains contacts avec les morts les humains peuvent apporter quelque chose à ceux-ci. J'ai eu des rêves de ce genre moi-même. Je ne prétends pas que de ce fait je croie à la survie de l'âme ou à la réincarnation. Mon hypothèse est que nous montrer utiles envers nos ancêtres pourrait bien vouloir dire utiles envers nos ancêtres *intérieurs*, ceux qui vivent et agissent en nous.

Voici un rêve intéressant sur ce sujet. Un jour, une de mes collègues m'a demandé de recevoir une femme qui se trouvait, d'après elle, dans une situation désespérée, «au cas où, par hasard, tu pourrais faire quelque chose pour elle», me dit-elle. J'ai alors commencé à travailler avec cette personne. C'était une jeune femme brillante, qui avait été terriblement blessée pendant son enfance et qui se retrouvait seule, avec un petit enfant, dans une situation financière difficile. Eh bien ! au bout d'un an et demi, cette femme s'était transformée : elle avait recommencé ses études, remodelé sa silhouette par un entraînement physique rigoureux, retrouvé un emploi et le goût de vivre. C'est alors qu'elle fit le rêve suivant : elle se trouvait dans une campagne bucolique. Il y avait là une belle vieille maison de style normand. Près de la maison s'étendait un champ fraîchement labouré, bordé d'un côté par une rangée d'arbustes. La rêveuse marchait vers le champ. À son grand étonnement, elle réalisa que ce qu'elle avait pris pour des arbustes était en réalité des formes humaines alignées. C'était des femmes, habillées de costumes des siècles passés, qui l'observaient. En les regardant, ma cliente devint tout à coup très consciente du processus de transformation qu'elle avait accompli. Fièrement, elle se mit à marcher devant ces femmes, arborant un air triomphant. Elle réalisa alors qu'à mesure qu'elle passait devant elles, chaque femme, l'une après l'autre, éprouvait un orgasme…

L'amour différencié

J'ai entendu cette expression dans la bouche de Marie-Louise von Franz au cours d'un entretien filmé. Il signifie *aimer une personne unique pour son unicité*. Il s'agit d'un sentiment bien précis. C'est l'amour vrai, l'amour qui guérit, qui permet à l'autre de retrouver sa totalité. J'aime particulièrement cette définition parce que les rêves nous disent la même chose des formes d'amour modernes. Ils encouragent aussi la liberté, le détachement, la jouissance.

Voici un exemple de ce type de rêve qui m'a été raconté par une cliente dont je savais que la vie sexuelle était plutôt calme. «L'autre nuit, me raconta-t-elle, je dormais profondément, mais dans mon rêve j'éprouvais un profond sentiment d'amour. Je me suis réveillée et me suis retournée vers mon mari. Il venait aussi de se réveiller. Nous nous sommes spontanément regardés dans les yeux et, sans nous toucher, nous avons vécu un orgasme simultané extraordinaire. Depuis, notre vie amoureuse est devenue de plus en plus intense. »

Pour Wilhelm Reich, tout cancer trouve son origine dans la frustration sexuelle. Personnellement, je n'aime pas les déclarations de nature absolue. J'ai cependant dû me rendre compte, au fil de ma pratique thérapeutique, que toutes les personnes atteintes de maladie grave avaient vécu des traumatismes ou tout au moins des frustrations sur le plan sexuel. Or, de la frustration d'amour, les grands spécialistes de la santé ne parlent même pas. Voyons quand même un exemple impliquant des images intérieures.

Un jour, je reçois la visite d'un ami. Celui-ci était déchiré par un conflit très douloureux. Il avait une excellente relation amoureuse avec sa compagne depuis des années, mais il avait rencontré une femme qui lui inspirait une passion démesurée. Il m'a demandé conseil : laquelle des deux femmes devait-il choisir ? Évidemment, je ne pouvais rien lui dire, mais comme j'étais touché par son désarroi, je voulus quand même faire quelque chose. Mon ami connaissait bien la méthode de l'imagination active, je lui ai donc proposé de consulter son Inconscient par rapport à son dilemme. Il a accepté et nous avons commencé la séance. Après avoir visualisé quelques scènes banales, mon ami a gardé le silence pendant un long moment. Puis, sur un ton plutôt sensuel, il m'a dit : «Je suis couché, nu, sur des rochers, au bord de la mer. Il fait beau. Les vagues arrosent mon corps. C'est très agréable. » Suivit un autre long silence, à l'issue duquel la voix de mon ami changea pour prendre un ton lyrique : « L'amour nous sculpte, comme les vagues sculptent les rochers. » Et là, j'ai vu un air d'extrême sérieux sur son visage. Il a parlé avec beaucoup de solennité, ce qui m'a saisi : « Je suis celui qui ne sera jamais sculpté ! Je suis celui qui ne peut être touché ! Je suis celui qui est touché partout ! » Plus tard, mon ami est revenu à sa personnalité habituelle, comme s'il se réveillait d'un profond sommeil. Peu de temps après, il est parti sans que nous reparlions de sa « vision ». J'ai espéré que son rapprochement avec sa dimension intérieure de Totalité puisse, sinon l'aider à résoudre son dilemme, au moins apaiser sa souffrance.

La plus belle saison de la vie

La vieillesse fait peur. Si l'on se fie à ce que l'on voit dans certains foyers pour personnes âgées, il est aisé de conclure que la vieillesse est déchéance, affliction, amertume, voire horreur. Pourtant, la vieillesse s'appelle aussi l'âge d'or, et elle peut réellement l'être. Arriver à soixante-dix ou quatre-vingts ans après avoir fui toute sa vie est cruellement tragique. Dans ce cas, il est peut-être préférable de rester inconscient de tout ce que l'on a manqué. Mais quand on a pu semer quelques bonnes graines et accomplir un projet de vie personnel avec un tant soit peu de succès, la vieillesse peut s'apparenter à un automne doré. Elle peut constituer un temps de paix, de plaisir, d'harmonie. On n'a plus rien à prouver, et comme l'avenir est limité, le présent peut prendre plus d'importance. On peut même faire l'expérience de découvertes inespérées et vivre avec plénitude le moment présent. Nos images intérieures nous encouragent fortement sur la voie de ce bien-être. Commençons quand même par un exemple concernant la peur de prendre de l'âge.

Un jour, voilà une quinzaine d'années, j'ai reçu un coup de fil d'un ami. Il m'apprenait qu'il était hospitalisé. Il avait une grosse tumeur dans le ventre. Il subit une radiothérapie, censée la diminuer, pour pouvoir être opéré par la suite. Bien entendu, je suis allé le visiter et, naturellement, il avait un rêve à me raconter. Dans ce rêve, il se retrouvait devant le pont qui mène à San Francisco, le Golden Gate. Mon ami savait qu'il devait traverser le pont, mais il n'osait pas s'y engager parce qu'un vent très fort faisait trembler la structure. Pendant qu'il hésitait, de la chaussée goudronnée émergea un grand serpent noir qui s'entortilla autour de son corps. Une jeune femme arriva aussitôt et elle essaya de le libérer du serpent. L'ami a reconnu dans les traits de cette femme l'infirmière qui le soignait à l'hôpital.

Dans mon interprétation de ce rêve, j'ai expliqué à mon ami que le fameux Golden Gate – en français, Portail d'or – symbolisait l'âge d'or qu'il devait maintenant traverser. Il venait tout juste d'avoir soixante ans. Le vent qui lui faisait peur symbolisait les troubles courants de la vieillesse. Comme la diminution de sa puissance sexuelle inquiétait mon ami, il « hésitait » ; autrement dit, il n'était pas sûr de vouloir rester en vie, c'est-à-dire de vouloir vivre cette période de déchéance. Cette incertitude désactivait son système immunitaire et le serpent-cancer se manifestait. L'infirmière représentait l'anima, la force de vie corporelle qui voulait que mon ami continue à jouir de l'existence.

Quelques jours après ma visite à l'hôpital, mon ami me téléphona de nouveau : « Nicolas, il n'y aura pas d'opération. Mon chirurgien est venu me voir ce matin. Il était fâché. Il n'y a plus de trace de la tumeur dans mon ventre. La radiation a tout nettoyé. » Cet ami est mort dix ans plus tard d'une crise cardiaque, après avoir connu une belle série de nouvelles relations amoureuses…

Juste encore un « petit rêve » concernant un âge d'or bien vécu. Dans un train, j'ai un jour rencontré une dame âgée d'à peu près soixante-quinze ans. Nous avons causé pendant plusieurs heures. Elle m'apprit qu'après une vie plutôt parsemée de tragédies elle vivait maintenant seule et aimait ça. Souvent, me dit-elle, elle faisait une longue liste d'articles de luxe, allait dans les grands magasins, y passait des heures, n'achetait rien, mais parlait avec les gens et s'amusait beaucoup. Nous arrivions alors à la gare où je devais descendre, mais elle avait encore quelque chose à me raconter : « Vous savez, Monsieur, ces temps-ci je rêve régulièrement que je fais un voyage vers le Nord lointain. Là où il n'y a plus de végétation, mais plutôt de la neige et de la glace. Et de là, je vais encore plus loin. Et là, Monsieur, je vois des fleurs d'une beauté exquise. De toute ma longue vie, je n'ai jamais vu de fleurs aussi belles. Oh ! que j'aimerais connaître la peinture pour pouvoir montrer aux autres ces fleurs inimaginables ! » J'ai failli ne pas descendre du train à temps !

Le grand départ apprivoisé

La réalité la plus effrayante, la plus mystérieuse de nos vies, est certainement la mort. Pourtant, quand nous y réfléchissons, nous réalisons que devenir immortel est une idée encore plus insupportable. Nous savons aussi que si nous voulons vivre pleinement, il nous faut apprendre à mourir. Et encore que *l'idée de la mort est la mère de toute philosophie*. Que nous en disent nos images intérieures ?

Dans un rêve, une dame se rend au pied d'une montagne dans le flanc de laquelle est installé un mouroir (ma cliente a effectivement visité, en Inde, un mouroir établi par mère Teresa). La rêveuse se rend alors dans une grotte faisant office de dispensaire où une vieille femme s'apprête à mourir. Celle-ci est couchée sur un divan et dit à l'intervenante qu'elle est prête. La jeune fille lui apporte alors un cachet doré sur une assiette. La vieille dame le prend dans sa main, l'examine, puis l'avale calmement. Ma cliente est alors très perturbée. Elle parle à la vieille femme : « Non ! Mais vous vous rendez compte… Vous allez mourir. C'est terrible. » La vieille dame la regarde avec un air amusé. Puis elle tourne sereinement les yeux vers son monde intérieur, se laisse aller et meurt le sourire aux lèvres.

Je pose alors une question à ma cliente : « Pourquoi, pensez-vous, cette femme a-t-elle pu mourir si paisiblement ? » Mais au fond, c'est moi qui apporte la réponse : symboliquement, l'or est le métal qui représente quelque chose d'éternel. Prendre une pilule en or signifie donc intégrer l'idée que quelque chose en soi restera vivant pour l'éternité. Ce n'est pas moi, c'est son Inconscient qui le dit à ma cliente par l'intermédiaire du rêve.

Il nous arrive quelquefois, en tant qu'intervenant, de devoir accompagner nos consultants dans la mort. Voici un cas que j'ai trouvé bien instructif. Une de mes anciennes clientes m'a téléphoné un jour de l'hôpital. Elle m'annonçait que les médecins avaient peu d'espoir de la garder en vie. Je suis alors allé la visiter.

Elle avait très peur de la mort et espérait une guérison miraculeuse. Malheureusement, elle souffrait d'un cancer généralisé et était déjà en phase terminale. Nous avons cependant travaillé ses rêves et fait quelques imaginations actives. Mais tout cela ne la rassurait pas beaucoup. De fait, son état se détériorait rapidement. Au cours de mes visites successives, j'ai été témoin de son angoisse qui devenait insoutenable. Un jour, cependant, j'ai constaté un changement d'humeur favorable. Elle m'a alors raconté un rêve dans lequel elle était forcée de quitter l'hôpital seule, pendant la nuit, n'ayant pour tout habit que son sarrau de malade. Elle avançait, terrifiée, dans un paysage enneigé. Tout à coup, elle aperçut une meute de chiens sauvages qui couraient dans sa direction. Elle pensa qu'ils allaient la dévorer aussitôt. Mais non ! Dès que le chien qui guidait la meute s'est trouvé en face d'elle, il s'est arrêté et lui a dit d'un ton rassurant : « Ne nous crains pas. C'est nous qui allons te guider en dehors de la glace et de la nuit. » Ce rêve n'avait pas besoin d'interprétation. Il laissa ma cliente dans un état de sérénité relative. Elle est morte deux jours plus tard. Ses dernières paroles ont été : « C'est beau. »

Pour moi, la meute représentait le chien Cerbère à trois têtes, gardien mythologique du royaume des morts. Ce rêve m'a permis de comprendre que ce chien, qui nous fait très peur tant que nous devons rester en vie, peut devenir notre guide quand le moment de partir est arrivé.

La seconde leçon que j'ai tirée du départ tragique de ma cliente, est une explication des visions extraordinaires qu'ont souvent les personnes qui sont en état de mort clinique. Ma compréhension en est la suivante : durant la vie, notre intellect nous empêche de nous laisser aller à percevoir naturellement la réalité ; au seuil de la mort, par contre, notre corps ne pouvant plus transmettre l'énergie nécessaire à notre cerveau, notre vie mentale s'abandonne à un état qui peut aller jusqu'à l'extase. Face à cette réalité, je me fais une réflexion : pourquoi faut-il attendre le moment de la mort pour parvenir au bien-être suprême ? Marion Woodman, après avoir vécu une mort clinique, est devenue en Amérique du Nord la « grande dame » de la psychologie jungienne ; elle nous dit, quant à elle : « Je peux mourir demain, mais je mourrai guérie… »

Conclusion

Les images intérieures nous accompagnent pendant toute notre vie comme les abeilles entourent la ruche. Nous avons décrit dans cet ouvrage comment elles se manifestent, de quelle façon nous pouvons les découvrir, de quelle manière elles influencent nos destinées individuelles. La liste d'exemples que nous pouvions donner concernant leur utilité et leur subtilité est nécessairement limitée. Les images touchent toutes les dimensions importantes de nos vies : la créativité, les valeurs féminines, la culture, la spiritualité, les dangers et les espoirs de notre civilisation. En écoutant attentivement le « message » de nos images, nous pouvons faire de notre monde intérieur – l'Inconscient – un allié pour la vie.

Pour mettre fin à notre partage, Marie Lise Labonté et moi aimerions vous présenter une dernière image, peut-être la plus importante de toutes. Nous souhaitons l'introduire par le fameux mantra tibétain *om mani padme hum*, qui pourrait être traduit par *le joyau au cœur du lotus*. Selon les explications de Jung et de Campbell, cela signifie que le plus élevé se trouve dans le plus humble, c'est-à-dire que nous pouvons réaliser les plus élevés de nos objectifs à travers ce qui est notre lot quotidien.

Au cours d'une rencontre, une dame, qui avait entendu cette explication, nous a raconté l'un de ses rêves. Dans celui-ci, elle se voyait en train d'éplucher des pommes de terre pour la préparation du repas familial. En coupant ces tubercules en deux, elle s'est rendu compte avec étonnement et émerveillement qu'au cœur de chacun il y avait une perle. Pour elle, les pommes de terre étaient une nourriture qu'elle pouvait se permettre de préparer quotidiennement. La perle est un symbole de totalité féminine, mais aussi de totalité cosmique. Comme le dit un maître zen : *Le monde entier est une perle brillante.* Nous permettre de retrouver cette totalité cosmique, cette conscience extatique, à travers notre quotidien, nos névroses, nos maladies même, c'est, apparemment, l'objectif principal que poursuivent nos images intérieures.

Gerhard Adler, analyste et auteur jungien britannique, écrit ainsi que nous assistons probablement aujourd'hui à une course du destin entre « les forces de destruction symbolisées par la bombe à hydrogène et les pouvoirs constructifs de la psyché, qui sont en grande partie encore latents et demandent à être éveillés[83] ». Révéler la potentialité des images de cette psyché porteuse d'espoir est ce que nous proposons dans ce livre. Pour qui ? Nous laissons la réponse à Saint-Exupéry : *Chaque sentinelle est responsable de tout l'empire.*

Annexes

Les trente principes de l'interprétation des rêves

1. Il faut aimer le rêve! Il n'est pas de rêves stupides, il n'est que des gens insensés qui ignorent leurs rêves… En interprétant le rêve, nous décuplons son potentiel de guérison.
2. Garder près de son lit crayon, papier ou magnétophone. Écrire le rêve dans ses grandes lignes au cours de la nuit, puis le transcrire avec tous ses détails dans son journal de rêves le matin.
3. Compléter la description du rêve par des dessins ou des peintures représentant les points saillants, ou encore résumer l'ensemble du rêve dans une œuvre visuelle.
4. Se donner une période de temps calme et suffisamment longue pour interpréter le rêve.
5. Scruter la *structure dynamique* du rêve, établir le plus clairement possible les séquences qui le composent.
6. Constater les sentiments, les émotions et les sensations que le rêve a suscités.
7. Inventorier les lieux, les personnages, les objets et les autres symboles importants du rêve.
8. Noter les *associations* qui émergent par rapport aux symboles du rêve: quel est cet endroit? ce personnage? cet animal? cet objet?
9. Explorer les *amplifications* des symboles principaux du rêve. Celles-ci peuvent être langagières ou provenir d'œuvres poétiques, de la mythologie, des grandes religions, etc. Par exemple: que représente pour moi le personnage d'Ariane? la ville de Rome? une image de svastika?

10. Chercher dans le rêve les éléments de *compensation*. La plupart des rêves compensent une attitude psychique trop rigide, unilatérale.

11. Chercher les *éléments nouveaux* d'information que recèle le rêve, car celui-ci ne répète jamais ce que nous savons déjà.

12. Chercher les éléments de *révélation*, c'est-à-dire des renseignements qui dépassent largement les limites de notre connaissance. Le rêve est-il prémonitoire ? télépathique ? Les rêves peuvent nous inspirer un roman ou toute autre réalisation de l'esprit.

13. Dans la grande majorité des rêves, tous les éléments relèvent de notre monde personnel. Tels des personnages qui évoluent sur une scène de théâtre, ils symbolisent les dimensions complexes de nos réalités conscientes et inconscientes.

14. La plupart des personnages de nos rêves doivent être interprétés dans un sens subjectif. Ainsi, si dans un rêve donné les traits de caractère de mon frère représentent une partie de moi, l'interprétation est dite *subjective*. Si, par contre, le rêve concerne la personne de mon frère ou encore la relation que nous avons, l'interprétation est qualifiée d'*objective*. Si nous ne sommes pas certains de notre compréhension du symbole, il est préférable de faire deux interprétations parallèles : une objective et une subjective.

15. Passer en revue les événements de la journée qui précèdent le rêve, aussi bien que les questions qui auraient pu nous préoccuper. Le rêve est en effet presque toujours relié à ce que nous avons vécu. Cela dit, *les événements de la veille inspirent le rêve mais ne le déterminent pas*. Par exemple, ce n'est pas parce que j'ai vu un film comportant des personnages monstrueux que je vais faire un mauvais rêve ; c'est plutôt parce que ces personnages ont quelque chose à me dire par rapport à mon monde intérieur, ils éveillent mes « monstres à moi ».

16. Tenir compte de la réduction phonétique, des jeux de mots que les rêves utilisent pour transmettre des idées

complexes. À titre d'exemple, pensons à cet homme dont le rêve lui disait qu'il était parti aux «États-Unis». En fait, le rêve désignait par là son sentiment d'harmonie intérieure, soit l'«unité de ses états d'âme».

17. Avoir en tête le dicton *pars pro toto*, soit la partie pour le tout. Une feuille peut, par exemple, représenter l'arbre, une plume d'oiseau, l'oiseau entier.

18. Tout ce qui nous «court après» dans les rêves veut faire partie de nous. Que ce soit un personnage ou un tigre, il s'agit, presque toujours, d'une partie symbolisée de nous-mêmes qui veut se manifester et prendre sa place dans notre vie.

19. Ne pas céder à la réaction de l'intellect qui dénigre le rêve ou qui prétend l'avoir compris instantanément. Un rêve mal interprété peut faire beaucoup de tort. Lorsque nous ne le comprenons pas bien, il est préférable de le dire. Le débutant doit être particulièrement méfiant vis-à-vis de ses premières interprétations. Le risque est toujours présent de manipuler le message du rêve pour qu'il corresponde à ses idées préconçues. En plus, *toute interprétation est une forme de projection* – mieux vaut en être conscient. Par ailleurs, une bonne interprétation suscite une vague de contentement, une sorte d'approbation intuitive.

20. Bien que l'interprétation des rêves soit généralement difficile, si nous «tournons autour» du rêve pendant un certain temps, il vient toujours un moment où il finit par nous révéler une partie de son message. Par ailleurs, nous devons nous dire que le rêve reste en lui-même sa meilleure interprétation; de ce fait, toute tentative d'analyse ne peut dévoiler qu'un fragment de son contenu total.

21. Savoir qu'il est plus difficile d'interpréter ses propres rêves que ceux des autres.

22. Quand le rêve se répète, c'est que son message n'a pas été entendu ou compris. Les rêves qui reviennent sont souvent inquiétants. Il ne faut pas en avoir peur! Les cauchemars tant redoutés sont parmi les rêves les plus importants et les plus utiles.

23. Les symboles sont *multidimensionnels*. Il est donc possible de les interpréter de bien des façons différentes et quelquefois contradictoires. Ils changent avec les personnes, mais aussi de rêve en rêve. Un chien, par exemple, peut symboliser l'agressivité, le flair, la fidélité, le guide intérieur, etc. Il convient donc de prendre tout notre temps pour trouver la bonne signification du symbole dans le contexte d'un rêve donné.

24. Certains types de symboles revêtent toutefois un sens général. La maison, par exemple, se rapporte souvent à la structure psychique du rêveur, la voiture représente le moyen de cheminer dans la vie, les différents animaux signifient des aspects divers de la vie instinctive, l'argent symbolise l'énergie psychique. La mer, la terre, la forêt, la nuit se réfèrent toutes aux diverses facettes de l'Inconscient.

25. Tout travail assidu avec les rêves nécessite des dictionnaires des symboles appropriés. Parmi les meilleurs ouvrages actuellement disponibles en français, recommandons le *Dictionnaire des symboles* de Jean Chevalier et Alain Gheerbrant, et *La Symbologie des rêves* de Jacques de la Rocheterie.

26. Une fois que nous avons réussi à interpréter les différentes facettes d'un rêve, nous devons nous efforcer d'en donner une interprétation résumée, si possible en une phrase.

27. Se fier à son intuition lors de l'interprétation du rêve. Si, tandis que je m'efforce d'interpréter un rêve, l'Inconscient ne me fournit pas d'indice, je suis perdu. Dieu merci, l'Inconscient est généralement intéressé à ce que les rêves soient compris !

28. Chercher où va l'énergie du rêve, l'énergie du symbole. Cela aide à trouver l'association appropriée, la compréhension juste du symbole. Les rêves cherchent à nous réveiller, à nous réorienter. Ils insistent pour que nous nous occupions des blocages, des conflits qui ont leur origine dans les profondeurs de notre âme. Les rêves nous poussent à prendre conscience de notre réalité inté-

rieure : ils veulent que nous réalisions nos potentialités latentes.

29. Une fois que le rêve a été interprété et compris, il faut le ritualiser, en faire quelque chose de concret afin d'en tirer le maximum de bénéfice. Cela permet d'avertir l'Inconscient : le rêve a été reçu, merci, il va être intégré, utilisé. Le rituel suppose une action concrète impliquant le corps autant que la pensée. Si le temps ou l'inspiration manque, on peut allumer une chandelle ou faire le tour du quartier. Le rituel doit toujours être imaginé par le rêveur, par la rêveuse. Il doit puiser à la même source inconsciente que le rêve. Un rêve avait, par exemple, révélé à une femme qu'elle était inconsciemment toujours amoureuse d'un ancien amant, et que ce sentiment pouvait être une source de tension constante dans son ménage. En guise de rituel, cette femme s'est rendue au sommet d'une montagne et a brûlé les plus belles photos de son amant d'autrefois. Bien sûr, il y a autant de rituels qu'il y a de rêves !

30. On ne peut devenir un expert en quelques mois. On peut cependant s'assurer de progresser dans la bonne voie en profitant de toutes les occasions pour interpréter des rêves, en lisant des ouvrages sérieux sur le sujet, et en se faisant confiance à soi-même et à son Inconscient.

La plupart des idées qui précèdent sont inspirées des travaux de Jung et de Marie-Louise von Franz.

Les bases du yoga psychologique

La motivation

Un engagement éclairé est un ingrédient essentiel de l'alchimie conduisant à la transformation de soi. Il importe qu'il soit ancré dans une véritable inspiration et dans le désir de vivre une existence riche et joyeuse. Quoique ce soit souvent les difficultés de la vie qui conduisent sur le chemin intérieur, il est bon de se rappeler que la disparition des symptômes ne constitue pas la santé, ni donc un but en soi. Se représenter notre but, clarifier nos motivations et intentions est un premier pas qui nous permet de nous orienter vers des progrès durables.

La lecture

Lire les textes fondamentaux qui nous ont été légués par les maîtres du passé aussi bien que ceux de nos contemporains qui ont cristallisé ces enseignements, et nous les restituent dans un contexte adapté, est une étape importante dans la compréhension du processus de guérison. Je recommande particulièrement les œuvres de Carl G. Jung, Joseph Campbell, Marie-Louise von Franz, Edward F. Edinger, Robert A. Johnson, Patanjali, toutes citées en bibliographie. D'autres auteurs sont également intéressants : Ramana Maharshi, Shankara, Sri Aurobindo, D.T. Suzuki, Lao Tseu et Tchoug Tseu.

L'exploration du travail analytique

Cette initiation ne saurait demeurer théorique. Il convient de la mettre en pratique en suivant des conférences, en fréquentant un cercle jungien, en consultant un thérapeute ou un analyste jungien compétent ; le but étant d'aller à la rencontre de notre monde intérieur et d'apprendre par la pratique les rudiments de l'interprétation des rêves et de l'imagination active.

La tenue d'un journal

Tenir un journal est une façon de dialoguer avec nous-mêmes et de tendre un miroir à notre Inconscient. Nous y voyons se déployer le conflit entre l'âme et l'ego, et il arrive souvent que des personnages intérieurs s'expriment par cette voie qui devient leur voix. Le journal peut prendre maintes formes. En plus des événements et des réflexions marquantes de la journée, nous pouvons y consigner nos rêves, nos visions, nos peintures, nos mandalas.

Le langage des symboles

Il est ce que j'appelle la *langue maternelle de l'âme*, un langage oublié par la plupart d'entre nous, bien qu'il offre la plus grande richesse de sens. La compréhension des symboles qui nous viennent dans les rêves ou lors de coïncidences significatives nous aide à tirer parti des messages que nous prodigue notre monde intérieur. Outre les ouvrages mentionnés précédemment, je recommande l'ouvrage de Laurent Lachance, *Rêves, Signes et Coïncidences*, ainsi que *L'Interprétation des rêves* de Freud.

L'nterprétation des rêves

Porter attention à nos rêves en les interprétant du mieux que nous pouvons est un des meilleurs moyens de nous connaître et de bénéficier de la sagesse de notre âme. Le travail autour du rêve ne se limite pas à l'interprétation. Il peut concerner l'expression artistique ultérieure du rêve ou sa continuation par de l'imagination active.

Rituels et rites de passage

L'image et le geste symboliques sont les bases de la communication avec l'Inconscient. La compréhension d'un rêve important devrait toujours s'accompagner d'un rituel significatif exprimant notre bonne réception du message et notre intention d'en tenir compte. Les rites d'incubation nous permettent d'interroger directement l'Inconscient et de nous rendre réceptifs à ses réponses.

Les signes de jour

Complémentaires des rêves ou signes de nuit, les *synchronicités* sont des événements qui tiennent de la coïncidence signifiante entre un état intérieur et la réalité extérieure. Tout est signe, tout est symbole. L'attention aux événements significatifs peut permettre de mieux comprendre et de dépasser les difficultés du quotidien.

La créativité

Toutes les formes d'expression artistique et créative sont l'occasion d'exprimer des messages du monde intérieur. Elles sont une façon de lui donner forme et corps. L'important ici ne réside pas dans la qualité esthétique, mais dans l'authenticité de l'expression. Une seconde étape, facultative, consiste à revenir sur la création artistique par son analyse symbolique.

Les séances d'autoanalyse

Une fois initié aux bases du travail psychologique, chacun de nous peut bénéficier de rencontres avec lui-même autant que de rencontres avec un thérapeute. Ces rencontres sont un excellent moyen de faire le point sur l'état de nos relations avec les archétypes de transformation : l'ombre, l'anima et l'animus, et de tirer des enseignements de nos difficultés.

Le dialogue intérieur

L'imagination active est une très ancienne pratique redécouverte par Jung. Elle nous permet de dialoguer avec notre Inconscient et de rester en contact avec nos guides intérieurs. Une initiation au moyen de quelques séances supervisées par un thérapeute expérimenté est recommandée avant d'engager ce dialogue intérieur qui, une fois apprivoisé, peut nous accompagner la vie durant.

Les arts divinatoires

Le Yi-King, le tarot et l'astrologie occidentale reposent sur des systèmes symboliques héritiers de la gnose et de l'alchimie, et méritent une étude approfondie. Leur usage peut compléter l'interprétation des rêves et favoriser le développement de l'intuition. La médiumnité présente un intérêt certain pour dialoguer avec nos guides intérieurs à condition que nous sachions distinguer cette « transe consciente » d'une possession pure et simple.

Une discipline de lecture

Face à l'influence du monde extérieur, il nous faut garder vivantes les idées qui nous aident à être nous-mêmes. La lecture quotidienne, ne serait-ce que de quelques pages des ouvrages importants, peut nous soutenir en ce sens.

L'échange avec des âmes sœurs

On ne peut s'individuer tout seul au sommet du mont Everest. C'est dans nos relations que nous faisons souvent face à des défis qui nous font le plus évoluer. Elles sont aussi l'occasion d'observer nos projections et nos systèmes de défense. Il est salutaire de garder un contact étroit avec quelques personnes qui, regardant dans la même direction que nous et poursuivant une recherche similaire, offrent un soutien à notre démarche.

La libération du cœur

Le cœur demande des relations d'amour respectueuses de notre être profond et de celui de nos partenaires. Nous pouvons apprendre le détachement même dans l'extase partagée. Il appartient à chacun d'accéder à une sexualité naturelle et personnelle tout en étant responsable envers les autres. Nous ne devenons pas un être individué pas plus que nous ne guérissons en écrasant nos instincts et notre besoin de jouissance.

La communion avec la Nature

Une des sources principales de la santé physique et mentale est le contact avec la Nature. Passer du temps à la campagne, contempler les montagnes, les lacs, communiquer avec les arbres, les fleurs et les animaux, cela nous donne de l'énergie, nous purifie, nous relie à la source de notre nature profonde.

La relaxation

Détendre notre corps et notre esprit est nécessaire à un bon équilibre psychique. La détente favorise l'entrée dans l'imagination et dans l'état de rêve. Elle renouvelle notre énergie. Même une journée stressante peut offrir des occasions multiples de pratiquer la relaxation et favoriser ainsi notre sentiment de bien-être.

L'art du souffle

Le Pranayama est une des branches majeures du yoga consacrée à l'art de respirer, la respiration étant notre source principale d'énergie. Dans toutes les traditions, l'art du souffle est reconnu comme étant un support indispensable dans l'exploration des profondeurs menaçantes de l'Inconscient. Apprenez les techniques de base du Pranayama et donnez-vous régulièrement du temps pour le pratiquer et l'approfondir.

La voie classique de la méditation

La méditation est une clé pour accéder à notre monde intérieur. Il existe de nombreuses méthodes parmi lesquelles nous pouvons choisir celle qui nous convient le mieux. Encore une fois, la régularité est le facteur déterminant pour en tirer un véritable bénéfice.

Le régime alimentaire

Notre corps est le véhicule de notre âme, la nourriture est sa source d'énergie, et souvent la clé d'une saine vitalité. Ne dit-on pas que *vous êtes ce que vous mangez*. Outre un régime alimentaire sain, des périodes de jeûne modéré peuvent faciliter la désintoxication de l'organisme.

L'exercice corporel

Yoga, taï chi, judo et autres arts martiaux, antigymnastique, natation, toute forme d'exercice, qu'elle soit physique ou énergétique, favorise l'enracinement dans le corps et le monde concret. Chacun doit trouver la forme d'exercice qui lui convient, c'est-à-dire qui le ramène au plaisir de vivre dans son corps et dans son esprit.

La création de mandalas

Un mandala peut être décrit comme une carte géographique conduisant à l'illumination. La « magie » tient au fait que, dès lors que nous commençons à dessiner ou à peindre un cercle ou un carré, nous entrons en contact avec le Soi. Cet exercice est particulièrement recommandé durant les périodes de crise existentielle, car il permet de retrouver un état d'équilibre et d'acceptation de ce qui advient.

Les mantras et les yantras

Créer des mantras (affirmations verbales) et des yantras (affirmations visuelles) et les répéter avec régularité peut nous aider à préciser et à consolider nos objectifs personnels. Songeons au fameux *om mani padme hum*, soit *le joyau est dans le lotus*, nous disant que le plus élevé se trouve dans le plus humble, c'est-à-dire que la simplicité du quotidien nous ouvre la porte de la transcendance. Mais les mantras et les yantras individuels ont parfois plus d'impact.

Notes

1. Joseph Campbell, Bill Moyers, *Puissance du mythe*, Paris, J'ai lu, 1991.
2. *Québec-Science*, novembre 2002.
3. Carl Gustav Jung, *Dialectique du moi et de l'inconscient*, Paris, Gallimard, 1986, p. 223.
4. Carl Gustav Jung, « La psychologie analytique est-elle une religion ? », dans *Cahier de L'Herne – Jung*, Paris, Livre de poche, 1984, p. 394.
5. Carl Gustav Jung, *Dialectique…*, *op. cit.*
6. *La Méthode de libération des cuirasses* par le mouvement (MLC©) est une approche psychocorporelle et énergétique qui s'inspire du processus d'autoguérison que j'ai déjà décrit en me référant notamment aux longues années de recherche et d'expérimentation que la médecine psychosomatique et énergétique a menées sur la question. En ce qui concerne les mouvements d'éveil corporel, voir Marie Lise Labonté, *Mouvements d'éveil corporel*, Montréal, Les Éditions de l'Homme, 2004.
7. La persona est le masque que nous portons en société, le personnage social auquel il nous arrive parfois de nous identifier. Quant à l'animus, il représente la dimension intérieure masculine de la femme, sa contrepartie, qui se manifeste dans ses rêves comme si elle était un homme. Voir le chapitre 15.
8. Carl Simonton, Stephanie Matthews Simonton, James Creighton, *Guérir envers et contre tout*, Paris, Desclée de Brouwer, 2002.
9. La méthode d'imagination active et les concepts jungiens sont présentés de façon détaillée par Nicolas Bornemisza aux chapitres 14 et 15.
10. Laurent Lachance, *Les Rêves ne mentent pas*, Paris, Robert Laffont, 1983.

11. Carl Gustav Jung, *Dialectique…*, *op. cit.*, p. 215.

12. Ce dessin est librement inspiré d'une magnifique photographie se trouvant sur Internet.

13. Arthur Janov, *Le Corps se souvient*, Monaco, Éditions du Rocher, 1997, p. 76s : « Le système sympathique gouverne les comportements directs consommateurs d'énergie, comme la réaction de combat ou de fuite. Il nous mobilise, élève la température du corps et réduit la circulation périphérique (en réservant du sang pour les muscles sollicités par l'imminence de la lutte ou de la fuite), si bien que notre visage pâlit et que nos mains ou nos pieds se refroidissent. »

14. *Vocabulaire de la Psychanalyse*, Paris, PUF, 1984.

15. Arthur Janov, *op. cit.*, p. 77s : « Le système parasympathique contrôle les conduites préservant l'énergie comme le repos, le sommeil et les processus réparateurs. Il dilate les vaisseaux sanguins, réchauffe la peau et favorise toute forme de guérison. »

16. Marie Lise Labonté, *Au cœur de notre corps*, et *Le Déclic*, Montréal, Les Éditions de l'Homme, respectivement 2000 et 2003.

17. Ces deux points sont abordés en profondeur dans les chapitres 12 et 13.

18. Alexander Lowen, *Le Corps bafoué*, Montréal, France-Amérique et Tchou, 1976.

19. « Une cuirasse est l'expression pure de la vie, mais de la vie inhibée. La cuirasse s'installe dans le but d'emprisonner l'expression de la vie, l'onde de plaisir, l'élan créateur. […] Par son action d'inhibition, de défense, de protection, la cuirasse est autonome. […] Elle n'est pas associée à une émotion mais à un ensemble qui lie émotions, pensées, images, impressions et que l'on appelle l'affect. La cuirasse est vivante et est capable d'expression et de mémoire, car elle est habitée par l'intelligence de la vie. » Marie Lise Labonté, *Au cœur de notre corps*, *op. cit.*, p. 40s.

20. Marie Lise Labonté, *Le Déclic*, *op. cit.*, chap. 3 « Le divorce de sa nature profonde ».

21. Marie Lise Labonté, *Au cœur de notre corps*, *op. cit.*, voir notamment l'histoire de Cécile.

22. La Programmation neurolinguistique (PNL) propose une riche palette d'outils de communication avec l'inconscient parmi lesquels l'observation du comportement et du langage du corps, la

communication réactive et le recadrage visant à faire émerger ou à modifier le sens implicite d'un discours ou d'une attitude, l'ancrage consistant à associer une réponse interne à une stimulation extérieure. Alain Cayrol, Josiane de Saint-Paul *Derrière la magie – la Programmation neuro-linguistique* (PNL), Lille, Inter-Éditions, 2002. Ces outils complètent les méthodes jungiennes d'interprétation des rêves et d'imagination active (présentées dans le chapitre 14), qui trouvent aussi leur application dans l'art-thérapie par le dessin, la danse, l'écriture, la sculpture, ainsi que dans la technique dite du « jeu de sable ». Marie Lise Labonté propose une synthèse des principes mis en œuvre par ces outils dans *l'imagerie réceptive*, soit la recherche d'un état de réceptivité permettant d'interroger les images intérieures suscitées par un thème donné.

23. Le cerveau limbique est le cerveau émotionnel. Il est le centre physiologique de la vie affective et de la mémoire ; nous l'avons en commun avec tous les mammifères. Il est, selon la théorie des trois cerveaux proposée par le Dr MacLean, imperméable à toute logique et antérieur au néocortex, lui-même spécifiquement humain et qui organise le langage et la pensée. Il joue cependant un rôle cognitif important, car il élabore les images liées aux processus émotionnels et aux pulsions. P. D. MacLean, *Les Trois Cerveaux de l'homme*, Paris, Robert Laffont, 1990.

24. Nina Canault, *Comment le désir de naître vient au fœtus*, Paris, Desclée de Brouwer, 2002.

25. La dyade mère-enfant est l'ensemble fusionnel formé par la mère et l'enfant dans les mois qui précèdent et suivent la naissance. Le bébé n'a alors pas d'identité propre et participe directement à la vie émotionnelle de sa mère sans avoir la capacité d'identifier ses propres affects. L'intervention d'un tiers, souvent le père, est généralement nécessaire à la séparation psychique permettant au jeune enfant de commencer à élaborer son moi. Françoise Dolto, *L'Image inconsciente du corps*, Paris, Seuil, 1984.

26. Sur ce point et le suivant, voir respectivement Alfred Tomatis, *L'Oreille et la Vie*, Paris, Robert Laffont, 1977 et Nina Canault, *op. cit.*

27. Françoise Dolto, *La Difficulté de vivre*, Paris, Gallimard, 1995, p. 83.

28. L'haptonomie est reconnue comme étant la science de l'affectivité qui s'intéresse aux interactions et aux relations affectives humaines. Elle propose une méthode de préparation à la naissance fondée sur la communication tactile entre fœtus et parents. Franz Veldman, *Haptonomie, science de l'affectivité*, Paris, PUF, 1989.

29. Françoise Dolto, *La Cause des enfants*, Paris, Robert Laffont, 1988, p. 208.

30. Gérard Guillerault, « Une théorie corporelle du langage : ce que la subjectivité doit au corps », dans Françoise Dolto, *C'est la parole qui fait vivre*, Paris, Gallimard, 1999, p. 87.

31. Les tissus conjonctifs sont des tissus dont les cellules sont séparées par de la matrice extracellulaire composée de fibres et de substance fondamentale. Ils sont impliqués dans les réactions de soutien, le mouvement, la réponse immunitaire, la croissance, et constituent entre autres les muscles, les os, le cartilage et le sang. La fasciathérapie est une technique manuelle visant à détendre les fascias, tissus conjonctifs soutenant les muscles et les viscères. Marie Vilnet Delort, *La Fasciathérapie*, Neuilly, Bernet Danilo, 1996.

32. Wilhelm Reich, *L'Analyse caractérielle*, Paris, Payot, 1971.

33. La Programmation neurolinguistique est une technique de psychologie comportementale : elle ne s'intéresse pas aux causes psychologiques mais privilégie l'étude des modalités de l'adaptation au réel. Elle ne propose pas de théorie mais un modèle pragmatique appliqué en particulier à la communication, et des outils fondés sur l'étude des relations entre la pensée et le langage. Alain Cayrol, Josiane de Saint-Paul, *op. cit.*

34. Le cerveau limbique, siège de la vie affective, contrôle aussi la production d'hormones dans le corps : toutes les émotions sont accompagnées de réactions physiologiques qui affectent notre équilibre hormonal. Arthur Janov, *La Biologie de l'amour*, Paris, Éditions du Rocher, 2001 ; Marie Lise Labonté, *Le Déclic, op. cit.*

35. Carl Gustav Jung, *L'Homme à la découverte de son âme*, Paris, Albin Michel, 1987. De la conception jungienne, il découle que le complexe n'est pas considéré de façon péjorative comme c'est le cas dans la conception freudienne.

36. Marie Lise Labonté, *Le Déclic, op. cit.*

37. « Le moi en présence du Soi possède une respiration qui lui est propre. Telle une membrane dont la fibre serait souple (état de fusion), trop ténue (état d'inflation) ou trop rigide (état d'induration), la personnalité a une capacité d'élasticité et de contraction, de la fusion à l'induration. » Marie Lise Labonté, *Le Déclic*, *op. cit.*, p. 30s.

38. « Ne rien voir, ne rien entendre, ne rien dire » est la devise des trois petits singes de la mythologie japonaise : l'un se voile les yeux, le second se bouche les oreilles, le troisième couvre sa bouche de sa main. Cette devise est un précepte bouddhiste de prudence devant le mal, que Gandhi avait fait sien, mais aussi la représentation d'un aveuglement volontaire devant les difficultés de l'existence. Pour plus d'informations, il est possible de consulter le site http://www.encyclopedie-enligne.com/s/si/singes de la sagesse.html

39. Carl Simonton, Stephanie Matthews Simonton, James Creighton, *op. cit.*

40. Le mot « mandala » signifie en sanskrit « cercle magique ». En psychologie des profondeurs, il désigne toute représentation d'une forme ronde ou carrée manifestant un centre. Jung a découvert que ces images commencent à apparaître en rêve quand le Soi se manifeste et s'impose progressivement comme le véritable centre de la psyché. Voir le chapitre 10.

41. En PNL, l'écologie intérieure fait référence à la cohérence entre le fonctionnement global d'une personne et la recherche de son équilibre. Alain Cayrol, Josiane de Saint-Paul, *op. cit.*, p. 216.

42. Le déni est le « mécanisme qui permet de nier totalement une réalité extérieure ou intérieure douloureuse, par exemple la perte d'un être cher, la trahison, le rejet ou l'annonce d'un diagnostic, et de nier que cela s'est passé, jusqu'à l'oublier et jusqu'à se construire une autre réalité ». Marie Lise Labonté, *Le Déclic*, *op. cit.*, p. 28.

43. Voir à ce sujet le chapitre 13.

44. « Retirer » ses projections ou son transfert est une expression jungienne classique qui signifie se les réapproprier.

45. Edward F. Edinger, *The New God Image*, Wilmett (Illinois), Chiron Publications, 1996, p. 6.

46. Joseph Campbell, *Les Héros sont immortels*, Paris, Robert Laffont, 1978.

47. *Ibid.*, p. 15.
48. Jacob et Wilhelm Grimm, *Contes et Légendes*, Paris, La Fontaine du Roy, 1994, p. 132.
49. Joseph Campbell, *op. cit.*, p. 15.
50. *Ibid.*, p. 21.
51. *La Bible de Jérusalem*, Matthieu 16, Sainte-Foy (Québec), 1988, p. 1696.
52. Sigmund Freud, *L'Interprétation des rêves*, Paris, PUF, 1967, p. 112-113.
53. Francine Saint René Taillandier, *C.G. Jung et la voie des profondeurs*, Paris, La Fontaine de Pierre, 1980, p. 164.
54. Carl Gustav Jung, *L'Homme à la découverte de son âme, op. cit.*, p. 80.
55. Hellmut Wilhelm, *Change*, New York, Harper & Row, 1972, p. 22 pour cette citation et la suivante.
56. Carl Gustav Jung, *Commentaire sur le mystère de la Fleur d'Or*, Paris, Albin Michel, 1979, p. 147.
57. Michael Fordham, préface de Carl Gustav Jung, *Synchronicity: An Acausal Connecting Principle*, Princeton, Princeton University Press, 1969, p. V.
58. Carl Gustav Jung, *Synchronicity: An Acausal Connecting Principle, op. cit.*, p. 103.
59. Allan Combs, Mark Holland, *Synchronicity: Science Myth and the Trickster*, New York, Marlowe and Company, 1980.
60. Carl Gustav Jung, Marie-Louise von Franz, *L'Homme et ses symboles*, Paris, Robert Laffont, 1964, p. 161.
61. Barbara Hannah, *Rencontres avec l'âme*, Paris, Jacqueline Renard (éd.), 1981.
62. Herbert V. Guenther, *The Life and Teachings of Naropa*, Boston/London, Éditions Shambhala, 1986.
63. Robert A. Johnson, *Inner Work*, San Francisco, Harper, 1986, p. 26.
64. *Ibid.*, p. 137.
65. Robert A. Johnson, *op. cit.*
66. Carl Gustav Jung, *Ma vie*, Paris, Gallimard, 1973, p. 213.
67. *Ibid.*, p. 232.
68. Carl Gustav Jung, Marie-Louise von Franz, *op. cit.*, p. 161.
69. Carl Gustav Jung, *Dialectique…, op. cit.*, p. 115.
70. Arthur Avalon, *La Puissance du serpent*, Paris, Dervy Livres, 1971.
71. Goethe, *Faust*, Paris, Flammarion, traduction de Jean Malaplate, 1984.
72. Carl Gustav Jung, Marie-Louise von Franz, *op. cit.*, p. 195.

73. Richard Maurice Bucke, *La Conscience cosmique. Une étude de l'évolution de la conscience humaine*, Paris, Éd. Rosicruciennes, et Montréal, Éd. du 3ᵉ Millénaire, 1989.

74. Carl Gustav Jung, *Dialectique…*, *op. cit.*, p. 256-257.

75. Francine Saint René Taillandier, *C.G. Jung…*, *op. cit.*, p. 177.

76. Carl Gustav Jung, *Psychologie et Orientalisme*, Paris, Albin Michel, 1985, p. 189.

77. *The Yoga Aphorisms of Patanjali, How to Know God*, New York, A Mentor Book, 1953, p. 11.

78. Carl Gustav JUNG, *Psychologie et Orientalisme, op. cit.*

79. Joseph Campbell, *The Mythic Image*, Princeton, Princeton University Press, 1974.

80. Carl Gustav Jung, Marie-Louise von Franz, *op. cit.*, p. 213.

81. *Le Petit Larousse*, Paris, Larousse, 1993.

82. Carl Gustav Jung, *Les Racines de la conscience*, Paris, Buchet/Chaster, 1970, p. 59.

83. Gerhard Adler, *C.G. Jung et la voie des profondeurs*, Paris, La Fontaine de Pierre, 1980, p. 161.

Pour toute information concernant les activités de Marie Lise Labonté et la méthode *Images de transformation*©, veuillez consulter le site Web www.marieliselabonte.com

Productions Marie Lise Labonté Inc.
Correspondance par courriel :
productions.labonte@qc.aira.com
Téléphone au Canada : 001.514.286.9444

Pour les activités offertes par Nicolas Bornemisza,
veuillez communiquer à l'adresse électronique suivante :
nicolasbornemisza@sympatico.ca

Bibliographie générale

BUCKE, Richard Maurice. *La Conscience cosmique. Une étude de l'évolution de la conscience humaine*, Paris, Éd. Rosicruciennes, et Montréal, Éd. du 3ᵉ Millénaire, 1989.

CAMPBELL, Joseph, MOYERS, Bill. *Puissance du mythe*, Paris, J'ai lu, 1991.

CAMPBELL, Joseph. *The Mythic Image*, Princeton, Princeton University Press, 1974.

_____. *Les Héros sont immortels*, Paris, Robert Laffont, 1978.

CANAULT, Nina. *Comment le désir de naître vient au fœtus*, Paris, Desclée de Brouwer, 2002.

CAYROL, Alain, SAINT-PAUL, Josiane (de). *Derrière la magie – la Programmation neuro-linguistique* (PNL), Lille, Inter-Éditions, 2002.

CHEVALIER, Jean, GHEERBRANT, Alain. *Dictionnaire des symboles*, Paris, Robert Laffont, 1969.

COMBS, Allan, HOLLAND, Mark. *Synchronicity: Science Myth and the Trickster*, New York, Marlowe and Company, 1996.

DOLTO, Françoise. *L'Image inconsciente du corps*, Paris, Seuil, 1984.

_____. *Tout est langage*, Paris, Gallimard, 2002.

EDINGER, Edward F. *The New God-Image, Creation of Consciousness*, New York, Chiron publications, 1996.

VON FRANZ, Marie-Louise. *The Way of the Dreams*, Toronto, Windrose Publications, 1998.

FREUD, Sigmund. *L'Interprétation des rêves*, Paris, PUF, 1967.

FROMM, Erich. *Le Langage oublié. Introduction à la compréhension des rêves, des contes et des mythes*, Paris, Payot, 1953.

GOETHE. *Faust*, Paris, Flammarion, traduction de Jean Malaplate, 1984.

GRIMM, Jacob et Wilhelm. *Contes et Légendes*, Paris, La Fontaine du Roy, 1994.

GUENTHER, Herbert V. *The Life and Teachings of Naropa*, Boston/London, Éditions Shambhala, 1986.

HANNAH, Barbara. *Rencontres avec l'âme*, Paris, Jacqueline Renard (éd.), 1982.

JANOV, Arthur. *Le Corps se souvient*, Monaco, Éditions du Rocher, 1997.

_____. *La Biologie de l'amour*, Monaco, Éditions du Rocher, 2001.

JOHNSON, Robert A. *Inner Work*, San Francisco, Harper, 1986.

JUNG, Carl Gustav. *Dialectique du moi et de l'inconscient*, Paris, Gallimard, 1986.

_____. *Les Racines de la conscience*, Paris, Buchet/Chastel, 1970.

_____. *L'Homme à la découverte de son âme*, Paris, Albin Michel, 1987.

_____. *Ma vie*, Paris, Gallimard, 1966.

_____. *Psychologie et Orientalisme*, Paris, Albin Michel, 1985.

JUNG, Carl Gustav, VON FRANZ, Marie-Louise. *L'Homme et ses symboles*, Paris, Robert Laffont, 1964.

KANT, Emmanuel. *Critique de la raison pure*, Paris, Flammarion, 2001.

LABONTÉ, Marie Lise, *Au cœur de notre corps*, Montréal, Les Éditions de l'Homme, 2000.

_____. *Le Déclic*, Montréal, Les Éditions de l'Homme, 2003.

LACHANCE, Laurent. *Les Rêves ne mentent pas*, Paris, Robert Laffont, 1983.

LAPLANCHE, Jean, PONTALIS J.-B. *Vocabulaire de la Psychanalyse*, Paris, PUF, 1984.

LA ROCHETERIE (de), Jacques. *La Symbologie des rêves*, Paris, Imago, 1998.

LOWEN, Alexander. *Le Corps bafoué*, Montréal, France-Amérique et Tchou, 1976.

MACLEAN, P. D. *Les Trois Cerveaux de l'homme*, Paris, Robert Laffont, 1990.

ODOUL, Michel. *Dis-moi où tu as mal. Je te dirai pourquoi*, Paris, Albin Michel, 2004.

REICH, Wilhelm. *L'Analyse caractérielle*, Paris, Payot, 1971.

SAINT RENÉ TAILLANDIER, Francine. *C.G. Jung et la voie des profondeurs*, Paris, La Fontaine de Pierre, 1980.

SIMONTON, Carl, MATTHEWS SIMONTON, Stephanie, CREIGHTON, James. *Guérir envers et contre tout*, Paris, Desclée de Brouwer, 2002.

TOMATIS, Alfred. *L'Oreille et la Vie*, Paris, Robert Laffont, 1977.

VELDMAN, Franz, *Haptonomie, science de l'affectivité*, Paris, PUF, 1989.

WILHELM, Hellmut. *Change*, New York & Evanston, Harper & Row, 1971.

The Yoga Aphorisms of Patanjali, How to Know God, A Mentor Book, Swami Prabhavananda et Christopher Isherwood (trad.), New York, A mentor book, 1953.

Table des matières